Dietrich Güstrow
Tödlicher Alltag.
Strafverteidiger im
Dritten Reich

Dietrich Güstrow

Tödlicher Alltag.
Strafverteidiger im
Dritten Reich

im
Siedler Verlag

*Meiner Frau
in Dankbarkeit –
unseren Nachfahren
zum Nachdenken*

Inhalt

Vorwort

Die Gesichter all derer, denen ich in Erfüllung meiner anwaltlichen Pflicht und inneren Leidenschaft nahestand und denen ich zu helfen suchte, begleiten mich bis an das Ende meiner Tage.

Was ist Recht, was ist Gerechtigkeit, wo ist Menschlichkeit, wo ist Gnade? Das Suchen nach Antworten wird nicht aufhören, solange Menschen mit ihren Leidenschaften auf dieser Erde leben. Endgültige Antworten wird es niemals geben, solange der Wandel der Zeiten und der Wechsel der Generationen immer neue Weisen des Fühlens und Denkens mit sich bringen.

Was aber Unrecht ist, wie sich Unmenschlichkeit darstellt, das ist in seinen Schreckensumrissen in unserer Epoche deutlich geworden, unbezweifelbar erlebt und erlitten als Auswirkung von Mächten, die das Sittengesetz verachteten und nach dem Weltgericht nicht fragten, schon gar nicht nach dem Jüngsten Gericht und der Verantwortung vor dem höchsten Richter. Die Erfahrung des Bösen ist unserer Zeit vielfältig zuteil geworden, und handelnd und leidend ist ein ganzes Land darin verstrickt gewesen und wird diesen Schatten nie von sich abtun können.

Die Geschichte kennt viele Gewaltherrschaften; die Zeit des Dritten Reiches fällt aus der Geschichte nicht heraus. Aber unbekannt war bis dahin die Verschleierungskunst, die Maskierung des Verbrechens, die der Gewalt im Namen der Tugend. Die Grausamkeit brachte es fertig, im Gewand der Gerechtigkeit aufzutreten und Millionen von Menschen für sich einzunehmen, die dem Wahren und Guten zu dienen glaubten. Der Terror fand im hellen Licht der Öffentlichkeit statt, und die Betroffenen klatschten ihm Beifall.

Meine Berliner Verteidigererlebnisse sind niedergeschrieben worden, um die Möglichkeiten und Arten des Widerstrebens zu zeigen. Auch der Ohnmächtige kann sich wehren, selbst in den Fesseln der Macht. Auch in diesen düsteren Zeiten ist es mitunter den Kräften der Seele und des Verstandes gelungen, der Willkür zu trotzen. Aber es bedurfte dazu nicht nur des Mutes, sondern auch der List, vielfältiger Verschleierung und mancher Umwege. Der Kampf der Anwälte galt erst einmal dem Leben der ihnen Anvertrauten, denen sie in dunklen Tagen, Wochen und Monaten oft der einzige innere und äußere Beistand waren. Aber er meinte auch immer das System der Gewalt, das eine ganze Nation in seinen Bann gezogen hatte.

Berliner Rechtsanwälte
im Dritten Reich

Nach dem zwangsweisen Ausscheiden der sehr zahlreichen jüdischen Berliner Anwälte, von denen nur wenige als »Rechtskonsulenten« für ihre jüdischen Mitbürger noch einige Jahre wirken durften, verblieben 1935 zweitausend Rechtsanwälte und Notare in der Reichshauptstadt, die bei Kriegsbeginn über vier Millionen Einwohner zählte.

Mit der Entfernung der etwa sechshundert jüdischen Kollegen war eine geistige Elite aus dem Anwaltsstand ausgeschieden. In Berlin war ein sehr großer Teil der Rechtsanwälte nicht vorwiegend »forensisch«, das heißt als Prozeßvertreter, sondern am zentralen Sitz der großen Banken, fast aller Reichsverbände der Wirtschaft und großen Organisationen als sogenannte Syndici und Verbandsjuristen tätig. Sie waren zwar als Rechtsanwälte und Notare zugelassen, traten jedoch bei den Gerichten – Berlin hatte bis 1938 drei Landgerichte, zwölf Amtsgerichte und das Kammergericht als Oberlandesgericht für Berlin und die Provinz Brandenburg, dazu das Kriminalgericht in Moabit – selten in Erscheinung. Hinzu kamen auch noch die Arbeitsgerichte und die Verwaltungsgerichte mit dem Preußischen Oberverwaltungsgericht als oberstem Gerichtshof.

Der Regelanwalt, also der Prozeßanwalt, machte in Berlin höchstens die Hälfte aller zugelassenen Anwälte aus. Die Berliner Prozeßanwälte unterschieden sich nach verschiedenen Gesichtspunkten. Eine kleinere Gruppe gehörte zu den nur beim Kammergericht zugelassenen Anwälten, die in Zivilsachen ausschließlich in Berufungsverfahren tätig waren, welche in erster Instanz vorher bei den Landgerichten geführt worden waren. Beim Landgericht waren die meisten Rechtsanwälte zugelassen, zugleich auch bei den Amtsgerichten. Die Kammergerichtsanwälte durften auch bei den Amtsgerichten auftreten, was sie aber selten taten. Sie blieben in der höheren Sphäre des Kammergerichts in der staubfreien Luft geistiger Jurisprudenz lieber unter sich. Es waren die Feld-, Wald- und Wiesen-Anwälte, die die Amtsgerichte und die über einhundert Zivilkammern der Landgerichte beherrschten. Diese wurden 1938 in ein zentrales Landgericht im großen Stadtgerichtsgebäude in der Gruner- und Neuen Friedrichstraße am Alexanderplatz zusammengelegt.

Viele Prozeßanwälte waren auch spezialisiert auf die verschiedenen Rechtsgebiete des Handelsrechts, des Urheberrechts, des Arbeitsrechts. Die Anwälte, die bevorzugt als Strafverteidiger arbeiteten, waren selten Prozeßanwälte in Zivilsachen. Viele Anwälte schlossen sich zu Sozietäten oder Bürogemeinschaften zusammen. In großen Anwaltsfirmen waren vielfach zwei, sechs oder acht Anwälte vereint, von denen jeder meist ein besonderes Spezialgebiet hatte. Es gab auch sogenannte Scheidungsanwälte in Berlin wie in anderen Großstädten auch, ein höchst langweiliges Rechtsgebiet und nur wegen des Streitwerts vielleicht interessant. Besonderes rechtliches Können war und ist für solche Prozesse kaum erforderlich, sie beherrscht jeder Durchschnittsanwalt. Gefragte Scheidungsanwälte sind ähnlich großstädtischen Frauenärzten oft Gesellschaftslöwen; stattliche Männlichkeit, gutes Aussehen und effektvolle Garderobe sind eindrucksvollem Auftreten daher notwendige Attribute.

Die Strafverteidiger sind in Berlin eine Gruppe für sich gewesen. Sie erwarben sich ihren Namen meist durch die Gerichtsberichterstattung der Boulevardzeitungen über aufsehenerregende Kriminalfälle. Es gab unter ihnen herausragende Persönlichkeiten wie den Justizrat Bahn, der den »Hauptmann von Köpenick« verteidigt hatte und den ich noch kennenlernte, Professor Alsberg, der sich nach 1935 das Leben nahm, Dr. Frey, der im Steglitzer Schülermord-Prozeß von 1927 den Freispruch des Primaners Kranz erreicht hatte, Dr. Sack, den Verteidiger des kommunistischen Reichstagsabgeordneten Torgler im Reichstagsbrand-Prozeß, Arno Weimann und nach dem Kriege Dr. Rogge; sie alle ragten als vorzügliche Strafjuristen hervor. Jeder Anwalt kann vor jedem Gericht als Strafverteidiger auftreten, in sämtlichen Instanzen, daneben alle ordentlichen Universitätsprofessoren des Strafrechts in Rechtsfakultäten. Für bestimmte Kapitalverbrechen ist nach dem Gesetz eine anwaltliche Verteidigung vorgeschrieben. Wenn sich kein Verteidiger, der vom Angeklagten gewählt worden ist, findet, muß das Gericht einen Pflichtverteidiger beiordnen, der seine Gebühren aus der Staatskasse erhält.

Auch die Örtlichkeiten der Büros gaben gewisse Anzeichen für die Art der Anwälte. Die in den vom Zentrum weiter entfernt liegenden Vororten ansässigen Anwälte waren stark an ihre örtlichen Amtsgerichte gebunden; man sah sie seltener am zentralen Landgericht als die Anwälte, die in den Geschäfszentren am Alexanderplatz, in der Leipziger, Friedrich- und Potsdamer Straße oder am Kurfürstendamm und Tauentzien im Bereich des Bahnhofs Zoo ihre Büros hatten.

Für die Anwälte, die es zeitlich nicht schafften, gleichzeitig stattfindende Termine an Amtsgerichten und am Landgericht wahrzunehmen, gab es Kollegen, die als sogenannte Terminvertreter ihr berufliches Dasein damit ausfüllten, für den vertretenen Kollegen bei Aufruf der Sache zur Stelle zu sein und die schon in den Schriftsätzen gestellten Anträge mündlich in Bezug zu nehmen, um Erklärungsfrist auf einen Schriftsatz des Gegners oder um Fristverlängerung zur Einreichung eines Schriftsatzes zu bitten. Sie kannten den Akteninhalt meist gar nicht, weil ihnen die Akten oft spät – erst morgens ins Anwaltszimmer durch Eilboten oder frühestens am Abend zuvor – überbracht wurden. Diese Kollegen saßen im Anwaltszimmer des Landgerichts, alle Prozeßanwälte und fast jeder Richter kannte sie; sie hatten keine Büros und Mandanten und höchstens eine Stundenschreibhilfe. Ab mittags bis zum nächsten Morgen hatten sie frei, nachdem sie mit fünf bis sechs Vertretungen ihr dürftiges Brot verdient hatten. Mitunter waren es liebenswürdige Lebenskünstler. Aus Erfahrung hatten sie eine Begabung entwickelt, die Prozeßparteien zu beschwichtigen, die über das Nichterscheinen des beauftragten Vertrauensanwalts empört waren. In der riesigen Reichshauptstadt ging es wirklich oft nicht anders, weil man nicht überall gleichzeitig sein konnte und abzuwägen hatte, welche Terminwahrnehmung nun die wichtigste war.

Der Kreis wirklich überzeugter Nationalsozialisten war verhältnismäßig klein, auch wenn sich nach 1933 viele Anwälte aus Opportunismus, Bequemlichkeit, Existenzsorge oder Karrierelust das Parteibuch besorgt hatten oder in Parteigliederungen eingetreten waren. Man kannte sie im allgemeinen; auch im Anwaltszimmer bildeten sie immer eine Gruppe für sich, redeten politische Phrasen, ließen den »Völkischen Beobachter« aus der Jackentasche ragen und hatten den berüchtigten »Bonbon« im Knopfloch des Rockaufschlages, einige sogar das mit einem Goldrand verzierte Parteiabzeichen der »Alten Kämpfer«, die schon vor 1933 in die Partei gegangen waren und eine niedrige Mitgliedsnummer besaßen. Diese Herren kannte man namentlich, es waren ihrer nicht mehr als sechs. Ihre Kanzleien wuchsen nach 1933 sprunghaft an Aufträgen und Mitarbeitern. Aber ihr Selbstgefühl wurde durch einen distanzierenden Dunstkreis der Vorsicht und des kühlen Abstands beeinträchtigt, der ihnen von allen Kollegen entgegengebracht wurde.

Kam ein neuer oder selten gesehener Kollege in diesen großen Kreis der ständigen Prozeßanwälte ins Anwaltszimmer, das in Wirklichkeit aus drei Sälen und einem Frühstücksraum bestand, so wurde er zunächst einmal von den unermüdlichen Anwaltsdienern in unauffällige Gespräche verwickelt, in die alsbald Witze eingeflochten wurden. Vermittels solcher Witze, die vorsichtig andeutende, aber auch stark politische Akzente haben konnten, wurde der Neuling vorsichtig abgetastet. Je nach seiner Reaktion erfuhren wir von diesen im echten Wortsinne »gewitzten« Anwaltsdienern ihr Urteil; was sie an Bewertung vertraulich weitergaben, war anerkannt und maßgebend. Man wußte sogleich, ob es sich bei dem Neuen um einen »Heißen«, »Lauwarmen« oder »Kalten« handelte, wie Signale wurden die Warnungen oder Beruhigungen weitergegeben.

Dies war so schon lange vor Kriegsbeginn. Nach 1939 wurde alles viel kritischer und schwieriger. Sehr viele jüngere Anwälte wurden zum Kriegsdienst eingezogen, und viele alte, bisher selten wahrgenommene Kollegen traten an ihre Stelle. Auch in der Zeit sich verstärkenden Druckes und wachsender Gefährlichkeit ist mir kein Fall bekanntgeworden, daß von seiten der »Heißen«, die in der zweiten Hälfte des Krieges ab 1943 ja viel stiller wurden, gegen die »Lauwarmen« oder »Kalten« Provokationen oder Denunziationen vorgekommen sind, was man von anderen Berufssparten nach meinen Erfahrungen nicht sagen kann.

Die Distanzierung von den offenen Anhängern des Regimes, wie sie in der Berliner Anwaltschaft vorherrschte, hatte aber wohl auch den Grund, daß die 1933 schon vorhandene und bis 1939 noch nachwachsende Anwaltsgeneration eine wissenschaftliche Schule und praktische Ausbildung hinter sich hatte, die sie durch ihre demokratische und sittliche Prägung davor bewahrte, zum Verräter an jener Sache zu werden, der zu dienen sie sich berufen fühlte: nämlich für Recht und Gerechtigkeit jederzeit einzutreten, das hieß, dem Recht des einzelnen gegen andere – private oder öffentliche – Ansprüche Geltung zu verschaffen. Mit den Sprüchen und Parolen der Nazipropaganda, mit Führerbefehlen, mit dem gesunden Volksempfinden und dem neuen »Recht, das dem Volk nützt« wußten die wenigsten Rechtsanwälte etwas anzufangen. In der Anwendung solcher neuer Rechtsbegriffe ließen die Anwälte den beamteten Richtern und Staatsanwälten gern den Vortritt – die »mußten« ja wohl, die Anwälte noch lange nicht. Wer sich unter diesen durch lange Übung und Erfahrung geschulten Anwälte in einer Weltstadt wie Berlin im schriftsätzlichen oder mündlichen Verkehr als Nazi offenbarte, der wurde von der Mehrzahl seiner Kollegen mißtrauisch betrachtet und war schnell isoliert.

Gewiß haben Furcht vor Terror, Angst vor Existenzverlust offene Opposition verhindert. Zum Widerstand und zum Putsch gehören aber Organisation und Machtinstrumente. Die hatte damals nur die Wehrmacht, die Juristen nicht. Auch waren von ihnen die wenigsten zu Märtyrern geboren. Aber eines darf festgehalten werden: Je deutlicher wurde, daß die Gewaltherrschaft sich brutal über das allgemeine Sittengesetz hinwegsetzte und immer offener dazu überging, die Justiz als ein politisches Werkzeug zur Domestizierung des Volkes zu mißbrauchen, um so entschlossener wurden zahlreiche Anwälte, sich der Willkür – in Einzelfällen sogar mit ungesetzlichen Mitteln – zu widersetzen, um zu retten, was irgend zu retten war. Für politische Täter, soweit sie nicht sofort durch die Gestapo in die Konzentrationslager verschleppt worden waren, galt das in besonderem Maße. Aber selbst den Lager-Häftlingen konnte manchmal geholfen werden.

Solches Arbeiten vollzog sich im dunkeln und halbdunkeln, im Zwiegespräch, oft in stummer Übereinstimmung. Das Verschwiegene, Halblaute, Ungesagte bestimmte das Tun, wenn es von Nutzen sein sollte. An diesem Netz wirkten nicht nur Gegner des Regimes mit, manchmal auch gerade Personen, die es sich kraft ihres Parteiabzeichens oder aufgrund guter Beziehungen nach oben leisten konnten, Unrecht noch Unrecht zu nennen; das darf der Gerechtigkeit wegen nicht vergessen werden. Und jeder, der den Mut dazu hatte, mußte ihn auch haben, denn man lebte gefährlich. In diesen Tagen und Nächten des Bombenkriegs, in denen Berlin mehr als fünfzigtausend Ziviltote beklagte und siebzig Prozent seines Gebäudebestandes zerstört wurde, durchlebte man die Gefahren und auch Schrecken des Verteidigerberufes. Der tägliche Umgang brachte uns oft mit zweifelhaften Gestalten in Büros, in Zuchthaus-Zellen und in Verhandlungssälen zusammen, eine Heerschar von Mandanten, Zeugen,

Richtern, Kollegen, Angeklagten, Denunzianten und Wärtern, wo jedes falsche Wort den Anwalt zum Häftling machen konnte.

Verteidiger mußten gute Psychologen sein und durften sich nicht scheuen, auch illegale Mittel anzuwenden, Urkundenfälschungen und Bestechungen. Daß in einem Unrechtsstaat Unwahrheiten, Lügen und Täuschungen zum rettenden Handwerkszeug werden können, das waren Erfahrungen, die auch wir erst machen mußten. Es gehörte auch die Erniedrigung dazu, mit einflußreichen Gewalthabern gute Beziehungen zu unterhalten und zweifelhafte Verbindungen zu pflegen. Das war mitunter demütigender als jene Bestechungen, Nötigungen und Erpressungen, die oft die letzte Chance für Todeskandidaten waren.

Die Bosheit war oft dumm und ihr Apparat schwerfällig. Das erleichterte die Gegenarbeit. In manchen Positionen der Macht saßen aber auch intelligente Gegenspieler, mit denen die Klingen nur mit größter Vorsicht gekreuzt werden konnten. Ich denke vor allem an die Spitzen im Reichssicherheitshauptamt, im Reichskriminalamt und im Reichsjustizministerium. Sie zu überspielen waren Kunststücke, die nur selten gelangen. War es einmal der Fall, ließ es sich nicht wiederholen.

Für alle jene Kollegen, die im Dienst des Rechts und ihrer Schutzbefohlenen auf diesem unbekannten Felde inneren Widerstands ihr Leben eingesetzt und geopfert haben, stehen die Namen der Berliner Rechtsanwälte
Dr. C. Langbehn
Dr. K. Bonhoeffer
Dr. A. Edscheid
Dr. J. Wirmer,
die selber Opfer der Willkür wurden, hingerichtet »Im Namen des Deutschen Volkes«. Ihrem geistigen Fortleben gelten diese Erinnerungen eines ehemaligen Berliner Verteidigers, der in seiner Arbeit für die ihm Anvertrauten das Glück hatte, zu überleben.

Der Volksschädling
am Pranger

Unter diesem Titel gab das Reichsamt »Deutsches Volksbildungswerk«, eine Einrichtung der NS-Organisation »Kraft durch Freude«, eine »Aufklärungsschrift im Großdeutschen Freiheitskampf« heraus, die 1941 von dem Leiter der Justizpressestelle Berlin, Regierungsrat Alfred Klütz, verfaßt worden war. Das Geleitwort hatte Staatssekretär Dr. Roland Freisler geschrieben.

In der hundertseitigen Publikation wird nach eineinhalb Kriegsjahren eine ausgewählte Übersicht gegeben über die markantesten Fälle, die in der sogenannten Kriegsstrafrechtspflege gegen sogenannte »Volksschädlinge« von den Sondergerichten und vom Volksgerichtshof abgeurteilt worden waren. Nach dem Inhaltsverzeichnis werden der politische und militärische Staatsfeind, der Wirtschaftsparasit, der Berufsverbrecher, der Sittlichkeitsverbrecher, der Verdunklungsverbrecher, der destruktive Außenseiter und der Schmarotzer im Alltagsleben als Volksschädlinge aufgezählt. Aus Abschreckungsgründen werden die gegen solcherart Personen ergangenen Todes- und langjährigen Zuchthausstrafen unter Darstellung der abgeurteilten Handlungen aufgezählt und als Säuberungsaktionen zur Gesunderhaltung des Volkskörpers begrüßt. Auf zwei Seiten dieses Pamphlets ist eine »Strafsache gegen Schröder und Dockhorn« geschildert unter der Überschrift »Todesstrafe für einen Hühnerdieb«.

Mit dem Kriegsbegin am 1. 9. 1939 war eine Fülle von schon längst vorbereiteten Gesetzen und Verordnungen in Kraft getreten, die allesamt auf eine erhebliche Verschärfung der bisher gesetzlich zulässigen Strafmaße abgestellt waren und außerdem neue Straftatbestände einführten wie etwa das Abhören feindlicher Sender, Verletzungen der Lebensmittelkarten-Bestimmungen, wehrkraftzersetzende Äußerun-

gen und dergleichen Delikte. Die sogenannte »Volks-
schädlingsverordnung« setzte neues Sonderstrafrecht.
Im September und Oktober 1939 lagen für uns Strafverteidiger die ersten Erfahrungen mit der Kriegsstraf-
rechtsprechung vor. Damals wurden Entrüstung und
Unmut noch offen im Anwaltszimmer geäußert; manche Akten flogen mit Ausrufen auf den Tisch: »Das
mache ich nicht mehr mit!« oder »Was ist bloß in diese
Kammer gefahren?« oder »Das ist ja der helle Wahn-
sinn« und »Was hat das noch mit einem Rechtsstaat zu
tun?«

Am Ende des ersten Kriegsmonates erschien bei mir
eine blasse junge Frau einfacher Herkunft mit der Bitte,
die Verteidigung ihres Mannes zu übernehmen, der wenige Tage zuvor verhaftet worden war und im Untersuchungsgefängnis Moabit einsaß. Es war Alfred Dockhorn, neunundzwanzig Jahre alt, seit vier Jahren
verheiratet, zwei Kinder, von Beruf Schneidergeselle,
in einem Konfektionsladen am Berliner Alexanderplatz
beschäftigt mit 32,– RM Wochenlohn. Die Frau arbeitete in einer Fabrik, die Großmutter versorgte die Kinder.
　　In seinem Betrieb hatte Dockhorn einen
Mann namens Karl Schröder kennengelernt, der mit
seinem Kleinwagen ab und zu Transportfahrten für den
Betrieb ausführte. Etwa im Juli 1939 erzählte Schröder,
daß er in einem Berliner Vorort einen Onkel habe, der
wegen der Beschaffungsschwierigkeiten für Futtermit-
tel nach und nach seine Hühnerfarm aufgeben und sich
zur Ruhe setzen wolle. Ob Dockhorn nicht in seinem
Bekanntenkreise Hühner verkaufen wolle, die er aus
den geschilderten Gründen zum Vorzugspreise erhalten könne. Dockhorn war durchaus gewillt, sich einen
Nebenverdienst zu verschaffen, und sagte sofort zu, sich
um Käufer bemühen zu wollen. Schröder bot ihm je
verkauftes Huhn eine Provision von 1,50 RM. Von
Ende Juli bis Mitte September verkaufte Dockhorn
dann ungefähr vierzig Hühner an verschiedene Verwandte und Bekannte, wofür er insgesamt rund

60,– RM Provision verdiente. Dann flog das Geschäft plötzlich auf. Schröder war verhaftet worden, kurz nach ihm auch Dockhorn.

Es stellte sich heraus, daß Schröder wegen Diebstahls mehrfach vorbestraft war. In nächtlichen Einsteigediebstählen hatte er während der letzten Monate Hühner, aber auch Enten und Kaninchen aus Laubenkolonien entwendet und die Tiere meist sogar noch an Ort und Stelle geschlachtet. Die Hühner gab er fast alle an Dockhorn weiter, die Enten und Kaninchen verzehrte er teils selbst, teils weckte er sie ein. Als ich ihn in der Untersuchungshaft besuchte, versicherte Dockhorn mir glaubhaft, daß er den Erzählungen Schröders, der ein gewiefter Ganove von der kleinen Sorte war, geglaubt habe. Dockhorn war ein eher schüchterner Typ, der von allein nie strafbare Handlungen begangen hätte. Nur die Aussicht auf zusätzlichen Verdienst hatte ihn in die Falle gelockt, der Hühnerdieb hatte ihn mit Biedermanns-Miene geschickt für seine Zwecke eingespannt.

Die Anklage lautete gegen den Haupttäter Schröder auf fortgesetzten schweren Diebstahl im Rückfall; da er die Taten teilweise unter Ausnutzung der Verdunklung begangen habe, sei er darüber hinaus als »Volksschädling« zu verurteilen. Dockhorn wurde wegen fortgesetzter Hehlerei angeklagt. Die Hauptverhandlung fand Anfang Oktober 1939 vor dem Sondergericht II im Kriminalgericht Moabit statt. Der Zuhörerraum war dicht gefüllt, die Ehefrau des Angeklagten Dockhorn und einige geschädigte Laubenkoloniebesitzer waren als Zeugen geladen, darunter auch derjenige, der Schröder nachts auf frischer Tat gestellt und dingfest gemacht hatte.

Die Angeklagten waren geständig, was den Handlungsablauf anging. Dockhorn bestritt aber entschieden, von der gesetzwidrigen Herkunft der Hühner gewußt zu haben. Der Angeklagte Schröder belastete ihn jedoch insofern, als er sagte, das hätte sich Dockhorn doch wohl denken können, daß die Hühner ihm nicht zugeflogen wären. Schröder sah sich verloren und

18

wollte nach Ganovenart seinen Mittäter mit hineinziehen; dies ist eine alte Erfahrung der Verteidiger von Straftätern aus diesem Milieu. Dockhorn blieb bei seinen Angaben; seine Ehefrau erklärte weinend als Zeugin, sie habe von den Hühnerverkäufen gar nichts gewußt; sie sei geradezu verwundert gewesen, daß ihr Alfred zweimal ein geschlachtetes Huhn mitgebracht und auf Befragen gesagt habe, sie seien ihm von Bekannten geschenkt worden.

Die Verhandlung ging ziemlich eilig über die Bühne. Der Vorsitzende donnerte die Angeklagten an und schien einigermaßen uninteressiert, wo hier die Wahrheit lag. Der Staatsanwalt beantragte gegen Schröder als Berufsverbrecher und Volksschädling die Todesstrafe, weil er die letzten drei oder vier Hühner nach Kriegsausbruch unter Ausnutzung der Verdunklung gestohlen hatte. Gegen Dockhorn beantragte er wegen fortgesetzter Hehlerei eine Zuchthausstrafe von zehn Jahren und zehn Jahre Ehrverlust.

Uns Verteidigern blieb bei diesen Strafanträgen der Atem weg, von den beiden Angeklagten und dem Publikum ganz zu schweigen. Die Angeklagten wurden kalkweiß, aus dem Zuschauerraum kamen schrille Rufe der Angehörigen. Zum ersten Mal erlebte ich, daß auch das Publikum unruhig wurde. Der Vorsitzende gebot Ruhe. Die Verteidiger erhielten das Wort.

Hühnerdiebstahl und Hehlerei an verhältnismäßig geringwertigen Sachen wie hier waren Delikte, für die es bisher höchstenfalls Gefängnisstrafen mäßigen Umfangs gegeben hatte, bei Rückfalltätern in Sonderfällen vielleicht ein bis drei Jahre Zuchthaus; auf Todesstrafe und zehnjähriges Zuchthaus waren die Strafverteidiger bei solchen Lappalien noch nicht eingestellt.

Mein Kollege hatte es schwerer als ich, da es um den Kopf seines Mandanten ging. Er tat es mit aller Überzeugungskraft, deren er fähig war. Man spürte deutlich, daß er es selber nicht fassen konnte, einen Hühnerdieb als »Volksschädling« im Sinne des neuen Strafgesetzes charakterisiert zu sehen. Aber al-

19

lein die Tatsache, daß Schröder einige Hühner noch in den ersten Septembertagen, also nach Einführung der Verdunklungspflicht gestohlen hatte, reichte aus, um die Todesstrafe nach den Buchstaben des Gesetzes zu rechtfertigen. Als ob ein kleiner Ganove begriffen hätte, daß er das Fallbeil riskierte, wenn er nach Kriegsausbruch nachts auf Beute ging!

Ich glaubte, es leichter zu haben; in der Tat deutete nichts darauf hin, daß Dockhorn eine Ahnung von der Herkunft jener Hühner gehabt hatte. So plädierte ich auf Freispruch mangels Beweises, da dem Angeklagten nicht zu widerlegen sei, daß er von den Diebstählen seines »Geschäftspartners« nichts gewußt habe. Die anderslautende Aussage des Mitangeklagten Schröder müsse bei der Bewertung von Dockhorns Glaubwürdigkeit außer Betracht bleiben, da nicht auszuschließen sei, daß Schröders Behauptung der Ganoven-Mentalität entspreche, andere noch mit ins Unglück zu reißen, wenn man selbst als Straftäter überführt sei. Ich pochte auf die bisher straffreie Führung meines Klienten, auf seine ordentlichen Familienverhältnisse und die ihm von seinem Arbeitgeber bescheinigte Zuverlässigkeit und führte all das auch als Umstände an, die – falls das Gericht wider Erwarten zu einer anderen Beweiswürdigung als ich kommen würde – allesamt die Beschränkung der Strafe auf ein Mindestmaß rechtfertigen müßten.

Das Sondergericht fackelte nicht lange. Als es nach seiner Beratung, die wenige Minuten gedauert hatte, wieder erschien, verurteilte es Schröder antragsgemäß zum Tode, meinen Klienten Dockhorn zu acht Jahren Zuchthaus und fünf Jahren Ehrverlust. Das Urteil war rechtskräftig.

Schröder wurde nach der Ablehnung seines Gnadengesuches bereits eine Woche später, Ende Oktober 1939, durch das Fallbeil hingerichtet. Dockhorn saß bis Mitte 1944 im Zuchthaus. Zwei in Abständen von zwei oder drei Jahren von mir vorgelegte Gnadengesuche mit dem Ziel vorzeitiger Entlassung unter Bewährung wurden abgelehnt. Gegen Ende des aussichtslos gewordenen Krieges waren dann auch die Zuchthäusler noch würdig, für das Vaterland zu kämpfen. Dockhorn wurde zur Front-Bewährung in das »Strafbataillon 999« eingezogen. Jener vielleicht noch nicht einmal bewußt erschwindelte Nebenverdienst von 60,– RM ist aller Voraussicht nach mit dem Heldentod für das Vaterland bezahlt worden. Aus den Strafbataillonen der Wehrmacht und Waffen-SS sind kaum Lebende wiedergekehrt. Seine Familie und ich haben von Dockhorn nach dem Kriege nichts mehr gehört.

Mein Freund
Hermann Göring

So nannte er ihn gern, um Aufsehen, Achtung und Vertrauen zu erlangen – besonders wenn es sich um erbetene Freundschaftsdarlehen oder um Bürgschaften für Bankkredite handelte. Von Beruf war er Schauspieler, der Herr K. R. – sein Zuname kennzeichnet jenen Zustand, in den er sich kraft starker Neigung zum Alkohol öfter versetzte und den er bei seinen Zuschauern und Zuhörern gern bemerkte, wenn es ihm gelungen war, diesen Zustand durch seinen Redeschwall, seine Gebärden und Gestik in anderen zu erzeugen. Zunächst erfuhr ich von ihm nur vom Hörensagen und aus der juristischen Fachliteratur. Mein zum Wehrdienst eingezogener Sozius hatte Herrn R. einmal anwaltlich betreut.

Es war ein spektakulärer Fall gewesen, der Anfang der dreißiger Jahre durch die Berliner Presse gegangen war. Der Schauspieler und Theaterunternehmer war wie meist in starker pekuniärer Bedrängnis. Seine zahlreichen Gläubiger hatten ihn zum Offenbarungseid zwingen wollen, nachdem alle Pfändungsversuche in seiner Wohung in Berlin-Westend fruchtlos verlaufen waren. Dort waren nämlich nur noch wenige unpfändbare Gegenstände des täglichen Gebrauchs gewesen, nun hatten die Gläubiger wissen wollen, wo seine bekannten wertvollen Einrichtungsgegenstände, die antiken Möbel, echten Teppiche, Gemälde und Skulpturen geblieben waren. Seine Meisterschaft im Hinhalten, in immer neuen Versprechungen und Vertröstungen hatte lange Zeit hindurch vorgehalten, und mit immer neuen Darlehen hatte er auch immer wieder Löcher gestopft. Aber nun war er am Anfang seines vierzigsten Lebensjahres doch in ärgste Bedrängnis geraten. Der leiderprobte Gerichtsvollzieher hatte schon gelernt, daß es sich hier um einen jener Schuldner handelte, die es mit

vielerlei Winkelzügen verstehen, ihre Dinge den Kuk-
kucks-Stempeln des Vollstreckungsbeamten zu entziehen. Seine Familie hatte R. aufs Land zu Freunden ver-
frachtet, er selbst war, schon einige Zeit stellungslos,
nur noch selten in seiner Wohnung, allenfalls zur
Nachtzeit. Er schlief oft bei Freunden, alles nur, um
dem Beamten mit dem bösen Kuckuck ein Schnippchen
zu schlagen.

Endlich hatte sich der Gerichtsvollzieher
beim Amtsgericht Charlottenburg aber einen Vorführ-
rungsbefehl zur Ableistung des Offenbarungseides ver-
schafft, nachdem R. auf immer erneute gerichtliche
Terminvorladungen nicht reagiert hatte. Mit diesem einem Haftbefehl gleichartigen Vorführungsbefehl wartete der Gerichtsvollzieher eines schönen Morgens vor
dem Hause des Herrn R. in der Bretschneiderstraße
schon seit sieben Uhr früh, nachdem er spät abends R.s
Auto vor der Haustür hatte stehen sehen, einen grünen
Opel-Laubfrosch, den das Vollstreckungsgericht als
unentbehrlich zur Berufsausübung eines Schauspielers
und daher für unpfändbar erklärt hatte. Das hatte den
Gerichtsvollzieher, der den Opel schon vergeblich ge-
pfändet hatte, ernsthaft gewurmt, wobei mitspielen
mochte, daß er selber auf Straßenbahn und Omnibus
angewiesen war. Jedenfalls hatte er vor, R. diesmal
festzunehmen, sobald er aus der Haustür treten würde.
An der Wohnungstür zu klingeln, hatte er längst aufge-
geben, denn da machte niemals jemand auf.

So hielt sich der Beamte in der Nähe der
Haustür an einem Mauervorsprung versteckt. Er mußte
lange warten, aber sein Ausharren wurde gegen zehn
Uhr doch belohnt. Gut ausgeschlafen trat Herr. R. rü-
stigen Schrittes aus der Tür und wendete sich seinem
Wagen zu. Der Gerichtsvollzieher setzte seine strengste
Amtsmiene auf, ging auf R. zu und sagte: »Herr R., Sie
sind verhaftet zwecks Vorführung beim Amtsgericht!«
Der Angesprochene reagierte aber ebenso wortlos wie
blitzschnell. Er schlug einen Haken und sprang in sein
Auto. Als er den Startschlüssel drehte und der Motor
auch sogleich ansprang, war der Gerichtsvollzieher je-

doch schon neben ihm und schrie auf ihn ein: »Sie sind verhaftet! Halt! Sie bleiben stehen!« R. sagte gar nichts, sondern fuhr langsam an. Da warf der Gerichtsvollzieher seine Mappe ins Auto und sprang auf das Trittbrett des fahrenden Autos und versuchte dem Fahrer ins Steuerrad zu greifen. R. aber fuhr nur schneller, der unglückliche Gerichtsvollzieher mußte sich festhalten, um nicht herunterzufallen. Er rief zwar immer wieder: »Halten Sie an! Sie sind verhaftet! Halten Sie sofort an, Herr R. Sie machen sich strafbar!« Aber das rührte R. wenig. Er fuhr und fuhr. Zuerst zweimal um ein Rondell in der Nähe seiner Wohnung, dann die Heerstraße herunter, einmal um den Reichskanzlerplatz, dann in die Masurenallee und weiter am Funkturm und den Messehallen vorbei in die Kantstraße hinein. Ampeln gab es damals erst ganz wenige, und R. fuhr so geschickt, daß er die Ampeln immer bei Grün erreichte. Schließlich ging es an der Kaiser-Wilhelm-Gedächtniskirche vorbei, dann über den Tauentzien, den Wittenbergplatz, den Nollendorfplatz und immer weiter in den Bezirk Kreuzberg hinein. Der Gerichtsvollzieher verwendete seine ganze Kraft darauf, sich festzuhalten. Alle Beschwörungen rührten R. nicht. Er fuhr immer weiter und sagte ab und zu: »Achtung, Kurve, festhalten!«, dann bog er das eine Mal nach links ab, das nächste Mal nach rechts. In der Tempelhofer Gegend fing der Motor wegen Benzinmangels an zu stottern. R. steuerte den Wagen zu einer Haltestelle, der sich gerade ein Bus nahte. Dann sprang er heraus, war mit einem Satz auf dem abfahrenden Bus und winkte dem nachsetzenden Gerichtsvollzieher fröhlich zu mit den Worten: »Also, bis zum nächsten Mal, mein Lieber!«

Dieser Meisterstreich hatte zwar die Ableistung des Offenbarungseides erfolgreich verzögert, aber letztlich nicht verhindert. Das nächste Mal hatte der Gerichtsvollzieher die Polizei zur Hilfe, deren Zugriff R. sich nicht entwinden konnte. Hinzu kam, daß sein allzu filmgemäßes Auftreten dem Schauspieler ein strafrechtliches Nachspiel eintrug. Aufgrund einer Anzeige des Gerichtsvollziehers wurde R. wegen Wider-

stands gegen die Staatsgewalt angeklagt. Dieser Straftatbestand erfordert eine körperliche Widerstandsak-
tion gegen einen Beamten während dessen dienstlicher
Handlung. Mein Sozius hatte geltend gemacht, daß es
in diesem Falle zweifelhaft sei, ob die dienstliche Handlung des Beamten schon begonnen hatte, als R. mit dem
Auto davonfuhr. Der Beschuldigte hätte mindestens
Gelegenheit haben müssen, zunächst von dem schriftlichen Vorführungsbefehl des Gerichts im Wortlaut
Kenntnis zu erhalten; mit den mündlichen Hinweisen
auf deren Existenz sei noch keine Amtshandlung in
Gang gekommen. Außerdem sei die Fortbewegung eines Autos, auf dessen Trittbrett sich ein Gerichtsvollzieher befinde, keine Ausübung körperlichen Wider-
standes gegen denselben. So die Verteidigung. Der
Amtsrichter hatte sich diesen Zweifeln durch Verkündung eines Freispruchs angeschlossen. Der Staatsanwalt legte Berufung mit dem Erfolg ein, daß R. wegen
Widerstands zu drei Monaten Gefängnis mit Bewährungsfrist verurteilt wurde. Gegen dieses Urteil legte R.
nun wiederum Revision beim Reichsgericht ein, die
aber als unbegründet zurückgewiesen wurde. So kam
es, daß R.s Autofahrt mit dem Gerichtsvollzieher zum
Gegenstand einer höchstrichterlichen, in Juristenkrei-
sen mit Schmunzeln vielbeachteten Rechtsprechung
der dreißiger Jahre geworden war.

Diese Geschichte fiel mir ein, als ich Mitte des Jahres
1940 Besuch von einem Gruppenführer des NS-Fliegerkorps erhielt, den ich einige Zeit zuvor in seiner
recht komplizierten Scheidungsangelegenheit erfolgreich vertreten hatte. Als er den Namen R.s nannte und
mich fragte, ob ich ihm wohl in einer ziemlich unange-
nehmen Situation behilflich sein würde, erinnerte ich
mich an jene Affäre mit dem Trittbrett-fahrenden Gerichtsvollzieher und fragte, ob R. wieder jemand gegen
dessen Willen spazieren gefahren habe. Nach weit-
schweifigen Erklärungen meines Gegenübers, daß er R.
schon aus dem Ersten Weltkrieg kenne und daß sie trotz
sehr verschiedener Lebenswege über all die Jahrzehnte

hinweg befreundet geblieben seien, woraus man aber nicht auf gleiche politische Überzeugungen schließen dürfe, kam endlich folgendes ans Licht:

R. befand sich zur Zeit als Gestapohäftling in einem oberschlesischen Schutzhaftlager bei Sosnowitz. Die Gründe waren meinem Besucher im einzelnen nicht näher bekannt. Es sei für das NS-Fliegerkorps aber eine peinliche Angelegenheit, da es R. selber nach Kattowitz entsandt habe, um im dortigen Raum, der nach dem Sieg über Polen 1939 in das Deutsche Reich »rückgegliedert« worden war, NS-Fliegerstürme aufzustellen. Man habe R. eine Grundausstattung von 5000,– RM als Vorschuß gewährt, der aus den Gewinnen zurückgezahlt werden sollte, welcher sich aus der Übernahme und der Weiterführung eines bisher in polnischem Besitz befindlich gewesenen Varietés in Kattowitz ergeben sollte. Irgend etwas müsse da aber schiefgegangen sein. Zwar seien einige neue NSFK-Stürme aufgestellt worden, R. scheine sich dann aber um deren Ausbildung gar nicht mehr gekümmert zu haben; was mit dem Varieté geworden sei, wisse man auch nicht. Die Gestapo in Berlin gebe keine Auskünfte und verweise die NSFK-Führung an den SS- und Polizeiführer in Kattowitz. Ob ich den Auftrag übernehmen würde, erst einmal überhaupt herauszubekommen, was mit R. geschehen sei und wie man ihm helfen könne. Für meine Kosten stehe er gerade. Die Sache erfordere jedoch strengste Diskretion, das Nationalsozialistische Fliegerkorps wolle offiziell nicht tätig werden.

Es war deutlich, daß der Gruppenführer sich offenbar auf eine zweifelhafte Sache eingelassen hatte, aus der er und sein NS-Fliegerkorps sich möglichst schnell wieder herauswinden wollten. Meine Fragen galten R.s Werdegang, den ich kennen mußte, wenn ich in mutmaßlich heikler Angelegenheit für ihn tätig werden sollte.

R. war als Konditorlehrling aus dem väterlichen Geschäft im Rheinland wegen eines unstillbaren Dranges zur Bühne ausgerissen und hatte gerade einige Wanderjahre an kleineren Theatern hinter sich gehabt, als der Erste Weltkrieg ausbrach. Er hatte sich als Kriegsfreiwilliger gemeldet und war im Laufe der Feldzüge im Osten und Westen bis zum Vizefeldwebel befördert worden; auch hatte er das Eiserne Kreuz 2. Klasse erhalten. Kurz vor Kriegsende war R. zur Fliegerbodentruppe abgeordnet worden und hatte zuletzt im Richthofen-Geschwader Dienst getan, dessen letzter Chef Hermann Göring gewesen war.

Nach dem Kriege hatte er sich als Rezitator, Schauspieler und Varietédirektor durchgeschlagen, ohne es dabei sonderlich weit zu bringen. Um 1930 war er der NSDAP beigetreten, um mit ihrer Hilfe auf einen grünen Zweig zu kommen. Das geschah dann auch in Gestalt vorübergehender Arbeit für das NS-Fliegerkorps, wo er seinen Kriegskameraden Schreiber wiedertraf, der als Hauptmann aus dem Polizeidienst kam und beim NSFK eine leitende Stellung erhalten hatte. Nach 1933 gelang es R. dann über seine Parteibeziehungen, Pächter und Direktor eines Groß-Varietés im Berliner Osten zu werden, das einem inzwischen emigrierten Juden gehört hatte und von der Deutschen Arbeitsfront für dessen Amt »Kraft durch Freude« übernommen worden war. Dieses Etablissement in der Nähe des Schlesischen Bahnhofs wirtschaftete R. von 1935–38 in knapp drei Jahren in ständigen Streitigkeiten mit der Deutschen Arbeitsfront und der Reichstheaterkammer in Grund und Boden, so daß ihm die Theaterkammer am Ende die Unternehmer-Lizenz entzog. So saß R. wieder einmal auf der Straße und wandte sich mit Eingaben und Vorstellungen an verschiedene hochgestellte Persönlichkeiten, unter anderem auch an Hermann Göring unter Hinweis auf seine Zugehörigkeit zum ehemaligen Richthofen-Geschwader. Göring hatte diese Petition an das NS-Fliegerkorps mit der Anweisung weitergeleitet, R. dort im Bürodienst angemessen zu beschäftigen. Das geschah auch einige Monate hindurch, bald aber gab es wegen R.s Renommiersucht und seiner Neigung zum Alkohol wieder Beanstandungen. R. paßte nun einmal nicht in das bürgerliche Leben und krankte daran, daß die Welt

27

partout nicht einsehen wollte, daß er als Künstler zu Höherem berufen war.

Da kam es nun wie gerufen, daß man in der Zentrale des NS-Fliegerkorps in der Meineckestraße am Kurfürstendamm nach dem siegreichen Polenfeldzug im Herbst 1939 auf den unglücklichen Gedanken gekommen war, den unbequemen Mimen zu beauftragen, durch Werbeveranstaltungen in und um Kattowitz NS-Fliegerstürme ins Leben zu rufen. Auch hatte man erfahren, daß in Kattowitz ein Varieté-Unternehmen existiere, welches einem Polen gehöre. So schlug man R. vor, sich um die Pacht dieses Theaters zu bemühen und aus dessen Einnahmen den ihm aus der Kasse des NSFK mitgegebenen Vorschuß in Raten wieder zurückzuzahlen. R. war begeistert und versprach, alle Register zu ziehen.

So kam es, daß ich im Juni 1940, der Frankreich-Feldzug war schon im Gange, nach Kattowitz fuhr, im Hotel »Monopol« Quartier bezog und vor Ort recherchierte. Mein erster Besuch galt dem Polizeiführer für Stadt und Kreis Kattowitz. Ich brauchte eine Besuchserlaubnis für das Lager Sosnowitz, da ich R. dort aufsuchen wollte. Der SS-Offizier gab sich jedoch sehr kühl. R. sei ein renommiersüchtiger Hochstapler und Betrüger, der sich fälschlich als Freund und Bevollmächtigter Görings ausgegeben habe. Die neu errichtete Treuhandstelle-Ost habe seine Machenschaften aufgedeckt und ihn als Staatsfeind und Volksschädling zur Anzeige gebracht. Auf meine Frage, warum R. nicht der ordentlichen Justiz überstellt sei, zuckte der Oberführer mit den Schultern und sagte nur, daß die deutsche Rechtspflege im wiedergewonnenen Oberschlesien erst im Aufbau sei. Daß ich R. sprechen und verteidigen wollte, machte ihm sichtlich Unbehagen. Er gebrauchte die verschiedensten Ausflüchte und beschied mich auf eine weitere Rücksprache in zwei Tagen; inzwischen wolle er mit dem Lagerkommandanten in Sosnowitz telefonieren und auch versuchen, mit der Justiz Verbindung aufzunehmen.

Durch telefonische Erkundigungen bei einem Breslauer Kollegen erfuhr ich jedoch noch am selben Tag, daß bereits seit April 1940 die Justiz in Kattowitz unter deutscher personeller Besetzung wieder funktioniere; es gelang mir sogar, die Dienststelle des Oberstaatsanwalts ausfindig zu machen. Dort bat ich um eine Rücksprache und wurde von einem Mitarbeiter des Chefs kollegial empfangen. Ich schilderte ihm meine Rücksprache mit dem Kattowitzer Polizeiführer. Der Staatsanwalt fand meine Eröffnungen »höchst interessant«. Er sagte mir, daß hier in Kattowitz viel drunter und drüber gehe und daß noch keine rechte Ordnung eingekehrt sei. Die Rechtspflege habe nach beendigtem Polenfeldzug fast ein halbes Jahr darniedergelegen und habe viel aufzuarbeiten. Inzwischen habe die Sicherheitspolizei nach bekannter Art gearbeitet; er wolle sich um den Fall R. kümmern. Am anderen Tage erfuhr ich dann, daß R. binnen zwei Tagen vom Lager Sosnowitz in das Kattowitzer Untersuchungsgefängnis überführt werde. Vom Oberstaatsanwalt erhielt ich Sprecherlaubnis.

Der Mensch, den ich wenige Tage später im Kattowitzer Untersuchungsgefängnis vorfand, war ein körperlich schwer mißhandeltes Wesen, dessen Anblick wirklich erschütterte. Das Gesicht dick geschwollen, blau und grün verfärbt, ein Auge geschlossen, die Lippen aufgesprungen und die Nase verquollen, konnte R. nur ganz unverständlich lallen.

Die Unterhaltung war wenig ergiebig, der Mann schluchzte nur. Sichtlich bedurfte er erst einmal der Pflege und Erholung, um Auskunft geben zu können, was vorgefallen sei. Ich sagte R., daß ich bald wiederkommen würde, er solle erst einmal zu sich kommen, zunächst würde er jedenfalls in Untersuchungshaft im Kattowitzer Gefängnis bleiben. Fürs erste solle er sich beim Gefängnisarzt melden. R. nickte nur; seine unverständliche Antwort klang wie »Danke, danke«. Ich selber ging auf der Stelle zum Gefängnisdirektor und schilderte ihm R.s Zustand. Ich fügte hinzu, daß ich mich mit Wissen und im Interesse einer hohen Berliner Parteistelle – welche, verschwieg ich verabredungsgemäß (und mit dem Hintergedanken, daß man so vielleicht noch höheres Interesse vermutete) – um den Untersuchungsgefangenen R. kümmere, und daß ich in Berlin über die R. im Schutzhaftlager zugefügten Mißhandlungen berichten würde. Ich verlangte einigermaßen strikt, R. zunächst in das Gefängnis-Krankenrevier zu verlegen und dort zu pflegen. Dabei bluffte ich absichtlich durch einen etwas arroganten Berliner Tonfall. Die Reaktion war auch die erwünschte; man werde alles tun, um den Häftling schnell wiederherzustellen.

Empört und bedrückt fuhr ich nach Berlin zurück. Der Zustand des Gefangenen ließ weitgehende Rückschlüsse auf die Behandlung aller SS-Schutzhäftlinge zu. In Berlin berichtete ich dem Gruppenführer Schreiber über das bisher Erfahrene und Gesehene. Der Mann bat mich, R.s Ehefrau zu empfangen, ihr aber nichts über den Lageraufenthalt und die Mißhandlungen ihres Mannes zu sagen.

Frau R., Mutter zweier halberwachsener Kinder, weinte sich bei mir erst einmal über ihre zerrüttete Ehe aus. Ihr Mann sei im Januar nach Kattowitz gereist, habe ihr ganze 200,– RM zurückgelassen und versprochen, von Kattowitz aus sofort Geld zu schicken. Dann aber habe er Monate hindurch außer einem Brief und zwei Telefongesprächen nichts von sich hören lassen; seit April sei sie ganz ohne Nachricht, und erst jetzt habe sie von Gruppenführer Schreiber erfahren, daß er verhaftet worden sei. Sie wollte wissen, warum und weswegen, sie traue ihm eigentlich nichts Schlechtes zu, er lebe immer in Illusionen, sei lebensfremd, eitel und großspurig. Ich tröstete Frau R., sagte ihr, daß ich ihren Mann in Kattowitz nur ganz kurz gesehen hätte, er läge derzeit im Krankenrevier und würde gut gepflegt. Seine Frau nickte und meinte, es sei sicher seine Leber, die Aufregung nie vertragen habe.

Nach zehn Tagen erhielt ich auf telefonische Anfrage die Auskunft der Kattowitzer Gefängnisdirektion, daß R. jetzt verhandlungsfähig sei. Auch der Oberstaatsanwalt ließ mich wissen, daß die Ermittlungsakten der Polizei zur Einsicht bereit lägen. Ich fuhr abermals nach Kattowitz.

Im Hotel »Monopol« herrschte in der Halle, im Café und im Speiseraum reges Kommen und Gehen, die Bar wurde schon ab 3 Uhr nachmittags geöffnet. Es gab hier offenbar viele Leute, die Zeit zum Herumsitzen hatten, darunter auch Uniformierte der Partei und ihrer Organisationen. Ich mußte mehrere Tage warten, und so saß ich nach dem Abendbrot selber öfters in der Bar; was sollte man sonst im eroberten Kattowitz tun? Mitunter war ich unter lauter braunen, schwarzen und feldgrauen Uniformen der einzige Zivilist. Um mich herum spielte, trank und handelte alles.

Am ersten Morgen sah ich mir in der Geschäftsstelle der Staatsanwaltschaft die Ermittlungsakten an. Deren Inhalt sah für meinen Mandanten wenig angenehm aus.

Er wurde beschuldigt, sich des fortgesetzten, vollendeten und versuchten Betruges in mehreren Fällen, der Unterschlagung, der Untreue und Urkundenfälschung in Verbindung mit Vergehen und Verbrechen nach dem Kriegswirtschaftsrecht und der Preisstrafrechtsverordnung, der unbefugten Titelführung, der Amtsanmaßung und aktiver Bestechung schuldig gemacht zu haben. Das alles war das Resultat seiner dreimonatigen Tätigkeit in Kattowitz.

Was war geschehen? R. hatte Anfang Januar 1940 im Hotel »Monopol«, dem ersten Haus am Platze, eine Drei-Zimmer-Suite bezogen, von der er ein Zimmer als Büro benutzte. Er zahlte 500,– RM in bar an, gab den Portiers und Oberkellern sogleich splendide Trinkgelder und ließ vom Hoteldirektor bis zum Laufjungen jedermann wissen, daß er im Auftrage Hermann Görings, des Reichsbevollmächtigten für die Kriegswirtschaft, nach Kattowitz gekommen sei, um hier sowohl Fliegerstürme für das NS-Fliegerkorps aufzuziehen als auch die »Eindeutschung« bisher polnischer

Betriebe zu überwachen. Der routinierte Komödiant spielte diese Rolle mehrere Wochen mit ausgezeichnetem Erfolg. Da er in der Bar sehr freigiebig war, sammelte er dort allerlei Anhänger und Zuträger um sich, die er geschickt als Anwerber und Mittelsmänner benutzte. Diesen Kreis bezeichnete er als seinen »Stab«. Seinem Organisationstalent gelang es auch, in Stadt und Kreis Kattowitz je einen NS-Fliegersturm aufzustellen, wobei er im Rahmen des ihm von der Zentrale in Berlin mitgegebenen Auftrages handelte. Er gab sich dabei als NSFK-»Oberführer« aus – er war nur »Obertruppführer« – und trug ihm nicht zustehende Rangabzeichen und die Eisernen Kreuze 1. und 2. Klasse aus dem Ersten Weltkrieg, von denen er nur das zweite ehrlich erhalten hatte.

Weit mehr war R. aber daran interessiert, das Kattowitzer Varieté-Theater zu pachten, das ihm sein Gönner, Gruppenführer Schreiber in Berlin, so verlockend als neues künstlerisches Betätigungsfeld an die Wand gemalt hatte. Das Theater war noch geschlossen, der bisherige polnische Pächter hatte ein polizeiliches Betriebsverbot erhalten, das Personal und die Künstler hatten sich inzwischen nach anderen Beschäftigungen umgesehen. Bei den örtlichen Behörden machte R. Eingaben zur Erlangung einer Konzession. Die an den kommissarischen Oberbürgermeister gelangte Eingabe war an den Polizeipräsidenten und die Reichstheaterkammer nach Berlin zur Auskunftseinholung über R.s persönliche Zuverlässigkeit und Eignung geschickt worden. Der Behördenweg nahm Zeit in Anspruch.

R. war inzwischen das Geld ausgegangen, genaugenommen war er seit Mitte Februar 1940 schon blank. Er hatte gut gelebt, viel und gut getrunken, gespielt und auch Damen unterhalten, die wohl nicht billig gewesen waren. Von den 5000,– RM Darlehen hatte er 1500,– RM für die Anmietung von Sturmlokalen für die beiden Fliegerstürme und für deren Büroausstattung verwendet, alles übrige aber hatte sein eigenes Leben verschlungen.

Dringende Anrufe in Berlin, daß er weiteres Geld benötige, fanden kein Gehör. R. saß fest. Aber im polnischen Nachkriegschaos gab es viele zweifelhafte Gestalten, mit denen sich vielleicht etwas anfangen ließ. Einige von ihnen hatte R. im Hotel »Monopol« schon kennengelernt. Teils kamen sie als Beutegeier aus dem Altreich, teils waren es ansässige sogenannte »Volksdeutsche«, die jetzt aus der Minderheit zur Herrschaft geworden waren und ihre Existenzen auf schnelle und billige Weise zu verbessern suchten. Drehpunkt aller dieser Begehrlichkeiten war die »Treuhandstelle-Ost«, jene von Göring inszenierte halbstaatliche Organisation unter Leitung des früher zum Hugenberg-Laden gehörigen Bürgermeisters a. D., Winkler, die inzwischen auch in Kattowitz wie in anderen Plätzen des Generalgouvernements ihre Zweigstelle eröffnet hatte. Sie registrierte alle Wirtschaftsbetriebe in polnischem Besitz und bestimmte, was mit ihnen zu geschehen hatte. Sie beschlagnahmte, enteignete und vergab an politisch einwandfreie deutsche Käufer, Pächter, Mieter und Treuhänder.

Mitte Februar eröffnete R. in seinem NSFK-Büro im Hotel »Monopol« eine »Vermittlungsstelle für Treuhand-Bewerber«; ein Pappschild an der Zimmertür gab der Sache den Anstrich einer Behörde. Die Sekretärin erklärte den Besuchern, die in großer Zahl gelaufen kamen, daß R. als »Sonderbeauftragter« – ein wahres Zauberwort im Dritten Reich – persönlich nur in Großobjekten zu sprechen sei. Wenn es sich um Zuckerfabriken, Mühlen aller Art, Brauereien, Fabriken, Lagerhallen handelte, wurde ein Besprechungstermin vornotiert; Kleinkram wurde gleich abgelehnt. Die Bewerber mußten Formulare und Fragebogen ausfüllen, Vollmachten unterschreiben und Vorschüsse zahlen. Beratungsprovision in jedem Fall dreieinhalb Prozent vom Objektwert, die sich im Erfolgsfalle auf fünf Prozent erhöhe. Den Objektwert aber ermittelte die Treuhandstelle. Das sah alles sehr reell aus, und die Jovialität und der vorgetäuschte Eifer weckten Vertrauen; in einer Woche schon hatte R. dreißig Klienten, darunter auch solche, die um ihren Besitz bangten und von R.s vielgerühmten Beziehungen erhofften, daß er ihnen diesen erhalten könne. R. konnte zwar gar nichts, aber er tat so. Er war klug genug, nichts zu versprechen. Er riet und beriet nur, das heißt, er redete mit den Bewerbern. In mehreren Fällen ging er aber auch zur Treuhandstelle-Ost, sprach dort mit diesen und jenen Angestellten, gab Gesuche seiner Klienten ab und redete auch da. Also war er »tätig« geworden, sogar soviel, daß er den Sachbearbeitern bei der Treuhandstelle lästig wurde. Er drängelte, und in einem Falle drohte er sogar mit seinem Freund Hermann Göring, der der Treuhandstelle Beine machen würde. Vor allem aber kassierte er für seine Vermittlung ganz ordentlich; er ließ sich erhebliche Provisionsvorschüsse zahlen, die insgesamt acht- bis zehntausend Reichsmark ausmachten. Davon verteilte er großzügig an seine Sekretärin und zwei »Angestellte« fast dreitausend Reichsmark, den Rest verbrauchte er für sich und für Gelage mit seinen neugewonnenen Fliegerkameraden und ihren »Damen«.

Eines Tages, Anfang Mai 1940, war aber Bürgermeister Winkler zur Visitation seiner Kattowitzer Treuhandstelle erschienen und hatte dabei von R.s Betätigung als Vermittler und Vertreter vieler Antragsteller bei der Treuhandstelle erfahren, dessen Leiter erst jüngst mit R. einen Zusammenstoß gehabt hatte. R. hatte nämlich einem Sachbearbeiter einen Hundert-Reichsmark-Schein auf den Schreibtisch gelegt mit dem Bemerken, der könne sich noch vervielfachen, wenn der vorliegende Antrag binnen einer Woche positiv beschieden werde. Der Sachbearbeiter sagte gar nichts, steckte den Schein ein und ging, nachdem R. ihn verlassen hatte, spornstreichs zu seinem Chef, schilderte zornig den Sachverhalt und lieferte das Geld ab. Dann war über die Vorgänge ein Protokoll aufgenommen worden und anschließend ein Umlauf in Bewegung gesetzt worden, um herauszufinden, wie viele Gesuche durch R.s Hand bei der Treuhandstelle eingereicht worden waren und in welchen Fällen er vorstellig geworden war. Es waren über zwanzig Fälle. Rückfragen bei einigen Gesuchstellern ergaben, daß sie zum Teil erhebliche Vorschußzahlungen an R. geleistet hatten.

Die Treuhandstelle Kattowitz reichte die über R. angelegte Akte an den SS-Polizeiführer weiter mit der Bitte um weitere Veranlassung; es läge der Verdacht nahe, daß R. außer Bestechungsversuchen auch betrügerische Handlungen gegenüber den von ihm anvertrauten Gesuchstellern zur Last zu legen seien. Außerdem habe sich R. wiederholt als »Sonderbeauftragter Görings« ausgegeben, was erheblichen Zweifeln begegne.

Ein vom Polizeiführer beauftragter Kriminalkommissar recherchierte in der Angelegenheit ungefähr vier Wochen recht geschickt. Er tauchte zunächst in der Rolle eines Gesuchstellers bei R. im Hotel »Monopol« auf und gab vor, ein finanziell potenter Landwirt zu sein, der gerne einen Futterhandelsbetrieb aus polnischem Besitz übernehmen würde. R. trat sofort voll in Aktion. Die Berliner Partei- und Regierungskreise, in denen er über beste Beziehungen verfügte, waren an den Fingern einer Hand gar nicht mehr aufzuzählen, und hier in Kattowitz hatte er alle maßgebenden Leute geradezu an der Strippe. Der Kommissar war sehr beeindruckt, und gemeinsam verbrachte man auch einen Abend an der Bar des »Monopol«, wo es mit Champagner hoch herging.

In den nächsten Tagen vernahm der Kommissar eine ganze Reihe der Gesuchsteller als Zeugen, die ihre Angelegenheiten R. übertragen hatten. Da er dabei allen vorab sagte, sie seien offenbar einem Schwindler und Hochstapler aufgesessen, der in Wirklichkeit ein vorbestrafter stellungsloser Schauspieler, auch kein Oberführer des NSFK, sondern nur ein Obertruppführer sei – der Kommissar hatte sich über Fernschreiber nach R.s Personalien in Berlin erkundigt –, konnte er sich vor Klagen und Anklagen kaum retten. Sehr bald fand sich die Mehrzahl der Zeugen nicht nur enttäuscht, sondern auch getäuscht; am Abschluß seiner Untersuchungen fehlte es nicht an belastenden Aussagen aller Art. Nur in zwei Fällen, in denen von der Treuhandstelle schon zugunsten der Zeugen entschieden war, fühlten sich die Betroffenen nicht getäuscht oder geschädigt. In allen übrigen Fällen waren dabei noch keine Entscheidungen getroffen worden, als man R. verhaftete; sie waren noch anhängig und wurden erst nach seiner Festnahme entschieden.

Die anschließende Festnahme R.s war in einer Art von Überraschungsaktion erfolgt. Die Erlebnisse des Berliner Gerichtsvollziehers hatte der Kommissar mit Vergnügen in der ihm von der Berliner Staatsanwaltschaft übermittelten Strafakte studiert, und er hatte nicht die Absicht, ähnliche Erfahrungen zu machen. So kamen die Beamten morgens um sechs Uhr in das Hotel »Monopol« und holten R. schlaftrunken aus dem Bett. Der Kommissar eröffnete dem im Nachthemd Stehenden, daß er wegen fortgesetzten Betruges, Amtsanmaßung, Unterschlagung von Kautionen und Bestechung festgenommen sei. Er könne sich schnell waschen, einige persönliche Sachen einpacken und solle dann sogleich mitkommen. Diese barschen Eröffnungen und die drohende Haltung der SS-Leute ließen R. zwar Düsteres ahnen; aber er war nicht der Mann, der gleich aufgab. Er erklärte in großer Pose, daß er sich in Kattowitz in dienstlichem Auftrag des Berliner NS-Fliegerkorps aufhalte und nur wegen momentaner Geldverlegenheit geschäftliche Transaktionen in die Wege geleitet habe, die den aufgestellten NS-Fliegerstürmen auf die Beine helfen sollten. »Unsere tapfere Luftwaffe braucht Nachwuchs«, hatte er dem Protokoll zufolge pathetisch gerufen, als er in seine Hosen gestiegen war. »Es ist ja nicht zu fassen, daß Sie hier einen Patrioten verhaften, der Tag und Nacht nichts anderes im Sinn hat, als seinem Vaterland wie im Ersten, so auch im Zweiten Weltkrieg mit aller Kraft zu dienen.« Der Kommissar scheint kurz angebunden gewesen zu sein. »Sie kommen jetzt mit, alles andere findet sich.«

R. war drei Tage im Polizeigefängnis Kattowitz gewesen und mehrmals vernommen worden. Er hatte alle Vorhaltungen und Behauptungen der Belastungszeugen bestritten. Nur die versuchte Beamtenbestechung hatte er zugeben müssen, der Hundert-Reichsmark-Schein war ein unwiderlegbares corpus delicti. In der Zelle, die er mit drei anderen Verhafteten teilen mußte, hatte er verschiedentlich Wutanfälle bekommen. Die Mitgefangenen beschwerten sich schriftlich, daß er sie mit »Pack und Wassermänner« beschimpft und also beleidigt habe. Später stellte sich heraus, daß er die Mithäftlinge als »Bassermannsche Gestalten« bezeichnet hatte. Der Wärter beschwerte sich beim Gefängnisleiter über den renitenten Häftling – kurzum, der frisch eingelieferte R. war ein sehr unfreundlicher und unbequemer Gast.

Am vierten Tage wurde R. in einem geschlossenen Kastenwagen zusammen mit einigen weiteren Häftlingen in das Konzentrationslager Sosnowitz gefahren. Im »Vollstreckungsdeutsch« wurde in der Akte vermerkt: »R. wird wegen Überbelegung hiesiger Haftanstalt, nachdem wegen dringenden Tatverdachts staatsfeindlicher Haltung und volksschädigenden Verhaltens (Betrugs, Bestechung, Kriegswirtschaftsvergehen) festgenommen, einstweilen in dortiges Schutzhaftlager zu besonderer Verwahrung überstellt.«

Was in jenen vier Wochen im Lager vorgefallen war, habe ich nie herausgefunden. Jedenfalls war R., als ich ihn das erste Mal gesehen hatte, weder sprech- noch vernehmungsfähig gewesen. Beim zweiten Treffen hatte er sich aufgrund des Lazarettaufenthaltes inzwischen soweit regeneriert, daß er im sonoren Brustton eines gekränkten Heldenvaters mit mir sprechen konnte.

Die Einbildungskraft scheint ein wichtiges Wesensmerkmal des Schauspielerberufes zu sein. Der Schauspieler muß wohl von einer Rolle überzeugt sein, um den Darzustellenden dem Publikum auch möglichst überzeugend vorführen zu können. Je stärker er an seine Rolle glaubt, um so erfolgreicher und wirkungsvoller wird er sein. Der wenig begabte, seiner Aufgabe weder intellektuell noch emotional gewachsene Schauspieler ersetzt die geistige Kraft seines Berufs durch Routine und Schablone; er verfällt leicht in Pathetik und bedient sich übertriebener Mimik und Gestik. Genau dieser Art war mein Mandant.

Er wollte mir die Rolle des schuldlos Verfolgten in einer vermeintlichen Tragödie vorspielen; er begriff nicht, daß er der Held einer tragikomischen Rolle geworden war. Sein Schicksal, im Lager von wirklichen Verbrechern mißhandelt worden zu sein, entbehrte nicht des tragischen Moments: der kleine Hochstapler als Opfer der großen Mörder. Alles übrige war nichts als eine Gaunerkomödie. In größter Geduld hörte ich mir zunächst die Klagelieder R.s über die unmenschliche Behandlung im »Schutzhaft-Sammellager Sosnowitz« an, in dem – wie ich bald erfuhr – bereits Tausende von verhafteten polnischen Intellektuellen eingesperrt waren. R. ging über seine Leidensgefährten hinweg; er sah nur sich und das empörende Unrecht, das einem so alten Parteigenossen angetan worden sei. Hier aber kannte er keine Hemmungen. Erst kam die Reichstheaterkammer einschließlich ihres Chefs, Dr. Goebbels, an die Reihe, dann das NSFK in Berlin, das ihn im Stich gelassen habe, schließlich die Treuhandstelle-Ost in Kattowitz samt ihrem Leiter.

Als er zu Ende gekommen war, versuchte ich ihm klarzumachen, daß die Justiz nur nachprüfbare Tatsachen kennt. Ich legte ihm dringend nahe, vor Gericht weder den im Ersten Weltkrieg bewährten Kriegshelden aus dem Richthofen-Geschwader, noch den Sonderbeauftragten des NS-Fliegerkorps und am allerwenigsten den selbstlosen Helfer der Treuhandstelle-Ost zu spielen. Sein Interesse läge darin, sich so klein und bescheiden wie möglich zu geben und dem Gericht zu verdeutlichen, daß ihn die schlimmen Erlebnisse während der Schutzhaft innerlich geläutert und ihm die Einsicht vermittelt hätten, daß er nach Strafverbüßung wieder auf den rechten, durch Arbeitsleistung zu bewährenden Weg kommen werde. Dumm war R. nicht. Da er gerichtliche Erfahrung schon hinter sich hatte und von meinen Darlegungen nicht unbeeindruckt war, versprach er, diesen Regieanweisungen getreulich zu folgen.

R. wurde nun vom Staatsanwalt, dem ich einen weiteren Besuch abgestattet hatte, noch mehrfach vernommen und zu den einzelnen Punkten der vielen Vorwürfe – zum Teil unter Gegenüberstellung mit den angeblich geschädigten Zeugen – gehört. Dabei entfiel ein Teil der Vorwürfe des Polizeiberichts, weil mehrere Zeugen erklärten, daß sie sich nicht betrogen oder geschädigt fühlten; andere allerdings blieben dabei. Endlich wurde im Herbst 1940 Anklage erhoben und die Hauptverhandlung vor dem Sondergericht des Landgerichts Kattowitz eröffnet. Sie fand in der ersten November-Woche 1940 statt und war auf drei Tage angesetzt. Es waren ungefähr dreißig Zeugen geladen, außer mehreren Kunden R.s auch das Personal des Hotels »Monopol«, der Kriminalkommissar und auf meine Veranlassung auch der Gefängnisarzt und schließlich NSFK-Gruppenführer Schreiber aus Berlin. Ich reiste mit ihm im gleichen Schlafwagenabteil von Berlin nach Kattowitz. Der Herr Gruppenführer war recht besorgt, daß das Gericht etwa für ihn und seine Dienststelle unangenehme Fragen stellen könnte. Ich versuchte, ihn zu beruhigen, hoffte aber durchaus auf unangenehme Fragen des Gerichts; je schwerer dem Zeugen Schreiber die Antworten fallen würden, um so mehr erhoffte ich daraus für den Angeklagten.

R. spielte seine Rolle in der Hauptverhandlung überzeugend. Aus dem pathetischen Patrioten war ein völlig eingeschüchterter kleiner Sünder geworden, der verlegen seine Finger knetete, den Kopf meist gesenkt hielt und zögernd, verlegen und leise sprach. Vor der Vernehmung zur Sache gab es jedoch ein kurzes Vorspiel, das ich, vom äußeren Erscheinungsbild des amtierenden Gerichts vollkommen verblüfft, spontan in Szene gesetzt hatte.

Das hohe Gericht war ebenso wie der Staatsanwalt in feldgrauer Uniform erschienen, mit silberner Paspelierung und Kragenspiegeln, auf denen mir unbekannte Ranken als Rangabzeichen aufgestickt waren. Als sich Richter, Staatsanwalt, Angeklagter, Verteidiger, Protokollführer und zwei Saalwachtmeister stehend mit erhobener Rechten und einem gedämpft gemurmelten »Heil Hitler« begrüßt und danach allesamt gesetzt hatten, erhob ich mich sofort wieder und bat um das Wort. Der Vorsitzende hob erstaunt die Brauen und fragte höflich »Was wünschen Sie, Herr Verteidiger?« Ich sagte: »Herr Vorsitzender, ich habe ebenso wie der von mir vertretene Angeklagte eine Ladung zur heutigen Hauptverhandlung vor das Sondergericht des Landgerichts Kattowitz erhalten. Das Sondergericht ist ein ziviles Strafgericht, kein Kriegsgericht und kein Polizeigericht. Aus welchem Grunde amtieren hier das hohe Gericht und der Herr Staatsanwalt in einer feldgrauen Uniform? Da ich das bei einem deutschen Sondergericht – und ich habe laufend vor Sondergerichten zu tun – noch nie gesehen habe, bitte ich um Aufklärung, seit wann und aus welchem Grunde hier anders verfahren wird.« Der Vorsitzende schien verblüfft, aber nicht schockiert: »Herr Verteidiger, die Rechtsprechung des Gerichts ist nicht von seiner Bekleidung abhängig. Diese ist durch besonderen Erlaß angeordnet. Sie wird heute von Gericht und Staatsanwalt zum ersten Mal getragen.« Ich hakte sofort nach: »Verzeihung, Herr Vorsitzender, ein solcher Erlaß ist mir bisher unbekannt. Darf ich fragen, ob er schon längere Zeit besteht, wo er veröffentlicht worden ist und von wem der Erlaß stammt?« Der Richter antwortete leicht irritiert: »Sie befinden sich im Generalgouvernement, Herr Verteidiger, da gibt es teilweise andere Bestimmungen als im Reich. Der Erlaß über die Dienstkleidung der Sondergerichte stammt vom Generalgouverneur, der ihn Anfang Oktober im Amtsblatt des Gouvernements veröffentlicht hat. Ich kann ihn holen lassen, wenn Sie ihn zu lesen wünschen.« »Nein, das ist nicht nötig, Herr Vorsitzender«, erwiderte ich betont höflich. Ich dankte für die Aufklärung; ich sei überrascht gewesen, mich in ziviler Strafrechtspflege unerwartet einem uniformierten Gericht gegenüber zu sehen; daß es dergleichen gäbe, sei mir neu. Mit einer leichten Verbeugung nahm ich wieder Platz. Der Vorsitzende machte ein Gesicht, als ob er sagen wollte: »Uns auch«, sagte aber mit ironischem Anflug in der Stimme: »Nachdem nun diese Verblüffung des Herrn Verteidigers geklärt ist, können wir wohl in die Verhandlung eintreten.« »Voilà, un homme!« dachte ich mir. Irgendwie war das Eis des Anfangs gebrochen, die Richter kamen sich in ihrer ungewollten Verkleidung wohl selber etwas seltsam vor. Ich war wirklich gespannt, wie nun alles weiterlaufen würde.

In der Anklage war R. als »Volksschädling« bezeichnet worden und wegen angeblicher Wirtschaftsverbrechen am Volksvermögen angeklagt, weil er von den 5000,– RM Vorschuß des NSFKs über 3000,– RM für sich verbraucht und somit veruntreut habe. Die angeblichen Betrugsfälle und die Bestechung waren nicht halb so gefährlich wie der Vorwurf des Volksschädlings. Deshalb benötigte ich auch Gruppenführer Schreiber dringend als Entlastungszeugen, um darzutun, daß R. den ihm als Vorschuß mitgegebenen Betrag als frei verfügbares Darlehen und nicht als zweckgebundenes Fremdgeld ansehen konnte und durfte.

Von den drei Verhandlungstagen sind mir nicht mehr alle Szenen in voller Erinnerung, sondern nur noch einige Auftritte der zahlreichen Zeugen und das geradezu unterwürfige Verhalten des Angeklagten, dessen zur Schau getragene Zerknirschung und wortreiche Reuebekundungen die Richter milde stimmten. Es ergab sich das Bild eines mit großen Hoffnungen nach Kattowitz gekommenen Thespisjüngers, der zwar in Berlin geschäftlich gescheitert und der Gunst der Aufsichts-Institutionen von Partei und Staat verlustig geworden, von seinen alten Kameraden vom NS-Fliegerkorps aber nicht fallengelassen und zu neuen Taten ins zurückgewonnene Oberschlesien entsandt worden war.

Die Mehrzahl der Zeugen wurden bei der Befragung unsicher; sie wußten nicht mehr genau, wo-

41

durch sie denn getäuscht worden seien und ob der Angeklagte in ihren Angelegenheiten nichts getan hätte. Sie konnten sich an Einzelheiten dessen, was R. ihnen gesagt habe, nicht mehr erinnern und mußten zugeben, daß ihre eigene Gewinnsucht sie angetrieben hatte, die Dienste R.s zu suchen. Viele sagten, sie hätten R. für einen Makler gehalten – als der er sich ja auch betätigt hatte –, aber keiner konnte und wollte aussagen, daß R. sich selber als solchen bezeichnet hätte. Allerdings hätte er immer wieder mit seinen guten Beziehungen zu allen möglichen Dienststellen und Persönlichkeiten geprahlt; auf meine Frage, welche Behörde er denn ins Feld geführt hätte, kamen keine genauen Antworten. Die regelmäßige Schlußfrage des Richters, ob sich der Zeuge durch den Angeklagten geldlich geschädigt fühle, wurde von der Mehrheit der vernommenen Zeugen jetzt verneint. Nur einige blieben so fest wie bei ihren polizeilichen Vernehmungen und erklärten, sich nach wie vor geprellt zu fühlen, aber zum großen Teil machten auch sie nur den kläglichen Eindruck betrogener Betrüger.

Der Gruppenführer Schreiber von der Zentrale des NSFK in Berlin machte keine gute Figur. Er redete ständig um die Sache herum, der Vorsitzende unterbrach ihn mehrfach und mußte ihn immer wieder auf den Kern der Fragen zurückführen. Peinlich wurde es, als der Vorsitzende nach der Herkunft und der Verbuchung der dem Angeklagten mitgegebenen 5000,– RM fragte. Es stellte sich heraus, daß 2000,– RM von dieser Summe aus einer Stelle des Haushaltsplanes stammten, die für Neugründung von NS-Fliegerstürmen vorgesehen war, die weiteren 3000,– RM hingegen aus einem Verfügungsfonds z. b. V. des Fliegerkorpsführers, General Christiansen. Dieser hatte aber dem Leiter der Zentralabteilung, dem Zeugen Gruppenführer Schreiber, Vollmacht zur Verfügung über diese Mittel bis 10 000,– RM erteilt. Der Zeuge konnte diese Vollmacht vorlegen und erklärte, daß er diese weiteren 3000,– RM dem Angeklagten als persönliches Darlehen zur Beschaffung einer Theaterkonzession und zur

Gründung einer neuen beruflichen Existenz mitgegeben habe. Es sei verabredet worden, daß R. das ihm mitgegebene Geld aus Gewinnen zurückzahlen sollte, die ihm aus der Pacht eines Varieté-Theaters in Kattowitz zufließen würden. Ein schriftlicher Vertrag sei nicht geschlossen worden, räumte der Zeuge ein; unter alten Kameraden gelte eben der Handschlag.

Als letzter sachverständiger Zeuge sagte der Gefängnisarzt aus. Er schilderte die schweren Verletzungen, mit denen der Angeklagte aus dem Schutzhaft-Lager in seine ärztliche Obhut gekommen war. Die Aussage war eindeutig ein Minuspunkt für die Strafverfolgungsbehörde und schien das Gericht zu beeindrukken.

Am dritten und letzten Verhandlungstage zeigten sich dann auch Silberstreifen, als nach beendeter Beweisaufnahme der Staatsanwalt sein Plädoyer hielt. Er zeichnete den Angeklagten zwar als heruntergekommenen Komödianten, dramatisierte auch dessen Vorstrafe wegen jener Nötigung des Gerichtsvollziehers, ging dann aber streng sachlich auf die einzelnen Straftatbestände unter Auswertung des Beweisaufnahme-Ergebnisses ein. In der rechtlichen Würdigung – und darauf kam es vorwiegend an – hielt er nach Feststellung mehrerer versuchter und vollendeter Betrugshandlungen den Vorwurf der Untreue und Unterschlagung von Fremdgeld und somit die Anwendung der gefürchteten Volksschädlings-Verordnung nicht aufrecht. Er erregte sich zwar über die Anmaßung des Angeklagten, der sich ihm nicht zustehende Rangabzeichen und Orden zugelegt und die Unverschämtheit besessen habe, sich als alten Freund Görings zu bezeichnen, obwohl er ihm bei Kriegsende 1918 nur einmal in den Mantel geholfen habe. Für das verwerfliche Tun des ehrlosen, charakterschwachen und vorbestraften Angeklagten, dessen Reuebekundungen nicht ernst zu nehmen seien, beantragte er schließlich die empfindliche Sühne von fünf Jahren Zuchthaus und fünf Jahren Ehrverlust nach Verbüßung der Strafe. Der Angeklagte sackte bei diesen Worten geradezu zusammen und weinte vor sich hin. Die schonungslose Analyse seiner Person und der Strafantrag schienen ihn tatsächlich getroffen zu haben. Er spielte jetzt keine »Rolle« mehr, er war wirklich ein gebrochener Mann am Ende vieler Illusionen.

Das Gericht legte eine Pause von sechzig Minuten ein. Es war Mittagszeit. Der Vorsitzende fragte, auf seine Armbanduhr schauend, wieviel Zeit ich wohl für mein Plädoyer benötigen würde; für den Nachmittag hatte er wohl noch Besseres vor. Der Staatsanwalt hatte anderthalb Stunden gesprochen; also sagte ich: »Nicht mehr als eine Stunde.« Kein Mensch kann sich länger auf die echte Aufnahme eines Monologes konzentrieren; jedes mehr ist eine Überforderung. Auch in der Kirche gilt, daß die Predigt, wenn sie gut gelingen soll, nicht mehr als zwanzig Minuten dauern darf. Zu lange redende Verteidiger richten leicht Schaden an, den ihre Mandanten dann auszubaden haben.

Nach der Mittagspause erhielt ich bei Wiedereintritt in die Verhandlung sogleich das Wort. Ich vertrat den Standpunkt, daß hier die Berge gekreißt, aber nur eine Maus oder deren mehrere – wie man wolle – geboren hätten. Schon nach Abschluß der Ermittlungen habe sich die Kriminalpolizei als Hilfsorgan der Staatsanwaltschaft ohne Einholung eines richterlichen Haftbefehls und ohne hinreichende Aufklärung des Sachverhalts angemaßt, den Angeklagten der Staatspolizei zu übergeben, die ihn in ihrem Lager windelweich geschlagen und schwer mißhandelt habe. Der Befund des Arztes, den das Gericht vernommen habe, beweise rechtswidrige Körperverletzungen, die unter staatlicher Aufsicht – von wem, ließ ich offen – verübt worden seien. Zur Einholung eines Haftbefehls und Rücküberstellung vom Schutzhaft-Lager in ein Gerichtsgefängnis sei es nur durch mein Eingreifen und die begrüßenswerte Initiative des Herrn Staatsanwalts gekommen. Als ich das sagte, stand der als Zeuge vernommene Kriminalinspektor erregt von der Zeugenbank auf und meldete sich zu Wort, offenbar, um irgendeinen Protest vorzubringen. Der Vorsitzende winkte aber deutlich ab und bedeutete mir, der ich höflich meine Rede angehalten hatte, fortzufahren. Dies machte mir deutlich, daß ich das Gericht nicht brüskieren, sondern auf meine Seite ziehen sollte – Anklage, Verteidigung und Gericht als Teil ordentlicher Gerichtspflege, auf der anderen Seite unkontrollierbare Polizeiorgane. So fuhr ich fort, daß nach solchem für einen rechtsliebenden Ordnungsstaat höchst unangemessenem und für das Opfer bedauernswertem Auftakt es wirklich zu begrüßen sei, daß hier nun ein ordentliches Gerichtsverfahren unter genauer Befolgung aller prozessualen Regeln stattfinde. Da der Staatsanwalt die Anklage, R. habe sich als ein Volksschädling am Hab und Gut einer Parteigliederung (NSFK) durch Unterschlagung und Untreue vergriffen, nicht mehr aufrechterhalten habe, bedürfe es erfreulicherweise keines Eingehens mehr auf diesen Komplex, es sei denn, daß das Gericht dies dennoch für erforderlich halte. Hier hob der Vorsitzende die Hand, schüttelte den Kopf und sagte: »Nein, nein – erledigt.« Damit war die erste Partie für mich schon so gut wie gewonnen, nun ging es nur noch um die Würdigung des Beweisergebnisses bezüglich der Betrugsfälle. Die falsche Uniform und das falsche Eiserne Kreuz, auch der falsche Oberführer waren einschließlich des Bestechungsversuches dagegen Bagatelldelikte.

Bei den Betrugsfällen waren nach der Beweisaufnahme nur noch fünf oder sechs Vorgänge verblieben, in denen der Angeklagte den Mund so voll und an Vorschuß so hohe Beträge genommen hatte, daß der Betrugstatbestand gerechtfertigt erschien. Ich legte das Schwergewicht meiner Darlegungen auf das subjektive Tatbestandserfordernis der Betätigung eines Vorsatzes. Der Angeklagte habe niemand betrügen wollen, etwa, indem er Geld für nichts habe erschwindeln wollen. Ihm sei die Absicht nicht zu widerlegen, daß er den Zeugen habe helfen wollen. Seine Schwindeleien und Renommiereien seien vielleicht moralisch verwerflich, aber sie erfüllten keinen Straftatbestand. Daß er über gute Beziehungen zu höheren Parteistellen und deren Gliederung verfügt habe, sei nicht völlig unrichtig und im Falle des NSFK offenkundig; daß er dessen »Sonderbeauftragter« gewesen sei, habe die Aussage des Zeugen Schreiber bestätigt. Daß er sich als Görings Freund bezeichnet habe, sei auch nicht gänzlich abwegig, da Göring, als er Ende 1918 als Hauptmann und Geschwaderchef mit R. gelegentlich zu tun hatte, ihn jovial mit »mein lieber Freund« tituliert habe. Wenn es hierauf etwa ankommen sollte, müsse ich darauf bestehen, daß der Göring hierüber noch als Zeuge gehört werde. Bei diesem Satze winkte der Vorsitzende erheitert ab und schüttelte lächelnd sein Haupt. Im übrigen stehe ja zweifelsfrei fest, daß R. in all den Fällen, deren Betreuung er übernommen habe, auch tätig geworden sei. Er habe Formulare ausgefüllt und ausfüllen helfen, er habe Telephonate geführt, er sei auch mehrfach bei den Sachbearbeitern in der Treuhandstelle gewesen, um Rücksprachen und Sachstandsanfragen zu halten. Wenn er auch kein zugelassener Makler oder Rechtskonsulent gewesen sei und sich deren Betätigung nur angemaßt habe, sei damit noch kein Betrug erwiesen. Erfolgsgarantien habe er in keinem Falle gegeben, das habe jeder Zeuge in Abrede gestellt. Wegen der verbleibenden Delikte der falschen Titelführung, des unberechtigten Tragens von Auszeichnungen, des Bestechungsversuchs, an deren Vorliegen nicht zu deuteln war, stellte ich das Maß einer etwa verdienten Strafe in das Ermessen des Gerichts, wobei ich darum bat, von einer Zuchthausstrafe abzusehen. Wegen aller übrigen Vorwürfe erbat ich Freispruch wegen erwiesener Unschuld beziehungsweise mangels an Beweisen. Das letzte Wort hatte der Angeklagte. Er erhob sich mühsam, legte die rechte Hand auf sein Herz und sagte: »In tiefster Not sprech' ich zu Dir, o Herr: Gnade, Gnade für einen armen Sünder!« Das war gleichzeitig grotesk und rührend und dem Augenblick auf etwas lächerliche Weise angemessen, wie der Angeklagte instinktiv richtig erfaßt hatte.

Das Sondergericht beriet anderthalb Stunden und verkündete am frühen Nachmittag sein Urteil. R. wurde von der Anklage der Unterschlagung und Untreue volksschädigenden Charakters mangels Beweises freigesprochen, hingegen wegen fortgesetzten Betruges in vier Fällen, wegen versuchter Bestechung, falscher Titelführung und unberechtigten Tragens von Orden sowie wegen Preisvergehens zu einer Gesamtstrafe von zwei Jahren und sechs Monaten Gefängnis verurteilt. Das Urteil war rechtskräftig. Der Vorsitzende erläuterte die Urteilsgründe ausführlich.

Beim Strafmaß habe das Gericht angesichts seiner Vorstrafe und der Verwerflichkeit seines Tuns, seiner Haltlosigkeit und wegen der Schädigung des Ansehens einer Parteigliederung eine Zuchthausstrafe ernsthaft erwogen, sei jedoch wegen der Teilnahme des Angeklagten als kriegsfreiwilliger Frontsoldat im Ersten Weltkrieg und wegen der Verdienste, die er sich als Angehöriger der NSDAP und des NSFK bereits vor 1933 erworben habe, zu dem Ergebnis gekommen, daß hier strafmildernde Umstände als vorliegend erachtet werden konnten.

Noch am Abend der Urteilsverkündung fuhr ich mit Gruppenführer Schreiber nach Berlin zurück. Im Schlafwagen packte er eine Flasche Rotspon aus, die wir zusammen leerten. »Schwein gehabt hat der R.«, sagte er, »daß er noch einigermaßen davongekommen ist! Wenn er Sie nicht gehabt hätte, wäre er aus dem Lager vielleicht gar nicht zurückgekehrt.« »Möglich«, sagte ich; »ganz bestimmt nicht«, dachte ich. »Hoffentlich übersteht er die zwei Jahre gut.« Schreiber lachte. »Der ganz sicher!«

Er hatte recht. R. saß etwas über zwei Jahre ab und wurde anschließend in einem Rüstungsbetrieb als Arbeiter beschäftigt. Nach Kriegsende wurde er, weil er einen Monat im KZ gewesen und mißhandelt worden war, als »O. d. F.« (Opfer des Faschismus) anerkannt und zum Intendanten eines größeren norddeutschen Stadttheaters berufen. Aber auch das dauerte nicht sehr lange; der Alkohol war sein Feind geblieben. Seine Tochter aber wurde in der Nachkriegszeit eine oft genannte Schauspielerin auf der Bühne, in Filmen und Fernsehen. Jetzt ist auch sie vergessen.

Ringen
mit Roeder

Gegen Ende 1942 übernahm ich die Verteidigung eines Mannes von sechsundzwanzig Jahren, der im Untersuchungsgefängnis Berlin-Tegel wegen mehrerer Delikte einsaß. Ihm wurden Entziehung vom Wehrdienst, Zersetzung der Wehrkraft und kriminelle Handlungen – Vergehen gegen Devisengesetze und Zollvorschriften, Urkundenfälschung und Kriegswirtschaftsvergehen mannigfacher Art – vorgeworfen. Das Verfahren war beim Reichskriegsgericht in Berlin-Charlottenburg am Ufer des Lietzensees anhängig. Anklagebearbeiter war Oberstkriegsgerichtsrat Dr. Roeder – ein Mann von rücksichtsloser Manier und fanatischer Gesinnungstreue, der sich 1942/43 in der Aufdeckung der Strafverfolgung der Widerstandsgruppe »Rote Kapelle«, der neben kommunistischen Untergrundkämpfern auch namhafte Persönlichkeiten wie Oberleutnant d. L. Harro Schulze-Boysen, Arvid und Mildred von Harnack, der Gesandte von Scheliha und Gräfin Brockdorff angehörten, einen schreckenerregenden Namen machte.

Die Eltern meines Mandanten Werner Maibrand, ihres einzigen Sohnes, gehörten in Hannover der ersten Gesellschaft an. Der Vater war ein sehr angesehener Facharzt, die Mutter eine sensible Dame aus einer Offiziersfamilie. Ihre ältere Schwester war mit einem Major Friebel verheiratet. Ihre Tochter Jutta war in jungen Jahren als Typ des blonden deutschen Mädchens zum Filmstar aufgestiegen, wobei Hitler und Goebbels selber Pate gestanden hatten. Sie und ihre Eltern verkehrten »bei Hofe«, sie wurden mehrfach zu Hitlers Künstlerempfängen in die Reichskanzlei eingeladen. Eine jüngere Schwester der Mutter meines Mandanten hatte sich unter einem Pseudonym als Romanschriftstellerin einen Namen gemacht, sie lebte mit einem Engländer verheiratet in der Schweiz, wo sich beide hatten naturalisieren lassen. Die Eltern meines Mandanten waren dem Regime gegenüber indifferent eingestellt, das Majorsehepaar wegen der Karriere ihrer Tochter pronazistisch, während das Schweizer Ehepaar zu den entschiedenen Gegnern des Systems zählte. Dann gab es noch eine Patentante meines Mandanten, die geschiedene Baronin Olga de la Bruyère, eine lebhafte Mittfünfzigerin von imposanter Statur, die nach ihrer Scheidung in der Briefprüfstelle des Oberkommandos der Wehrmacht in der Budapester Straße beschäftigt war.

Alle drei Ehepaare — mit Ausnahme des Majors, der an der Front stand — waren anderthalb Jahre hindurch häufige Besucher in meiner Sprechstunde, am häufigsten die theatralische Baronin, deren Nachtruhe nicht gesichert war, ehe sie mich nicht noch am späten Abend in meiner Wohnung in ein mindestens halbstündiges Gespräch verwickelt hatte, in dem es um das Schicksal meines Mandanten und um seine Talente und Charaktervorzüge ging. Alle stimmten darin überein, daß ihr »lieber Werner« ein guter und liebenswürdiger Junge sei, der nie etwas Böses getan habe, und daß es meine Aufgabe sei, ihn aus den Klauen der Militärjustiz zu befreien. Man müsse den Fall nur an den Führer direkt heranbringen, der würde schon dafür sorgen, daß Werner schnell wieder freikomme. Die einzigen, die bedenkliche Gesichter machten, waren die nur bei gelegentlichen Berlin-Besuchen auftauchenden Schweizer Eheleute, die wenig von Hitler hielten, sein Regierungssystem für unmenschlich und den Verlust des Krieges für sicher erklärten.

Mit diesen wirklichkeitsfremden und juristisch ahnungslosen Familien-Angehörigen im Hintergrund hatte ich einen Fall zu bearbeiten, der wenig Aussicht auf Erfolg bot. Dem traurigen Helden aber — der nur aus jugendlichem Leichtsinn und wegen seiner verwöhnten Lebensweise, an der die Verwandtschaft die meiste Schuld trug, zu gesetzwidrigen Taten verführt und verleitet schien — konnte ich in seinem erbarmungswürdigen Zustand schon beim ersten Besuch in der Haftzelle mein Mitgefühl nicht versagen. Ich übernahm die Verteidigung.

Das Aktenstudium ergab folgenden Tatbestand:

Werner war als ein verwöhntes und oft kränkelndes Kind in seiner Heimatstadt Hannover aufgewachsen, hatte dort das Gymnasium und später ein Internat besucht, das er »mit Primareife« verließ, da seine Schulleistungen mangelhaft waren. Der Hitler-Jugend hatte er gerade noch entgehen können, und vom Arbeitsdienst war er durch ärztliche Atteste befreit worden. Er hatte eine kaufmännische Lehre bei der Firma Shell in Hamburg absolviert, wobei ihn die Familie finanziell so ausgestattet hatte, daß seine freie Zeit vorzugsweise Segel-Regatten, Festen im Tennis-Club und Abstechern nach Travemünde gehörte. Nach beendeter Lehre hatte ihn seine Firma nach Griechenland geschickt, wo er sich in Athen eine elegante Wohnung eingerichtet hatte. Da er Neugriechisch nach kürzester Zeit fließend beherrschte, hatte er sehr bald in der Hautevolée von Athen eine gewisse Rolle gespielt.

Mit dem Anfang des Krieges war es aber mit dieser Herrlichkeit im freien Ausland bald zu Ende gewesen. Nach knapp zweijährigem Aufenthalt war Werner Ende 1939 nach Deutschland zurückgekehrt; seine anfängliche Unabkömmlichkeitsstellung vom Wehrdienst wurde schon Anfang 1940 aufgehoben. Der Vorladung beim Wehrbezirkskommando hatte er keine Folge geleistet und sich statt dessen zu seinen Eltern nach Hannover begeben, wo ihn nach mehreren Monaten eine Vorladung des Wehrbezirkskommandos Hannover erreichte. Dort hatte er ein ärztliches Attest eingereicht, das ihm gefälligkeitshalber von einem Kollegen seines Vaters ausgestellt worden war, demzufolge ihn eine bettlägerige Krankheit verhindere, der Vorladung zu folgen. Dann war Werner nach Berlin gefahren, um sich dort, wie er seinen Eltern erzählt hatte, eine neue Stellung zu besorgen, die ihm abermals eine u.k.-Stellung sichern würde. Zunächst hatte er in Berlin mehrere Monate hindurch ohne Beschäftigung in Ho-

tels und Pensionen gelebt, dann war er mehrere Unter-
miet-Verhältnisse eingegangen, wobei er mehrmals
seine Wohnung wechselte. Auf diese Weise erfolgten
auch seine polizeilichen Anmeldungen bei den Ein-
wohnermeldeämtern der Berliner Bezirke meist mit
mehreren Monaten Verspätung.

Das Wehrbezirkskommando Hannover
hatte seine Wehrdienst-Stammrolle, mit der im Kriege
jeder Wehrdienstpflichtige erfaßt wurde, an das Berliner Wehrbezirkskommando abgegeben, das in büro-
kratischer Ordentlichkeit fast über ein Jahr vergeblich
Werner ausfindig zu machen versucht hatte. Der aber
hatte endlich durch Beziehungen seines Onkels, Major
Friebel, zum OKW und durch seine Patentante, die ihn
herzlich liebende Baronin de la Bruyère, eine ihn »unabkömmlich« stellende Diensttätigkeit bei der Wehrmacht in der »Briefprüfstelle der Abteilung Abwehr
des OKW« gefunden, die zum Dienstbereich des Admirals Canaris und seines Stabchefs Oberst Oster gehörte. Die formelle Mitteilung des OKW, daß Werner
auf Grund seiner griechischen Sprachkenntnisse als
Sonderführer bei der Abwehr eingestellt sei, genügte
dem noch immer nach ihm fahndenden Wehrbezirkskommando Berlin, die Suchakte über Werner zu schließen.

Diese Berliner Briefprüfstelle in Canaris'
Abwehrdienst war – wie die Gestapo später ermitteln
sollte – in ihrer personellen Besetzung von dreihundert
Mitarbeitern ein Sammellager für wehrdienstunwillige
Nazigegner, die wegen irgendwelcher besonderer Fä-
higkeiten – zumeist auf Grund von Sprachkenntnissen
oder Auslandserfahrungen und wegen früherer Ge-
schäftsbeziehungen im Ausland – Anstellung fanden,
wenn sie nur irgendeine gute Beziehung zu einem maßgebenden Offizier in der Abwehr hatten oder sich verschaffen konnten. Werner hatte sie und schien jetzt sicher vor dem Zugriff der Wehrmacht und damit vor der
Front. Er atmete auf, die Eltern waren erleichtert, und
die Verwandten freuten sich, ganz besonders die Patentante, die Werner in der Briefprüfstelle nun unter ihre

Fittiche nahm und ihn mit allen Finessen des in- und ausländischen Dienstes vertraut machte.

Mittlerweile war das Jahr 1940 fast vergangen, und nach den gewonnenen Feldzügen der ersten beiden Jahre taumelte Berlin in Siegeszuversicht und Friedenshoffnung. Die Abwehr baute einen umfangreichen Kurierdienst nach Kopenhagen, Oslo, Paris, Brüssel und Amsterdam zu den Dienststellen der dortigen deutschen Militärbefehlshaber auf, daneben lief noch ein Kurierdienst zu den Militärattachés der deutschen Botschaften Stockholm, Madrid und Lissabon. Bei solchen dienstlichen und kriegswichtigen Verrichtungen in fremden Metropolen ergaben sich notgedrungen auch interessante außerdienstliche Begegnungen – von Gelegenheiten zu extravaganten Vergnügungen und zum Einkauf köstlicher Dinge, die es am kriegsbewirtschafteten deutschen Markt längst nicht mehr gab, ganz zu schweigen: Kaffee, Kakao, Alkoholika und Zigaretten feinster Art, Delikatessen, Pelze, Uhren, Schmuck, Seidenstoffe, Kunstgegenstände, Strümpfe und vieles mehr. Die Kuriere hoher Dienststellen, die in Eisenbahnen, Autos und Flugzeugen Koffer und Kisten mit sich beförderten, wurden von keinen Kontrollen belästigt. Reichsmarschall Göring ließ sich ja selber für seine Feste in Karinhall die Zutaten flugzeugweise aus Paris holen. So blühte der Schwarze Markt in den Jahren 1940 bis 1942 in bisher unbekanntem Umfange.

Was viele taten, tat auch Maibrand, dem karges, kriegseingeschränktes Leben ein Greuel war. Er brauchte Bohnenkaffee, gute Zigaretten, beste Spirituosen, Seidenhemden und Budapester Schuhe. Irgendwie gelang es ihm, hin und wieder zum Kurierdienst eingeteilt zu werden. So flog er – mitunter auch mit gefälschten Papieren – öfter nach Paris, Madrid, Lissabon oder Stockholm und brachte zurück, was er nur ergattern konnte, für Geld, gute Worte und durch vieler Art Beziehungen. Was er dabei heranschleppte, ging allerdings über seinen persönlichen Bedarf weit hinaus. Er hatte sich inzwischen bei einem Barbesuch eine attraktive Freundin, Herta Stiffel, zugelegt, die in Berlin-Wilmersdorf ein angenehmes Appartement besaß und tagsüber dienstverpflichtet als Sortiererin in einer Wäschefabrik arbeitete. Ihre Wohnung wurde nun der Umschlagplatz für vielerlei heiße Ware, die Werner und sein Freund zwischen dem Frühjahr 1941 und dem Herbst 1942 aus dem besetzten Europa heranschafften. Herta erwies sich als ein lieber Kumpel; für viel Geld oder wertvolle Tauschgegenstände brachte sie alles an Abnehmer. Was Werner nicht wußte, war, daß seine Geliebte – und auch sie liebte ihn wohl auf ihre Weise – ein raffiniertes Biest war mit einer Vergangenheit, in der sie laut Strafregister wegen Hehlerei, gewerbsmäßiger Unzucht und Beischlafdiebstahls schon mehrere kürzere Gefängnisstrafen abgesessen hatte. Und Werner wußte auch nicht, daß sie unter polizeilicher Beobachtung stand.

Im Sommer 1942 flog plötzlich die »Briefprüfstelle« in der Abteilung Abwehr des OKW auf. Die Gestapo übergab dem OKW hinreichend stichhaltiges Material über eine große Zahl ihrer Mitarbeiter, Schwarzhändler und Kriegswirtschaftsverbrecher und andere zweifelhafte Personen. Das Material war so erdrückend, daß Canaris und Oster, um ihre Stellung und die Widerstandsarbeit zu retten, der Gestapo freie Hand zur Säuberung gaben. Ein größerer Personenkreis wurde festgenommen und ohne Verfahren in KZs und Arbeitslager verbracht, einige Offiziere erschossen sich vor und bei ihrer Festnahme. Der Skandal wurde nach außen hin abgedeckt, aber im Kreis der Strafverteidiger war manches durchgesickert. Schon bevor ich das Mandat für Werner übernahm, hatte ich bereits in groben Umrissen von diesen Vorgängen erfahren. Aber in diesen Kriegsjahren gab es in der Reichshauptstadt viele Gerüchte, und man mußte auf der Hut sein, nicht Halbwahrheiten Glauben zu schenken. Zuverlässiges war selten zu erfahren, wenn man nicht gerade beruflich durch Akteneinsicht mit bestimmten Vorfällen besonders vertraut wurde.

Werner hatte sich während der Säuberungsaktion in der Briefprüfstelle gerade nicht in Berlin, sondern in Paris befunden, wo er neben der Erledigung dienstlicher Angelegenheiten wieder kräftig eingekauft und organisiert hatte. Natürlich hatte er keine Ahnung, daß gerade in dieser Woche die Kriminalpolizei aufgrund einer Denunziation von Wohnungsnachbarn beim Blockwalter der NSDAP Hertas Wohnung durchsucht und dabei ein märchenhaftes Warenlager in Schränken, Kommoden und Koffern und unter den Betten vorgefunden und Herta sofort in Haft genommen hatte. Bei einem strengen Verhör hatte sie zwar über ihre Freundschaft mit Werner beherrscht geschwiegen und allerhand Ausflüchte gebraucht. Die Polizei hatte in Hertas Wohnung jedoch Briefumschläge mit Werners Adresse und Feldpostnummer gefunden, und so war es für die Kriminalpolizei die Arbeit einer halben Stunde, telephonisch die Identität der Feldpostnummer mit der Briefprüfstelle des OKW festzustellen, woraufhin auch Werners Wohnung in der Sächsischen Straße – ein großes Mietshaus mit Appartementwohnungen für alleinstehende Herren, vom Berliner Volksmund »Bullenkloster« genannt – durchsucht wurde, wo allerdings nichts besonders Belastendes gefunden wurde. Da die Kriminalpolizei von seiner Dienststelle erfahren hatte, wann Werner voraussichtlich aus Paris zurückkehren werde, wurden sowohl seine als auch Hertas Wohnung von Polizeibeamten besetzt. Werner fuhr vom Tempelhofer Flughafen direkt mit zwei schweren Lederkoffern in Hertas Wohnung. Dort wurde er verhaftet, der Feldpolizei der Wehrmacht übergeben und in das Tegeler Untersuchungsgefängnis eingeliefert. Da er während der Überprüfung beim Umsteigen vom Polizeiwagen in einen Militärtransportwagen in einem Anfall von Panik einen Fluchtversuch unternommen hatte, war er in seiner Einzelhaftzelle an Händen und Füßen in Eisenketten gefesselt worden.

Über die Ermittlungen und Vernehmungen in der Strafsache Werners und seiner Freundin – sie saß im

Frauengefängnis in der Barnimstraße ein und hatte als Verteidiger den mir kaum bekannten Rechtsanwalt Berges – vergingen der Winter 1942 und das erste Halbjahr 1943. Im Juli 1943 erhielt ich eine Anklageschrift von mehr als zehn Seiten Länge. Sie umfaßte als schwerstwiegenden Straftatbestand die behauptete Wehrdienstentziehung im Jahre 1940, die mit Werners mehrfachen Umzügen von einem Bezirk zum anderen belegt wurde, sodann den Vorwurf der Wehrkraftzersetzung wegen abträglicher Äußerungen über den Führer, wobei zwei Angehörige der Briefprüfstelle als Zeugen benannt wurden; schließlich eine lange Liste von Verbrechen und Vergehen gegen die Kriegswirtschaftsgesetze und Verbotsanordnungen der Militärbefehlshaber in Paris und Brüssel – die Aufzählung der organisierten und verschobenen Gegenstände umfaßte allein zwei Seiten –, hiermit in Idealkonkurrenz Verletzung von Strafbestimmungen der Zoll- und Devisengesetze und Urkundenfälschung.

Werner Maibrand wurde bleich, als er dieses Register gelesen hatte. Mehrere Stunden lang ging ich Punkt für Punkt alle Anschuldigungen mit ihm durch und instruierte ihn für seine Vernehmung während der Verhandlung. Für mich kam alles darauf an, in der behaupteten Wehrdienstentziehung, auf die wohl äußere Umstände schließen lassen konnten, das Fehlen des subjektiven Tatbestandes, also eines auf Entziehung vom Wehrdienst gerichteten Vorsatzes, glaubwürdig zu machen und die Glaubwürdigkeit der Belastungszeugen wegen der staatsfeindlichen Äußerungen zu erschüttern. Dies waren die beiden gefährlichsten Tatbestände, die entkräftet werden mußten, wenn Werner ohne Todesurteil davonkommen sollte. Ich betete ihm Wort für Wort vor, was er zu diesen Punkten sagen müsse. Wegen des Kriegswirtschaftsvergehens und der Urkundenfälschung war gar nichts zu machen; sie waren durch das bei Herta gefundene Warenlager und auch durch Zeugenvernehmungen sehr eindeutig bewiesen – in diesem Fall konnte nur auf milde Bestrafung plädiert werden.

Werners Vater, den ich nach Berlin gebeten hatte, reichte mir die Anklageschrift nach der Lektüre mit Tränen in den Augen zurück: »Um Gottes willen«, sagte er nach langem Schweigen, »meine Frau darf davon nie erfahren. Sehen Sie noch eine Möglichkeit, meinen Sohn zu retten?« Ich antwortete ausweichend; der Anblick des gebrochenen alten Herrn erschütterte mich. So saßen wir lange schweigend, bis er zum Schluß nur noch immer wieder eins wiederholte: »Unser armer Sohn, unser einziger Sohn! Wann kann ich ihn wenigstens sehen?« Ich sagte ihm, daß dies nach der Urteilsverkündung möglich sein würde, jedenfalls sei dies bisher mit Angehörigen so gehandhabt worden. Da die Verhandlung wegen Gefährdung der Staatssicherheit nichtöffentlich durchgeführt werden würde, riet ich auch davon ab, schon am Verhandlungstage nach Berlin zu kommen. Beim Abschied umklammerte der alte Herr meine Hände mit den Worten: »Sie sind unsere einzige Hoffnung, retten Sie unseren Sohn, bitte, bitte!« Ich antwortete, er wisse doch als Arzt, wie ihm zumute sei, wenn die Angehörigen Schwerkranker solche Bitten äußerten. »Ja, ja, ich weiß, wir tun unser Bestes, so sage ich auch.« Wir verabredeten, daß ich ihm telephonisch Bescheid über das Urteil geben würde, wobei er dringend darum bat, nur ihn selbst an den Apparat holen zu lassen. Sobald eine Sprecherlaubnis erwirkt worden sei, werde er nach Berlin kommen.

Der ursprünglich auf Ende August anberaumte Verhandlungstermin wurde kurzfristig auf Mitte September 1943 verlegt. Die Nervosität stieg nicht nur bei Werner; auch ich war nun unruhig. Endlich war es soweit. Im Saal des Reichskriegsgerichts am Lietzensee-Ufer erschienen als Generalrichter des Reichskriegsgerichts in großer Uniform Senatspräsident Schmauser, zwei Beisitzer, ein Sonderführer der Wehrmacht und ein weiterer Offizier. Alle grüßten mit erhobenem Arm und setzten sich in dem dunklen, holzgetäfelten Raum – in den wegen der davorstehenden Bäume durch die hohen trüben Fenster noch weniger Licht einfiel –

schweigend auf der Empore um den halbrunden'Richtertisch. Der Anklagevertreter Dr. Roeder saß links vom Vorsitzenden, der Protokollführer rechts von ihm; allesamt trugen düstere Amtsmiene zur Schau. Vor der Anklagebank war der Tisch für den Verteidiger, vor dem Richter ein schlichter Zeugentisch, im Hintergrund des Saales unter dem Führerbild die unbesetzten Zuhörerbänke. Hinter mir in der Anklagebank – flankiert von zwei Soldaten der Feldpolizei – blaß und zusammengesunken der Angeklagte. Als Zeugen waren geladen: Fräulein Stiffel, die beiden Sonderführer aus der Briefprüfstelle und auf meinen Antrag die Baronin de la Bruyère. Herta erschien blaß aus der Haft in Bewachung. Die Zeugen wurden belehrt und hinausgeschickt. Die Öffentlichkeit wurde ausgeschlossen.

Sobald ich die schnarrende und sich wiederholt räuspernde Stimme des Vorsitzenden bei Eröffnung der Verhandlung hörte und den auf seiner fleischigen Nase wackelnden Klemmer, eine tiefe Falte zwischen den Augenbrauen und den fast karikaturistischen Bürstenschnitt auf dem eisgrauen Haupte sah, wußte ich, daß ich einen schweren Stand haben würde. Der Ton war hochfahrend und arrogant, schon die Fragen zur Person und zum Lebenslauf, die mit unsachlichen und ironischen Kommentaren durchsetzt waren, verrieten die vollkommene Voreingenommenheit des Vorsitzenden.

Nach der von Roeder verlesenen Anklageschrift wurde Maibrand zur Sache vernommen. Er beteuerte, niemals an Entziehung vom Wehrdienst gedacht zu haben. Seinen mehrfachen Wohnungswechsel während des Jahres 1940 in Berlin begründete er mit allerlei Mängeln der jeweiligen Unterkünfte oder ihm nicht zusagenden Eigenschaften der Vermieterinnen. Die polizeilichen An- und Abmeldungen habe er jeweils diesen überlassen und sich nicht verpflichtet gefühlt, sie selbst zu besorgen. Wovon er gelebt habe in dieser Zeit, wollte der Vorsitzende wissen. Von eigenen Ersparnissen und von Zuwendungen seiner Eltern und seiner in Berlin lebenden Patentante. Schon an dieser

Stelle brach das Ungewitter des Vorsitzenden über
Werner herein. Was er sich denn dabei gedacht habe,
fast ein Jahr in Berlin herumzubummeln, während in
derselben Zeit Hunderttausende junger Männer gleichen Alters an der Front gestanden hätten. Es wäre
seine Pflicht gewesen, sich von selber beim Berliner
Wehrbezirkskommando zu melden, nachdem er in
Hannover dessen Vorladung nicht gefolgt sei. Als ich
mir angesichts der Atmosphäre mit größter Vorsicht
und Höflichkeit die Frage erlaubte, wo diese Pflicht
zum Selbsttätigwerden bei Erfassung von Wehrpflichti-
gen gesetzlich geregelt sei, erhielt ich im Kasernenhof-
ton die Antwort, daß dies eine selbstverständiche
Pflicht für jeden anständig denkenden und vaterlands-
liebenden Wehrfähigen sei. Das ergebe sich aus der gesetzlichen Fixierung der Wehrpflicht an sich. Eine weitere Erörterung dieser Frage wurde mit der Begründung untersagt, daß ich in meinen Plädoyer Gelegenheit haben würde, mich über diese Frage zu äußern. Der
Angeklagte schilderte dann, daß ihm durch seinen Onkel, Major Friebel, und seine Patentante, Baronin de la
Bruyère, Ende 1940 seine Einstellung als Sonderführer
(im Leutnantsrang) im Abwehrdienst des OKW vermittelt worden sei. Damit sei er Angehöriger der Wehrmacht geworden, und das OKW habe das Wehrbezirkskommando verständigt, wie ihm ein vorgesetzter
Offizier gesagt habe.

Zum Vorwurf staatsfeindlicher Äußerungen in seiner Dienststelle gegenüber Kameraden bestritt der Angeklagte die Richtigkeit von deren Angaben. Vom Führer habe er gar nicht gesprochen; bei
einer allgemeinen Erörterung der Kriegslage im Kame-
radenkreis habe er wohl seine Skepsis über die großen
Frontausweitungen in Rußland und Afrika ausge-
drückt. An anderes könne er sich nicht erinnern.
»Aha«, meinte der Vorsitzende, »Sie fühlten sich wohl
als der Generalstabschef in der Briefprüfstelle?« Als
der Angeklagte schwieg, brüllte ihn Schmauser plötzlich an: »Ich habe eine Frage an Sie gerichtet, antworten
Sie!« – »Nein«, erwiderte der Angeklagte murmelnd.

Er war käseweiß. Dann fiel er plötzlich um. Ich machte auf seine Verhandlungsunfähigkeit wegen körperlicher und seelicher Schwäche aufmerksam und bat um eine Pause und ärztliche Untersuchung, da ich die weitere Verhandlungsfähigkeit des Angeklagten in Zweifel ziehen müsse.

Senatspräsident Schmauser, unverkennbar bajuwarischer Herkunft, sagte aber nur kalt: »Solche Tricks verfangen bei mir nicht. Es tritt eine Pause von fünfzehn Minuten ein, dann werden wir weitersehen.« Die Sitzung wurde unterbrochen. Werner kam mit kaltem Wasser innerlich- und äußerlich wieder zu sich, ich gab ihm eine Pervitintablette aus meinem Dauervorrat. Er erklärte, die Verhandlung durchstehen zu wollen, es sei ihm alles egal, man wolle ihn doch nur fertigmachen. Ich sprach ihm Mut zu, da ich die Hoffnung hatte, den schweren Vorwurf der Wehrdienstentziehung vielleicht doch noch zu entkräften.

Die Verhandlung über die diversen Kriegswirtschaftsvergehen dauerte nur kurz. Hier war nichts zu deuteln und zu bestreiten, der Umfang der mitgebrachten Beute war beträchtlich. Werner bereute seine Verfehlungen und behauptete, von anderen Mitgliedern der Briefprüfstelle, die sich gern für Kurierdienste meldeten, verleitet worden zu sein. Die Frage, ob er gewußt habe, daß viele der von ihm in Paris im Schwarzhandel erworbenen Sachen aus Einbrüchen gestammt hätten, verneinte der Angeklagte. »Natürlich«, sagte der Vorsitzende, »Sie spielen hier fortgesetzt den ahnungslosen Engel – aber damit kommen Sie hier nicht durch. Wir haben schon ganz andere Volksschädlinge zur Strecke gebracht!« Das war deutlich. Ich erhob Protest mit der Bitte, mich nicht in die Lage zu bringen, den Herrn Vorsitzenden wegen Befangenheit ablehnen zu müssen.

Schmauser war verdutzt, nahm seinen Kneifer ab und fragte mich: »Sie verteidigen wohl hier zum ersten Mal, Herr Rechtsanwalt?« – »Vor dem Reichskriegsgericht nicht, aber vor Ihrem Senat tatsächlich. Solche Präjudize habe ich bisher von den Herren Reichskriegsrichtern noch nicht gehört.« Pause, dann, den Klemmer wieder aufsetzend und in seine Akte schauend, Schmauser weit gedämpfter: »Ich sage nur, was ist. Also fahren wir fort«, und zum Wachtmeister gewandt: »Die Zeugen bitte, als erste Fräulein Stiffel.«

Herta Stiffel, die ihr Strafurteil schon hinter sich hatte, kam lässig herein, warf einen bedauernden Blick auf Werner und ging zum Zeugentisch. Ihre Vernehmung war kurz und brachte nichts Neues. Ihr intimes Verhältnis zu Werner räumte sie ein, auch daß er ihr zwecks Weiterverkaufs von seinen Reisen öfters »heiße Ware«, wie sie sich ausdrückte, mitgebracht habe. Aber das sei nur ein Teil der bei ihr beschlagnahmten Gegenstände gewesen, sie habe auch von anderen Herren Tauschhandelsware bezogen. Das seien Zufallsbekanntschaften gewesen, die Namen wisse sie nicht mehr.

Als der Vorsitzende ihr die Liste der in der Anklageschrift verzeichneten Schmuggelgegenstände vorlas, sagte sie öfter wechselnd: »Weeß ick nich mehr«, »kann sein«, »vielleicht«, und nur einige Male »wird wohl von Werner jewesen sein«. Die Vorhaltungen des Vorsitzenden und des Anklagevertreters bezüglich ihres schwachen Erinnerungsvermögens rührten sie wenig. »Ick weeß et eben nich mehr jenau« — dabei blieb sie. Auf ihre Vereidigung wurde verzichtet. Sie wurde entlassen. Ich hatte keine Fragen an sie und war heilfroh, daß ihre forensische Erfahrung und ihr gutmütiger Instinkt die Belastungspunkte abgeschwächt hatten.

Die beiden Sonderführer als Zeugen funktionierten für die Anklage besser. Der eine gab an, daß Werner bei einer Erörterung der Kriegslage, wie sie unter Kameraden in der Dienststelle öfter üblich gewesen sei, gesagt habe, der Führer könne den Krieg nie gewinnen, weil er keinerlei Auslandserfahrung besäße und die gegnerischen Kräfte unterschätzt habe. Der andere bestätigte diese Äußerungen und fügte noch hinzu, der Angeklagte habe wörtlich gesagt: »Der Führer kann bald einpacken, es kommt noch hageldick!« Meine Fragen und Vorhaltungen und das Bestreiten des Angeklagten, einen solchen Satz gesagt zu haben, führten wenigstens zu der Einschränkung, daß der Angeklagte das dem Sinne nach gesagt habe; auf die wörtliche Richtigkeit wollte sich der zweite Sonderführer nicht festlegen. Nachdem der erste Sonderführer – erneut hervorgerufen – sich solcher wörtlich wiedergegebenen Äußerung Werners nicht mehr genau entsinnen konnte, aber bestätigte, daß sich der Angeklagte negativ über den Führer, seine Kriegführung und die Siegesaussichten geäußert habe, wurden auf Antrag des Anklagevertreters beide Zeugen vereidigt. Das war ein Minuspunkt für die Verteidigung.

Der Baronin de la Bruyère, die über den Leumund des Angeklagten und seinen Charakter aussagen sollte, hatte ich eingeschärft, sich vor Gericht so objektiv wie möglich zu verhalten und ihre Sympathie für ihr Patenkind nicht allzu offenkundig zu machen, weil das den Wert ihrer Aussage nur schwächen würde. Da sie als ehemalige Bühnensängerin im Operettenfach Rollenverständnis mitbrachte, wurde sie ihrer Aufgabe überzeugend gerecht. Obwohl sie das Wiedersehen mit Werner innerlich wohl sehr erschütterte und das Taschentuch, mit dem sie die Tränen bemerkenswert vorsichtig von ihrem dezent geschminkten Gesicht entfernte, durchaus am Platze war, fand sie schnell wieder Fassung, nachdem die Fragen zur Person, insbesondere die peinliche nach ihrem Lebensalter (die sie flüsternd beantwortete), vorüber waren. Verwandt oder verschwägert war sie mit Werner nicht, für die Eigenschaft der Patentante bestand keine Offenbarungspflicht.

Sie schilderte die Labilität Werners, den sie als Freundin seiner Eltern von klein auf kenne, seine Anfälligkeit für Krankheiten, seine Gutmütigkeit und seine Aufgeschlossenheit für das Leben und für die schönen Künste, seine Höflichkeit und seine Hilfsbereitschaft, seine korrekte Pflichterfüllung in seiner Dienststelle, in der er mit nur wenigen Ausnahmen beliebt gewesen sei. Sie verbarg aber nicht ihre Sorgen;

Werner sei wohl ein etwas zu leichtlebiger junger Mann gewesen, der immer zu sehr auf sein Glück vertraut habe und im Umgang mit anderen Menschen zur Vertrauensseligkeit neige. Ob sie auch Herta Stiffel kennengelernt habe, wollte der Vorsitzende wissen. »Nein«, sagte die Zeugin indigniert, »nur aus Werners Erzählungen.« Daß diese Dame (das Wort »Dame« sprach sie sehr spitz aus) »schon eine solche Vergangenheit« besaß, sei sicher auch Werner nicht bekannt gewesen. Der Angeklagte wurde zu diesem Punkt befragt. Er erklärte, im Zeitpunkt seiner Bekanntschaft mit Herta von deren Vorstrafen nichts gewußt zu haben.

Weitere Fragen wurden der Zeugin nicht gestellt, alle Zeugen wurden entlassen, die Beweisaufnahme wurde geschlossen. Ankläger und Verteidiger erhielten das Wort. Wie zu erwarten war, sah der Anklagevertreter Dr. Roeder, der mit ätzender Schärfe sprach, die dem Angeklagten vorgeworfenen Verfehlungen als in vollem Umfang erwiesen an. Für die Entziehung vom Wehrdienst hielt er den subjektiven und objektiven Straftatbestand für erfüllt, desgleichen für die Wehrkraftzersetzung, auch wenn die wörtlichen Äußerungen nicht mehr ganz exakt hätten festgestellt werden können. Beide Belastungszeugen hätten eidlich bekundet, daß sich der Angeklagte über den Führer herabsetzend geäußert und den Endsieg im Lebenskampf des deutschen Volkes angezweifelt habe. Die schwerwiegenden Kriegswirtschaftsverbrechen, verbunden mit Vergehen gegen Zoll- und Devisenbestimmungen sowie Urkundenfälschung habe der Angeklagte gestanden. Insgesamt habe sich der Angeklagte als gemeiner Verräter und Volksschädling betätigt. Er verdiene keinerlei Milde. Mit erhobener Stimme forderte er die Todesstrafe als einzig angemessene Sühne.

Was ich dem Angeklagten so viele Monate verschwiegen hatte, um seine seelische Widerstandskraft während der Untersuchungshaft aufrechtzuerhalten, brach mit dem Wort »Todesstrafe« wie ein Donnerschlag auf ihn nieder. Er rüttelte an der Brüstung seiner Anklagebank und schrie laut: »Nein, nein! Ich bin doch kein Mörder! Ich habe doch niemand getötet!« – dann sank er in sich zusammen und stöhnte nur noch: »O Gott, o Gott.« Schließlich nahm er beide Arme vor den tiefgesenkten Kopf und wimmerte leiser werdend vor sich hin. Die Todesstrafe, die aufgrund der Kriegssonderstrafrechtsverordnung – bei Kriegsbeginn erlassen – nach dem Ermessen aller Strafgerichte auch für Straftaten verhängt werden konnte, die nach den zivilen und militärischen Strafgesetzen an sich nur Freiheitsstrafen vorsahen, hatte der Anklagevertreter als Sühne für die Wehrdienstentziehung gefordert, für die übrigen Straftaten hohe Zuchthausstrafen, die aber von der beantragten Todesstrafe als Gesamtstrafe »konsumiert« würden, wie die Juristen sich auszudrücken belieben. Es kam also darauf an, der angenommenen Wehrdienstentziehung die juristische Grundlage zu entziehen, um Werners Kopf zu retten.

Mit diesem Tatbestand beschäftigte ich mich eingehend in meinem Plädoyer, dem das Gericht sichtlich gelangweilt folgte. Der Vorsitzende las in den Akten oder machte sich Notizen, der Anklagevertreter spielte mit seinem Bleistift, schaute wiederholt auf seine Armbanduhr oder trommelte mit seinen Fingern auf dem Tisch. Ich machte geltend, daß der Angeklagte sich gegenüber der Vorladung des Wehrbezirkskommandos Anfang 1940 durch ärztliches Attest ordnungsgemäß entschuldigt habe und in Berlin bis zum Jahresende 1941 zwar mehrfach umgezogen sei, hierfür aber plausible Gründe angegeben habe, und daß seine polizeilichen An- und Abmeldungen jeweils von den verschiedenen Pensionsinhabern beziehungsweise Vermieterinnen – wenn auch mitunter verspätet – vorgenommen worden seien. Hierfür sei Beweis angetreten worden, die von der Verteidigung benannten Zeugen seien allerdings nicht geladen worden. Es habe keine Rechtsverpflichtung für ihn bestanden, die polizeilichen Meldungen selbst durchzuführen, wie auch keine Rechtsverpflichtung bestanden habe, sich beim Berliner Wehrbezirkskommando zu melden. Andernfalls hätte ja das Wehrbezirkskommando nicht nach seinem Aufenthalt zu forschen brauchen, wie es das erweislich getan habe. Daß die Nachforschungen aufgrund des wiederholten Aufenthaltswechsels längere Zeit vergeblich gewesen sein, sei ein zufälliger Zusammenhang. Dann brachte ich mein stärkstes Argument: Mit dem Eintritt des Angeklagten in den Abwehrdienst seien die Nachforschungen des Berliner Wehrbezirks ja auch beendet worden; hätte damals auch nur ein Verdacht auf Wehrdienstentziehung bestanden, hätte das Wehrbezirkskommando Anzeige erstatten müssen, was nicht geschehen sei.

Wegen der angeblich wehrkraftzersetzenden Äußerungen versuchte ich, die volle Glaubwürdigkeit der vereidigten Belastungszeugen durch die auch von ihnen zugegebene Tatsache zu erschüttern, daß sie mit dem Angeklagten kein besonders gutes kameradschaftliches Verhältnis, vielmehr sogar wiederholt Streit gehabt hatten. Möglicherweise hätten sich kritische Anmerkungen zur Kriegslage – wie sie in Kameradenkreisen häufig üblich seien – bei ihnen zu angeblich staatsfeindlichen Äußerungen des Angeklagten verdichtet, deren genauer Wortlaut, auf den es hier sehr wesentlich ankomme, nicht mehr genau festgestellt werden konnte.

Zu den eingeräumten Verfehlungen der Kriegswirtschaftsvergehen und der übrigen Delikte konnte ich nur auf den jugendlichen Leichtsinn und die Verführung durch andere Mittäter verweisen, die durch die kriegsbedingten Umstände vom ordentlichen Wege abgeraten seien. Der Angeklagte bereue jetzt alles, was ihm zur Last gelegt sei, nachdem er in fast einjähriger Untersuchungshaft viel Muße zum Nachdenken gehabt habe. Seine Vergehen seien keinesfalls todeswürdig, der Angeklagte wollte tätige Reue auch dadurch beweisen, daß er sich freiwillig zur Frontbewährung melde, um seine Verfehlungen wiedergutzumachen.

Ich beantragte Freispruch von der Anklageerhebung wegen Wehrdienstentziehung und Wehrkraftzersetzung, milde Bestrafung wegen der übrigen

Anklagepunkte unter Anrechnung der Untersuchungshaft und Strafvollstreckungsaufschub bis nach Kriegsende zum Zwecke der Frontbewährung. Dem Angeklagten wurde das letzte Wort erteilt. Er sagte stockend und kaum hörbar: »Ich bereue alles und möchte alles wiedergutmachen!«

Der Senat zog sich zur Beratung zurück. Dr. Roeder verließ gleichfalls den Saal. Ich war mit Maibrand in dem großen, unheimlichen Raum allein mit seinen zwei Bewachern, die mitleidig auf ihren Schützling und auf mich schauten. Die Herbstsonne warf einen Strahl durch die staubigen Fenster. Angsterfüllt schaute mich Werner mit großen Augen an: »Was glauben Sie?« Ich verwies auf die Möglichkeiten, die wir selbst im schlimmsten Fall noch hätten – Einspruch im Bestätigungsverfahren, Gnadengesuch, es seien schon manche Urteile geändert worden. Maibrand sagte jetzt nichts mehr, er lag stumm vornübergebeugt mit den Armen auf der Vorderwand der Anklagebank, auf die er seinen Kopf stützte. Die Zeit verging langsam. Nach ungefähr fünfzehn Minuten erschien das Gericht wieder im Saal. Es wurde nach Dr. Roeder gerufen, der mit kurzer Verspätung erschien. Die Richter des Senats standen solange wartend vor dem hohen Richtertisch, der Angeklagte und ich mit den Bewachern unten davor. Die wenigen Minuten bis zur eiligen Wiederkehr Dr. Roeders waren quälend. Da ertönte die kalte und knarrende Stimme des Vorsitzenden: »Im Namen des Volkes verkünde ich in der Strafsache gegen den Sonderführer z.b.V. Werner Maibrand folgendes Urteil:
Der Angeklagte wird wegen Wehrdienstentziehung, wegen heimtückischer Wehrkraftzersetzung und wegen Kriegswirtschaftsverbrechen in zehn Fällen, in Tateinheit mit Vergehen gegen Zoll- und Devisenbestimmungen als Drückeberger und Volksschädling mit dem Tode bestraft. Das Urteil ist nach Bestätigung des Gerichtsherrn rechtskräftig.«

Der Todesengel war während dieser Sätze durch den

66

Saal geflogen. Dann nahmen alle Beteiligten langsam Platz. Der Vorsitzende, seine Kopfbedeckung abnehmend, griff zu seinen Papieren und begründete das Urteil wie vorgeschrieben mündlich, es war aber von ihm offenbar schon vorher konzipiert worden, denn es wurde praktisch verlesen – mit monotoner Stimme, als ob er einen Zeitungsartikel vorläse.

Danach war der Angeklagte ein weichlicher und verwöhnter Lebejüngling ohne vaterländisches Bewußtsein, der es verstanden habe, sich längere Zeit um den Wehrdienst zu drücken und seine spätere Tätigkeit im Abwehrdienst vorwiegend dazu benutzt zu haben, um mit seiner Freundin, einer vorbestraften Dirne, unverschämtem Wohlleben zu frönen in einer Zeit, da Hunderttausende von gleichaltrigen jungen Deutschen im Lebenskampf des deutschen Volkes begeistert für Führer und Vaterland ihr Leben einsetzten. Das Gericht habe nirgends Milderungsgründe für sein verbrecherisches Verhalten finden können, die angemessene Sühne für einen solchen Parasiten am Volksleben könne nur die Todesstrafe sein. Er verdiene nicht, der deutschen Volksgemeinschaft noch anzugehören, er habe sein Leben verwirkt.

Bei all diesen in Urteilsbegründungen schon so oft gehörten Tiraden packte ich deprimiert und müde meine Akten ein. Nur wenige Richter hatten noch Ohren, um richtig zu hören, und Augen, um richtig zu sehen, die Justitia schlug mit der Binde vor den Augen mit ihrem Schwerte blutig zu, wahllos und unbarmherzig.

Ich hörte gerade noch: »Die Verhandlung ist geschlossen, Heil Hitler!« Dann wurde der Angeklagte abgeführt, und ich konnte ihm lediglich sagen, daß ich ihn am nächsten Tage aufsuchen würde. Die Verhandlung hatte dreieinhalb Stunden gedauert, ich war ausgepumpt und elend, als ich in mein Büro fuhr. Meine treuen Mitarbeiterinnen sahen mir stets schon von weitem an, wenn meine Bemühungen um einen Todeskandidaten umsonst gewesen waren. Schweigend leerten sie die Aschenbecher, die allzu rasch vollgeraucht wurden. Im Büro empfing mich schon die Baronin de la Bruyère mit theatralischen Gesten und wortreichem Gehabe, das aber jäh verstummte, als ich ihr nur ein Wort sagte: »Todesstrafe«. (Alle Zeugen waren nach ihren Vernehmungen vom Gericht sofort entlassen worden mit der Weisung, das Gerichtsgebäude zu verlassen; eine merkwürdige Übung des Reichskriegsgerichts, die mit dem Hausrecht begründet wurde.)

Als ich Werners Vater telephonisch verständigte mit dem verabredeten Stichwort »Operation leider mißlungen«, hörte ich nur ein Aufstöhnen und dann die stockende Stimme: »Ich komme morgen zu Ihnen.« Durch Boten besorgte ich für ihn eine Sprecherlaubnis beim Reichskriegsgericht und ließ ihn am nächsten Tage allein nach Tegel ins Gefängnis fahren. Meine Begleitung wünschte er nicht. Ich drängte mich auch nicht dazu.

Als Werners Vater am Abend noch zu mir in die Sprechstunde kam, stand mir ein völlig zerbrochener alter Herr gegenüber. »Ich habe meinen Jungen kaum wiedererkannt, er ist nur noch eine Hülle. Er hat ja kaum noch Leben in sich. Das soll nun auch noch vernichtet werden«, sagte er, und weiter: »Ich traue mich gar nicht nach Hause, ich habe meiner Frau noch nichts von dem Urteil gesagt, nur von der Sprecherlaubnis. Sie ist durch die Luftangriffe, durch Krankheiten und des Jungen wegen völlig am Ende.«

Dann besprach ich mit ihm meine Absicht, gegen das Urteil im Bestätigungsverfahren Gegenvorstellungen zu erheben; die Verurteilung wegen Wehrdienstentziehung hielt ich in rechtlicher Beziehung tatsächlich für anfechtbar. Ich ließ aber durchblicken, daß angesichts der verschärften Kriegslage und der immer fanatischer rechtsprechenden Gerichte – Italien war von der Achse abgefallen und hatte kapituliert, die Alliierten standen auf italienischem Boden, und die russischen Armeen drangen in stürmischen Offensiven gegen das Reich vor – die Aussicht gering war, eine Urteilsänderung oder Strafmilderung zu erreichen.

Da brach es plötzlich aus dem Vater heraus,

daß er und sein Schwager, Major Friebel, der bis zum Frankreichfeldzug im Mai 1940 in Berlin stationiert gewesen sei, an der sogenannten Wehrdienstentziehung Werners die Schuld trügen. Sie hätten ihm wiederholt gesagt, er solle sich wegen seiner Einberufung keine Sorgen machen, man werde ihm schon eine Tätigkeit im Wehrdienst verschaffen, bei der kein Fronteinsatz drohe. Der Onkel habe Werner gesagt: »Du tust gar nichts und wartest, bis du einberufen wirst. Laß mich das man machen.« Dann sei Major Friebel von Mai bis September 1940 in Frankreich gewesen und habe sich erst danach für Werner bei Oberst Oster zur Einstellung Werners im Abwehrdienst des OKW verwenden können. Werner sei tatsächlich besten Glaubens gewesen.

Ich fragte, warum ich diese sehr wichtigen Umstände erst jetzt erführe. »Weil die Schwester meiner Frau uns angefleht hat, ihren Mann aus dem Spiel zu lassen. Aber es geht jetzt um das Leben unseres Sohnes! Das Gericht muß das wissen, das Urteil muß aufgehoben werden! Werner ist doch eine ängstliche Natur, wir waren es, die ihm immer wieder gesagt haben: ›Verlasse dich auf deinen Onkel, er weiß mit all diesen Sachen am besten Bescheid.‹« Die vielen Quartierwechsel in Berlin hätten nichts mit seiner Wehrdienstpflicht zu tun gehabt, Werner sei sehr penibel und mit seinen Unterkünften aus mehreren Gründen nicht zufrieden gewesen; das müßten seine verschiedenen Vermieter auch bezeugen können.

Mir ging sogleich durch den Kopf, ob ein Antrag auf Wiederaufnahme des Verfahrens mit dem Ziele einer neuen Verhandlung Erfolgsaussichten hätte. Es lag aber auf der Hand, daß dann Major Friebel unvermeidlich in das Verfahren hineingezogen würde; eine gewisse Entlastung Werners setzte die Bereitschaft seines Onkels voraus, seine eigene Rolle bei der Wehrdienstentziehung zuzugeben. Ich sagte Werners Vater, daß er seinem Schwager sofort an seine Feldpostnummer schreiben, ihn kurz von den Ereignissen unterrichten und anfragen solle, ob er Kurzurlaub nehmen und nach Berlin kommen könne. Ohne sein Einverständnis und ohne genaue mündliche Abstimmung hätte eine Wiederaufnahme des Verfahrens wenig Sinn.

Werners Vater fuhr mit diesem Strohhalm von Hoffnung nach Hannover, um sich eiligst mit seinem Schwager in Verbindung zu setzen. Inzwischen reichte ich im Bestätigungsverfahren einen Schriftsatz mit Gegenvorstellungen und rechtlicher Urteilskritik ein und schloß für den Fall der Bestätigung noch ein Gnadengesuch an. Werner vertröstete ich, daß alles unternommen werde, um sein Leben zu retten. Er hatte sich nun selber in die Idee verrannt, daß nur sein Onkel an allem schuld sei. Ich sagte ihm, daß er mir darüber rechtzeitig hätte klaren Wein einschenken sollen. Aber Werner war die Rolle, die sein Onkel gespielt hatte, offenbar auch erst durch die Mitteilungen seines Vaters aufgegangen.

Ungeachtet der Zeugnisbereitschaft des Majors Friebel wollte ich einen Wiederaufnahmeantrag, der das Bestätigungsverfahren unterbrechen mußte, auf jeden Fall versuchen. So machte ich, als bisher dem Gericht unbekannt gebliebene Tatsachen, noch einmal verschiedene Zimmervermieterinnen als Zeugen namhaft, die über die Gründe der mehrfachen Wohnungswechsel Werners im Jahre 1940 Auskunft geben könnten. Werner hatte mir Namen und Anschriften seiner Wirtinnen schon früher genannt, aber der Anklagevertreter hatte die Ladung dieser Zeugen schon im Ermittlungsverfahren als in der Sache unerheblich abgelehnt, und das Gericht hatte sich dieser Auffassung angeschlossen. Durch Befragung dieser Zeuginnen erfuhr ich jedoch in zwei Fällen von erheblichen Streitigkeiten zwischen Werner und den Vermieterinnen, so, daß er mangelnde Sauberkeit bemäkelt habe und daß in einem Falle er und im anderen Falle die Vermieterin gekündigt habe. Die dritte Zeugin erklärte, daß sie Werner wegen nächtlicher Damenbesuche an die Luft gesetzt habe. Die Zeuginnen erklärten sich bereit, dies vor Gericht auch auszusagen.

Auf die Benennung dieser Zeugen stützte ich mein Wiederaufnahmegesuch und meine Rechtsauffassung, daß die Umzüge Werners nicht zu seinen Lasten verwertet werden könnten. Das mir alsbald zugestellte Urteil hatte in seinen Gründen die Feststellungen über die Wehrdienstentziehung unter anderem auf den ständigen Wohnungswechsel gestützt.

Nach dem Einreichen meiner Gesuche waren etwa acht Wochen vergangen, als ich die niederschmetternde Nachricht von Werners Vater erhielt, daß Major Friebel nach seiner Rückkehr von einer Vernehmung beim Gerichtsoffizier seiner Division mit seiner Pistole Selbstmord begangen habe. In einem Abschiedsbrief aus dem Felde habe er seiner Frau nur mitgeteilt, daß ihm seine Ehre geboten habe, sich einer möglichen Strafverfolgung durch den Freitod zu entziehen, damit sein Name und der seiner Familie nicht beschmutzt werde. Von Werners Affäre kein Wort.

Dennoch war mit Sicherheit anzunehmen, daß es Dr. Roeder gewesen war, der wieder blutige Arbeit verrichtet hatte. Aus dem Verfahren gegen Werner war ihm bekannt, daß Major Friebel – wie sich auch aus den Personalakten Werners ergab – dessen Einstellung beim Abwehrdienst des OKW empfohlen und für Werners einwandfreien Leumund und staatspolitische Zuverlässigkeit gebürgt hatte. Roeder sah die Sache aber anders und hatte Major Friebel der Beihilfe zur Wehrdienstentziehung verdächtigt und so ein Vernehmungsersuchen an seine Division gerichtet; anders war der Freitod des Majors gar nicht zu erklären. Trotz aller Bemühungen konnte ich jedoch nichts Zuverlässiges in Erfahrung bringen. In der Geschäftsstelle des Reichskriegsanwalts erfuhr ich nur, daß in der Tat eine Ermittlungsakte gegen Major Friebel angelegt worden war; Einsichtnahme wurde mir jedoch mangels Vollmacht nicht gestattet.

Der Selbstmord des Majors gab mir aber nun die Möglichkeit, meinen Wiederaufnahmeantrag zu ergänzen und als entlastend für Werner die Mithilfe des Onkels bei der behaupteten Wehrdienstentziehung ins rechte Licht zu rücken; Werner, der ahnungslose

Zivilist, habe sich ganz auf den verdienten Berufsoffizier verlassen. Da der Major nicht mehr gehört werden konnte, bot ich für dessen wesentliche Beteiligung an Werners Sorglosigkeit das Zeugnis von Werners Vater an. Ende 1943 erfuhr ich beim Reichskriegsgericht, daß mein Wiederaufnahmeantrag dem Senat noch immer zur Entscheidung vorliege. Erst Anfang Februar 1944 erhielt ich eine Stellungnahme des Reichskriegsanwalts zu meinem Wiederaufnahmeantrag, mit der er dessen Ablehnung beantragte, weil in prozessualem Sinne keine völlig neuen Tatsachen vorgetragen worden seien, die dem Angeklagten nicht schon während des Verfahrens bekannt gewesen seien und daher darin schon hätten vorgebracht werden können. Sie seien auch, selbst ihre Richtigkeit unterstellt, nicht geeignet, an den Tatsachenfeststellungen des Gerichts, seinen Rechtsverfolgungen oder an der Strafzumessung etwas zu ändern.

Unter einer Fristsetzung von zwei Wochen hatte ich jetzt noch eine letzte Erwiderungsmöglichkeit, von der ich unter eingehenden Rechtsdarlegungen Gebrauch machte. Der Winter 1943/44 hatte die feindlichen Luftangriffe zu einem neuen Höhepunkt geführt, und sowohl meine Wohnung als auch mein Büro in Wilmersdorf waren ausgebombt worden; viele Gerichtsgebäude hatten ebenfalls schwere Schäden erlitten. Natürlich waren auch viele Gefängnisse getroffen worden, deren Insassen bei Bombenangriffen oft Höllenangst hatten, da die Luftschutzkeller nicht ausreichten und die meisten Gefangenen daher in ihren Zellen bleiben mußten, vorab natürlich die Todeskandidaten. Aber natürlich war für sie das Warten das Quälendste; die erste Frage galt stets der Kriegslage. Jede Nachricht wurde danach untersucht, ob sie Hoffnung auf ein schnelles Ende des Krieges gebe. Die beschwörenden Worte »Sie müssen mich retten« war eine ständig bedrückende Belastung, die viele unter uns Strafverteidigern mit sich schleppten.

Mitte März erhielt ich die Ablehnung meines Wiederaufnahmeantrages. Die Gründe des Beschlusses waren knapp und nahmen im wesentlichen auf die Stellungnahme des Reichskriegsanwalts Bezug. Meine Hoffnungen schwanden dahin.

Nun war das Bestätigungsverfahren in Gang gesetzt worden, ich hatte seit der Urteilsverkündung immerhin ein halbes Jahr Zeit gewonnen. Als oberster Gerichtsherr hatte sich der Führer als Oberbefehlshaber der Wehrmacht für Urteile des Reichskriegsgerichts gegen Offiziere und Militärpersonen im Offiziersrang das Bestätigungsrecht selber vorbehalten, obwohl er es im allgemeinen an die Armeebefehlshaber delegiert hatte. Praktisch wurde es gemeinhin von Generalfeldmarschall Keitel als Chef des OKW unter Mitwirkung von dessen mit Militärjuristen besetzter Rechtsabteilung ausgeübt. Der Dienstweg zum Führerhauptquartier in Ostpreußen, wo auch die Rechtsabteilung des OKW residierte, lief vom Reichskriegsgericht in Berlin aus über Kuriere, in Eilfällen auch über Telephon und Fernschreiber, sofern es sich um reine Nachrichtenübermittlung handelte.

Erst Ende April 1944 erhielt ich den Anruf der Geschäftsstelle des Reichskriegsgerichts, daß das Todesurteil vom Gerichtsherrn bestätigt worden sei und die Unterschrift Keitels trage. Über die Gnadengesuche – außer meinem Gnadengesuch hatten noch Werners Vater und seine Schwägerin, die verwitwete Majorin, persönliche Bittschriften an den Führer gerichtet – sei noch nicht befunden worden; die Vollstreckung des Urteils sei bis zur Entscheidung über die Gnadengesuche aufgeschoben.

Werners Vater beschwor mich, noch den letzten Versuch zu unternehmen und ins Führerhauptquartier zu fahren, um wenigstens die Begnadigung zu erwirken. Dazu benötigte ich vom Reichskriegsgericht einen Erlaubnisschein, was die Einreise in die Sperrzone um das Führerhauptquartier überhaupt erst ermöglichte. Senatspräsident Schmauser war nicht zu erreichen. Ich wurde an seinen Vertreter verwiesen, der sich meinen Vortrag äußerlich teilnahmslos anhörte, dann aber zur Feder griff und den erbetenen Schein ausfüllte. Am nächsten Abend, am 3. 5. 1944, reiste ich von Berlin die Nacht hindurch nach Ostpreußen, stieg in Allenstein nach Angerburg um, wo ich um 10.00 Uhr eintraf. Mit meinem Schein, demzufolge ich in »kriegswichtiger Angelegenheit« reiste, meldete ich mich bei der Bahnhofskommandantur. Diese gab mir einen Läufer mit in Gestalt eines schwerbewaffneten Soldaten, der mich in seinem Kübelwagen in eine Kaserne fuhr. Nachdem ich drei Kontrollen passiert hatte, ließ ich mich in der Kaserne, in der die Rechtsabteilung des OKW untergebracht war, bei deren Leiter, Generalrichter Dr. Sack, melden, dem ich die Empfehlung eines hohen Berliner Militärrichters mitbrachte, zu dem ich gute persönliche Verbindung hatte.

Dr. Sack – zusammen mit Admiral Canaris, Oberst Oster und Dietrich Bonhoeffer nach dem Attentat vom 20. Juli verhaftet und Ende April 1945 im KZ Flossenburg durch den Strang hingerichtet – empfing mich liebenswürdig, aber gemessen. Als er vernahm, daß ich wegen des Gnadenerweises für Werner Maibrand kam, zog er die Stirn in Falten. »Es tut mir leid, Ihnen sagen zu müssen, daß der Gnadenerweis gerade gestern vom Führer selber nach Vortrag von Generalfeldmarschall Keitel und mir abgelehnt worden ist. Nach dem Selbstmord von Major Friebel, auf den der Führer außerordentlich erregt reagiert hat, bestand er auf Vorlegung aller diesbezüglichen Aktenvorgänge und ordnete an, daß er selber die Entscheidung in der Strafsache von Major Friebels Neffen treffen werde. Es ist nichts mehr auszurichten, Herr Rechtsanwalt. Ich bedauere Ihre weite Reise hierher.«

»Also einen Posttag zu spät angekommen?« – »Nein, keinesfalls«, sagte er, »ich kenne die Akte genau. Es wäre ohnehin nichts zu machen gewesen. Der Freitod des vom Führer sehr geschätzten Majors hat die Lage nur noch verschlimmert. Die Einstellung des Führers war unerbittlich. Niemand konnte daran etwas ändern.« Ich erfuhr noch, daß bereits am vorausgegangenen Abend die Ablehnung des Gnadenerweises per Fernschreiber an das Reichskriegsgericht übermittelt worden war und mit der alsbaldigen Vollstreckung des Todesurteils zu rechnen sei.

Ich wechselte noch einige belanglose Worte mit Dr. Sack und nahm die Erwiderung der Grüße von Generalrichter Rosencrantz beim Gericht der Wehrmachtskommandantur Berlin mit auf den Weg. Stumm saß ich anschließend als einziger Zivilist in der Kasernen-Kantine und löffelte eine dünne Suppe. Am Nachmittag fuhr ich wieder nach Allenstein, von dort mit dem von Königsberg kommenden Nachtzug nach Berlin zurück. Der Zug war vorwiegend mit Urlaubern besetzt, die im Dunkel der Nacht ihre Meinung über die Lage überraschend unverhüllt äußerten. Die Mehrzahl hatte zwei oder drei Tage Urlaub erhalten, weil ihre Familien ausgebombt worden waren. Der Zug fuhr sehr langsam mit vielen Halts auf der Strecke. Statt früh morgens kamen wir erst am späten Nachmittag in Berlin an. Die großen Bahnhöfe waren damals schon weitgehend zerstört; der Stettiner, der Anhalter und der Potsdamer Bahnhof waren außer Betrieb. Der Gesamtverkehr aus dem Osten lief ausschließlich über den Schlesischen Bahnhof, der vollkommen überlastet war. Durch zerbombte Straßen fuhr ich an ausgebrannten Fassaden vorbei in mein Büro.

Dort wurde ich schon mit Unruhe erwartet. Meine Sekretärin sagte mir, daß am Vortag früh um 9.00 Uhr die Geschäftsstelle des Reichskriegsanwalts mich habe sprechen wollen. Dann habe der Pfarrer vom Untersuchungsgefängnis Tegel immer wieder angerufen. Um 13.00 Uhr sei ein Telegramm der Reichskriegsanwaltschaft eingegangen, das sie mir mit traurigem Blick reichte. Ich las:

Strafsache Maibrand:
Gnadenerweis vom Führer abgelehnt.
Vollstreckung 4. 5. 44, 5.00 Uhr im
Gerichtsgefängnis Halle/Saale.
Der Reichskriegsanwalt
gez. XY

Jetzt war es 16.00 Uhr am 4. 5. Werner war also schon

vor elf Stunden unter dem Fallbeil gestorben. Das Ringen mit Roeder war zu Ende. Ich erinnerte mich, daß ich nachts im Zuge, in Abständen vor mich hindämmernd, am frühen Morgen aus bösem Traum aufgeschreckt war. Ich hatte von Werner und Dr. Sack geträumt. Sack hatte zu Werner in dessen Zelle gesagt: »Der Führer hat Ihren Tod befohlen. Es sind schon Millionen deutscher Soldaten an der Front gefallen. Sie werden jetzt auch zu den Kriegsopfern gehören. Gehen Sie mutig zu Ihren Kameraden!« Werner hatte aufgeschrien und »Gnade, Gnade!« gerufen. Dann hatte der Zug eine scharfe Bremsung gemacht, und ich war wieder wach gewesen und hatte verschlafen in den Frühnebel der flachen pommerschen Landschaft geblickt. Jetzt wurde mir klar, daß es meine Worte waren, die Dr. Sack gesprochen hatte. Genau das hatte ich Werner sagen wollen, wenn ich ihm von der Ablehnung des Gnadengesuchs zu berichten gehabt hätte.

Alles zu spät. Der Reichskriegsanwalt hatte mit einer Schnelligkeit gearbeitet, die mehr als verblüffend war; auch die Verlegung und Überführung des Verurteilten in das Gerichtsgefängnis Halle (Saale) nur zum Zwecke der Hinrichtung war außergewöhnlich. Durch einen Anruf beim Gefängnispfarrer erfuhr ich, daß am 3. 5. vormittags, gerade als ich in Angerburg mit Dr. Sack sprach, Werner dringend nach ihm verlangt hatte. Als er ihn kurze Zeit später habe aufsuchen wollen, sei er schon abtransportiert gewesen. Der Wachtmeister habe ihm nur gesagt: »Verlegung nach Halle.« Der Pfarrer habe Schlimmes geahnt, deshalb habe er mich sogleich angerufen. Ich konnte nur sagen, daß alles vorbei war. »Schrecklich, schrecklich«, sagte der Pfarrer.

Ich versuchte, Werners Vater zu erreichen, erhielt jedoch keinen Anschluß. Am Abend rief er bei mir an: »Wir sind vorgestern mit Totalschaden ausgebombt worden. Zur Zeit hausen wir im Keller eines Nachbarn. Meine Frau ist im Krankenhaus. Haben Sie etwas erreicht in Ostpreußen?« – »Nichts«, war meine einzige Antwort. Mehr konnte und wollte ich am Telephon nicht sagen. Als er weiter fragte: »Was nun?«, antwortete ich, daß ich am nächsten Tage zu ihm kommen wolle, um Näheres zu berichten. Ich gab ihm die Ankunft des Zuges in Hannover. Er werde mich abholen, sagte er.

Am nächsten Morgen fuhr ich von Potsdam aus nach Hannover; über Berlin ging gerade ein Angriff nieder. Der überfüllte Zug fuhr schon um zwei Stunden verspätet ab. Wegen eines Tagesangriffs auf Hannover und Braunschweig hatte er noch einmal zwei Stunden Verspätung. Statt um 13.00 Uhr war ich erst um 17.00 Uhr auf dem von Trümmern übersäten Bahnsteig des schwerzerstörten Bahnhofs Hannover. An der Treppe zum Tunnel stand der zum Greis gewordene Vater, gebückt, auf einen Stock gestützt. Als er mich sah, kam er dicht an mich heran und flüsterte nur: »Ich weiß schon alles, unser Kind ist tot!« Dann fiel er mir in die Arme und schluchzte vor sich hin. Wortlos gab er mir ein zerknittertes, tränennasses Telegramm, in dem ich las:

> Dr. Maibrand, Hannover, B.-str. 54 stop Strafsache Sohn Werner stop Todesurteil 4.5.44 vollstreckt stop Nachricht bis 7.5. erbeten, ob Aschenurne an Krematorium Hannover zu übersenden stop Reichskriegsanwalt Berlin Charlottenburg Witzlebenstr.

Mir blieb nur noch, den alten Vater zu trösten, so gut ich es vermochte. Das zweijährige Harren und Bangen um den einzigen Sohn, spät geboren in einer glücklichen Ehe, das Wissen um das mitverschuldete Elend, die quälenden Lügen gegenüber dem Bekannten- und Freundschaftskreis, daß es dem Sohn beim OKW in Berlin gut gehe, die Furcht vor der Schande, das Bewußtsein der eigenen Schuld und das Leiden für den Sohn – dazu die Ausbombung, der Selbstmord des vertrauten Schwagers, die Krankheit der Frau, das waren Belastungen, die ein Mensch kaum zu tragen vermochte.

77

Der alte Herr führte mich in den noch halbwegs heilen Sanitätsraum des Bahnhofs, wo er bekannt war, weil er dort öfter ärztlichen Dienst leistete. Dann drang er darauf, daß ich einen Napf lauwarmer wäßriger Suppe aß. Stumm saß er neben mir. Nach einer Weile dann der verzweifelte Satz: »Wenn ich doch nur wüßte, wie ich es meiner Frau sagen soll! Zur Zeit ist es ganz unmöglich, es wäre ihr Tod. Sie ist nierenleidend, eine Niere mußte entfernt werden. Sie fragt täglich nach dem Jungen und nach dem Erfolg Ihrer Bemühungen.«

Ich sagte hilflos, daß man vielleicht von Frontbewährung sprechen könne, um ihr erst in ein paar Monaten zu sagen, daß er im Feld gefallen sei. Der Vater schüttelte den Kopf. »Nein, ich kann meine Frau nicht belügen. Sie meinen es gut, ich weiß, ich weiß – aber das geht nicht.« Es gab keinen Rat mehr, kein Gespräch. Nur noch die Formalitäten der Urnenübersendung und der Beisetzung waren zu klären. Am Abend noch mußte ich nach Berlin zurück, drei Tage war ich nun abwesend gewesen und hatte nicht nur meine eigene Praxis vernachlässigt, sondern auch die der Kollegen, deren Kriegsvertreter ich war. Die Arbeit türmte sich.

Wir standen, als es schon zu dunkeln begann, noch eine Weile zwischen Dreckpfützen auf dem verschlammten Bahnsteig, während wir auf den Zug warteten, der abermals Verspätung gemeldet hatte. Eine Mondsichel stand am Himmel, dunkle Wolken zogen schnell über den Abendhimmel. Schwarze Ruinen ragten als Schattenrisse beiderseits des zerstümmerten Bahnhofs empor. Eine gespenstische Kulisse. »Wissen Sie«, sagte der alte Mediziner, »es ist schlimm, wenn auch das Beten nicht mehr hilft. Ich habe das Beten verlernt, Gott kennt und hört mich nicht mehr.« Der Zug ratterte langsam in den Bahnhof. Ich wollte noch etwas sagen, aber es kam nur zu einem Händedruck mit meiner Versicherung, daß ich mit ihm in Verbindung bleiben wolle. »Ich danke Ihnen für alles.« Dann erklomm ich zwischen vielen Reisenden den D-Zug-Wagen. Als ich im

Gang eingequetscht das Fenster halb öffnete, um dem alten Herrn noch einen Abschiedsgruß zuzurufen, sah ich ihn nur noch von rückwärts, im Fortgehen begriffen, müden Schrittes mit gebeugtem Rücken, schwer auf einen Stock gestützt. Ich habe ihn nie wiedergesehen.

Der Seelenhirte
aus Rostock

Eine der ersten deutschen Hafenstädte, über die die ganze Gewalt eines Luftangriffs in mehreren Wellen furchtbar hereinbrach, war die Universitätsstadt Rostock. In wenigen Tagen und Nächten wurde die alte Hafenstadt nahezu ausgelöscht, das Gesicht des mittelalterlichen Rostock bis auf vereinzelte Patrizierhäuser fast unkenntlich gemacht. Walter Kempowski hat die Ereignisse der Tage vom 24. bis 27. April 1942 in seinem Buch unvergleichlich festgehalten.

Die Rostocker Feuerwehr war dem Inferno des Brandes, auf das in der kleinen Stadt niemand vorbereitet gewesen war, in keiner Weise gewachsen. Auch die Feuerwehren der benachbarten Städte aus Mecklenburg und Schleswig-Holstein konnten des Flammenmeeres nicht Herr werden; nach der zweiten Angriffswelle mußte das noch unzerstörte Lübeck seine Feuerwehr zu Hilfe schicken. Schließlich wurde auch die Berliner Feuerwehr alarmiert, die mehrere Löschzüge mit einer Besatzung von rund zweihundert Mann nach Rostock in Marsch setzte.

Bei Kriegsbeginn waren alle bereits außer Dienst gestellten Berliner Berufsfeuerwehrmänner zwischen fünfundsechzig und siebzig Jahren, soweit sie noch diensttauglich waren, im Wege der Dienstverpflichtung kraft des Reichsleistungsgesetzes wieder zur Berufsausübung auf Abruf herangezogen worden. Ursprünglich war nur an Notdienste für Ausnahmefälle gedacht; sie sollten für Notsituationen bereit stehen. Aber im Laufe des Bombenkrieges war für die pensionierten alten Leute längst ein Dauerdienst daraus geworden, und gerade die alten Feuerwehrmänner haben sich im Berliner Bombenkrieg mit Hunderten von Toten ein düsteres Denkmal gesetzt. Es waren einfache Menschen, die den Großteil ihres Lebens Dienst im Kaiserreich und in der Republik getan hatten, nun längst ergraut, aber noch immer bereit, im Feuermeer des Krieges Nacht für Nacht ihren Mann zu stehen.

Einige Wochen nach den Rostocker Ereignissen, die Berlin sein zukünftiges Schicksal vorzeichneten, kam unsere Aufwartefrau, eine treue Berliner Seele, zu mir. Ihr Onkel sei bei seinem Einsatz in Rostock in eine »dumme Sache« hineingeraten; dabei sei er, ein Bruder ihrer Mutter, erstens achtundsechzig Jahre und zweitens treu wie Gold. Vor drei Wochen habe man ihn und mehrere Kameraden verhaftet mit der Beschuldigung, während der Brandnächte in Rostock geplündert zu haben. Seine Frau weine sich die Augen aus, zwei Söhne seien an der Front, und nun komme außer der Angst um sie auch noch die Sorge um den alten Mann in Untersuchungshaft.

Schon am nächsten Tag suchte ich den Onkel mit dem echt Berliner Namen Franz Lehmann im Berliner Polizeigefängnis am Alexanderplatz auf. Daher erfuhr ich zum ersten Mal, daß alle Feuerwehrleute seit Kriegsausbruch als »Polizeihilfsdiensttuende« unter dem Befehl des Obersten SS- und Polizeiführers Heinrich Himmler standen. Das war mir neu. Deshalb also saßen die Verhafteten im Polizeigefängnis; das ließ nichts Gutes ahnen.

Nachdem ich mir die Prozeßvollmacht und die Sprecherlaubnis besorgt hatte, sprach ich Lehmann und, nach Einsicht der Akten, auch den Ankläger, einen SS-Offizier, der von jener knappen und hochfahrenden Art war, die alle Advokaten für völlig überflüssig hält. Eigentlich sei schon die Berufsausbildung zum »Rechtsverdrehen« störend und volksschädlich; diese Einstellung trug der arrogante Schnösel ohne Hemmung zur Schau. »Was wollen Sie denn da überhaupt noch verteidigen?« begrüßte mich der etwa fünfundzwanzigjährige SS-Führer, »diese Nöckergreise haben nachweislich geplündert und damit ihr Leben verwirkt. Es ist Krieg, und wir werden rücksichtslos durchgreifen. Das lassen Sie sich gesagt sein.« Jede Antwort schnitt er ab, indem er mir die Tür öffnete und kalt sagte: »Herr

Rechtsanwalt, die Verhandlung findet in Kürze statt. Heil Hitler!«

Es dauerte keine Woche, bis ich die Ladung zur Hauptverhandlung vor dem SS- und Polizeigericht des Abschnitts XY Groß-Berlin in den großen Sitzungssaal des Amtsgerichts Berlin-Schöneberg erhielt. Inzwischen hatte ich mit den Verteidigern der übrigen sieben Angeklagten Verbindung aufgenommen. Diese waren allesamt Männer kurz vor siebzig. Bei der Eröffnung der Sitzung saßen sie bedrückt in zwei Reihen auf der Anklagebank, von uniformierter Polizei flankiert. Der Zuhörerraum war voller Angehöriger der Angeklagten, da die Söhne im Feld standen, waren es meist die Frauen, Schwestern, Töchter und Schwiegertöchter, die den Saal füllten; dazu neugierige Hausgenossen.

Das uniformierte SS- und Polizeigericht betrat den Saal, verharrte hinter dem Richtertisch mit erhobener Hand, der Vorsitzende rief schneidend »Heil Hitler«, und das Gericht nahm Platz. Als erstes wurden die zwei Hauptbelastungszeugen hereingerufen, Pfarrer Peters aus Rostock und dessen Tochter, die blonde, elegant aufgemachte Ehefrau eines Luftwaffenmajors, der im Reichsluftfahrtministerium in Berlin diensttätig war. Sie war mit zwei Kindern zu dem verwitweten Vater in das Pfarrhaus nach Rostock gezogen; bis zu den Angriffen auf Rostock und Lübeck galten die Klein- und Mittelstädte als weniger gefährdet als die Reichshauptstadt.

Nach Eidesbelehrung und Entlassung der Zeugen aus dem Verhandlungssaal beantragte der Anklagevertreter Ausschluß der Öffentlichkeit wegen Gefährdung der Staatssicherheit. Das Gericht gab dem Antrag statt: Der Vorsitzende forderte das Publikum auf, den Saal zu verlassen. Unwillig und murrend standen die Angehörigen nur langsam auf. Der Vorsitzende, ebenfalls ein junger, wie frisch von der Universität gekommener SS-Richter, sah unruhig und irritiert um sich. Plötzlich schrie er wie auf dem Kasernenhof in den Saal: »Ich verbitte mir jegliches Gemurmel! Wenn der Saal nicht in einer Minute geleert ist, lasse ich durch die Polizei nachhelfen!«

Wir Verteidiger schätzten inzwischen die Beisitzer ab: der eine war ein höherer Polizeioffizier zwischen vierzig und fünfzig, der andere ein älterer Feuerwehrmann, nahe den sechzig. Beide sahen so aus, als ob sie zum ersten Mal am Richtertisch säßen. Das war schon daran erkennbar, daß sie gerichtsunerfahren den vorsitzenden Berufsrichter dauernd von der Seite ansahen und in allem verfolgten, was immer er auch tat, wobei sie ihm mehrfach zunickten, quasi um Beifall zu zollen.

Dann verlas der Anklagevertreter die Anklageschrift, schnell und monoton, die pure Absolvierung einer Formvorschrift. Wir Verteidiger hatten sie schon von den Angeklagten erhalten und kannten sie, auch die strafrechtliche Tragweite der zitierten Paragraphen mit ihren Strafandrohungen, was die Angeklagten solcher Prozesse meist gar nicht verstanden. Wir hatten uns abgesprochen, den ohnehin gebrochen Dasitzenden zu verschweigen, daß es um Tod und Leben ging; sie würden ihre Nerven ohnehin für die Verhandlung brauchen.

Die Anklage warf den Angeklagten mit dürren Worten vor, sich bei dem Einsatz in Rostock während ihrer fünftägigen Einquartierung in dem unbewohnten Pfarrhaus des Zeugen Pastor Peters gemeinschaftlich handelnd dem Pfarrer und seiner Tochter gehörige Sachen, teilweise unter Gewahrsamsbruch, rechtswidrig angeeignet zu haben. Dann folgte eine längere Liste, die von dem Pfarrer aufgestellt worden war, als er zwei Tage nach dem Abrücken der Berliner Feuerwehr-Einquartierung in sein Haus zurückgekehrt war und die aufgeführten Gegenstände vermißt hatte. Es mögen zwanzig bis dreißig Gegenstände von insgesamt nur geringem Wert gewesen sein; ich erinnere, daß es im wesentlichen um anderthalb Pfund Bohnenkaffee, ein Pfund Kakao, ein Pfund Butter, zwei Dosen Marmelade sowie einige Dosen Ölsardinen ging, die man im Küchenschrank gefunden und gemeinsam verbraucht hatte. Für die Berliner Feuerwehrleute war nicht genügend Verpflegung dagewesen und als es mitten im Chaos der brennenden Stadt endlich gelungen war, Notverpflegung heranzubringen, war sie erst einmal an Mütter und Kinder und Kranke ausgegeben worden. Auf das Konto meines Mandanten entfielen:

1 angebrauchte Flasche Haarwasser
1 Stück englische Seife
1 Haarbürste
1 Paar gebrauchte Schuhe
1 Garnitur Unterwäsche
2 Paar Socken
1 angebrochene Kiste Zigarren,
  mit noch 10 Stück
1 Flasche Weinbrand

Die Anklage beschuldigte ihn, diese Sachen als Plünderer und durch Unterschlagung an sich gebracht zu haben. Die Schuhe, die Unterwäsche und die Socken hatte ich nach Akteneinsicht durch die Ehefrau meines Mandanten dem Pfarrer sogleich unter Einschreiben mit Rückschein nach Rostock zusenden lassen, wobei ich einen Entschuldigungsbrief beigefügt hatte, daß mein Mandant und seine Kameraden in das Pfarrhaus als Quartier eingewiesen worden seien, den halbverbrannten Dachstuhl des Hauses gelöscht, aber niemand im Hause angetroffen hätten. Mein Mandant habe sich nur leihweise der zurückgesandten Schuhe und Bekleidungsgegenstände bedient, weil seine eigenen durch den tagelangen Einsatz in Rostock völlig durchnäßt gewesen seien.

Bei den übrigen Angeklagten lagen die Dinge ähnlich. Man hatte sich der wenigen vorgefundenen Vorräte bedient, weil man nach tagelangem schweren Dienst von vierzehn bis achtzehn Stunden Dauer stets erst spät abends ausgelaugt und verhungert zurückgekehrt war. Keiner kannte den Besitzer des Hauses, keiner wußte, ob und wann dieser zurückkehren würde. Daß es ein Pfarrer war, konnte man aufgrund der Einrichtung wohl annehmen, auch, daß dort eine

Frau mit Kindern gewohnt haben mußte, stellte man fest.

. Der Hauptangeklagte war als Führer des Löschzuges ein Brandmeister. Da er selber zugriff – er hatte für seine Enkelkinder sogar ein paar Spielsachen mitgenommen –, hatten auch die anderen zugegriffen. Die Angeklagten waren geständig und reumütig. Wegen der an Ort und Stelle verzehrten Genußmittel entschuldigten sie sich mit dem Ausfall der Versorgung, von Berlin hätten sie nur eine einzige Tagesration mitbekommen, und dann habe man ohne jede Verpflegung insgesamt sechs Tage in Rostock bleiben müssen. Die nasse und durchgeschwitzte Kleidung habe man lediglich wechseln wollen, dabei habe man sich nichts Besonderes gedacht; natürlich hätte man die Sachen später wieder zurückgeben wollen. Bei der Vernehmung der Angeklagten sparte der Vorsitzende nicht mir ironischen Bemerkungen, die seine mangelnde richterliche Erfahrung und Eignung offenkundig machte. Er nannte die Angeklagten einmal »alte unfähige Trottel«, ein anderes Mal »dämliche Kerle«, schließlich einen »verrotteten Kalkhaufen«. Der gesamte Verhandlungston des Vorsitzenden war voreingenommen, und man litt unter dem Eindruck, daß sich der Richter wohl eine besondere Anerkennung mit diesem Verfahren verdienen wollte. Es saßen zwei SS-Führer im Saal, denen die Anwesenheit ausdrücklich gestattet worden war. Vermutlich waren es Gestapo-Leute vom Reichssicherheitshauptamt, und auf ihren Bericht nach oben kam es dem Vorsitzenden offensichtlich an.

Die Vernehmung der beiden Hauptzeugen, Vater und Tochter, gestaltete sich sehr aufschlußreich. Die Tochter des Pfarrers sagte zuerst aus. Nach der ersten Rostocker Bombennacht, die sie im Keller des am Stadtrand gelegenen Pfarrhauses mit ihrem Vater und den beiden kleinen Kindern heil überstanden hätte, sei am frühen Morgen ein Flaksoldat vorgefahren, um sie an das Feldtelephon einer in der Nähe gelegenen Flakbatterie zu holen; ihr Mann, der Major im Reichsluftfahrtministerium war, wünsche sie dringend zu sprechen; er sei auf der normalen Leitung wegen der Zerstörung des Rostocker Fernmeldeamtes nicht durchgekommen. Die Zeugin sei dann mitgefahren und habe nach Herstellung einer Verbindung, was sehr lange gedauert habe, von ihrem Mann telephonisch erfahren, daß ein PKW der Luftwaffe nach Rostock in Marsch gesetzt worden sei, um die Familie sofort nach Berlin zu holen. Der PKW sei auch schon mittags erschienen und habe sie, die Kinder und ihren Vater nach Berlin gebracht. Der Aufbruch sei sehr eilig gewesen, sie habe nur noch schnell das Nötigste in einen Koffer geworfen und nichts aufräumen können. Nach ungefähr zwei Wochen sei sie dann mit ihrem Mann und ihrem Vater nach Rostock zurückgekommen, um sich um das Pfarrhaus und ihren Hausrat zu kümmern. Mit Ausnahme des ausgebrannten Dachstuhles und einiger Wasserschäden habe man das Haus intakt und bewohnbar vorgefunden. Innen habe es aber wie »Wallensteins Lager« ausgesehen, in den Wohn- und Schlafräumen habe ein unvorstellbares Durcheinander geherrscht, die Möbel seien von einem Zimmer in das andere gebracht worden, auf dem Fußboden hätten Matratzen gelegen, man könne sich das Chaos gar nicht vorstellen. Als der Vater sagte: »Jetzt koche mal erst einen schönen Kaffee«, habe sie festgestellt, daß sich ihr kleiner Kaffeevorrat nicht mehr im Küchenschrank befand. Ihr Mann, der Major, habe das unerhört gefunden, und mit der Zeit habe man noch alles mögliche entdeckt, das von Lebensmitteln bis zu Gebrauchsgegenständen fehlte. Da habe dann ihr Mann gesagt: »Vater, du legst jetzt ein Verzeichnis an, was hier alles fehlt.« Dann habe er das Haus verlassen, um herauszufinden, wer denn hier so gehaust habe. Nach einer knappen Stunde sei ihr Mann, der Major, wiedergekommen mit der Nachricht, daß Berliner Feuerwehrleute im Quartier gelegen hätten. Ihr Vater habe sich über den Verlust der Sachen sehr aufgeregt und seinen Schwiegersohn gebeten, der Sache nachzugehen. Der habe nur gesagt: »Worauf du dich verlassen kannst. Der Bericht geht morgen direkt an Hermann Göring.«

Ihr Mann sei nämlich zu der Zeit einer der Adjutanten des Reichsmarschalls gewesen. Tatsächlich habe er dann in Berlin Meldung gemacht. Inzwischen sei er aber an die Front versetzt und habe deshalb zur Verhandlung nicht erscheinen können, was er bei der Verabschiedung noch sehr bedauert hätte. Hier sagte der Vorsitzende: »Jawohl, auch das Gericht bedauert sein Fehlen. Aber wir werden mit Ihrem Zeugnis auch auskommen, gnädige Frau.« Wir Verteidiger warfen uns bei diesen Worten mit eisernen Gesichtern einige Blicke zu, in denen geschrieben stand: ›Gott sei Dank, daß der Zeuge im Felde unabkömmlich ist!‹

Die Befragung von Vater und Tochter durch die Verteidigung erwies sich als wenig ergiebig. Eine behütete Tochter, eine schöne deutsche Frau und Mutter, wie sie im Buche steht, ahnungslos, was Umgangsgewohnheiten und Gebräuche Berliner Feuerwehrmänner anlangt, die in ihrer Sphäre wohl zu den kleinen Leuten gehörten und für Verfehlungen exemplarische Strafe verdienten. Als wir Verteidiger an die Zeugin einige Fragen mit dem Hintergedanken richteten, ihr das Verhalten der Angeklagten zu erklären, damit sie die Belastung durch ihre Zeugenbekundung vielleicht ein wenig abschwäche, zeigte sie sich gänzlich verständnislos. Frage: »Wußten Sie, daß die dienstliche Versorgung der Berliner Feuerwehrleute in Rostock drei Tage hindurch nicht klappte und daß die einquartierten Leute hungrig und durstig waren?« – Antwort: »Nein, das wußte ich nicht. Aber das war doch kein Grund, unsere Vorräte aufzubrauchen! Die Männer hätten sich ja bei ihren Vorgesetzten beschweren können!« – Frage: »Sie wissen sicher, daß Hunger und Durst quälend sind, wenn man Tage und Nächte hindurch beim Löschen einer brennenden Stadt eingesetzt ist?« – Antwort: »Wir müssen ja im Krieg jetzt alle mehr oder weniger hungern und vergreifen uns doch nicht an fremdem Eigentum.« – Frage: »Sind Ihnen mitgenommene Kleidungsstücke wieder zugesandt worden? Wußten Sie, daß die Männer mehrmals ganz durchnäßt vom Einsatz zurückkehrten?« – Antwort:

»Mein Vater hat einige Sachen zurückerhalten, mir fehlen immer noch ein Kleid, ein Nachthemd und ein paar Schuhe. Auch einige Spielsachen meiner Kinder blieben verschwunden. Daß die Männer durchnäßt waren, glaube ich schon, man hätte ihnen eben Ersatzdienstkleidung mitgeben oder nachsenden müssen. Aber die Rücksendung der mitgenommenen Kleidungsstücke erfolgte ja erst nach der Verhaftung der Leute.«

»Männer«, »Leute« – Frau Major hatte die militärische Umgangssprache sehr gut in ihr ziviles Vokabular aufgenommen. So wirkte sie auch auf das Gericht, und wir unterließen danach weitere Fragen. Vielleicht war ein Appell an das christliche Herz ihres Vaters erfolgreicher. Doch es trat ein strenger und selbstgerechter Gottesmann auf, sozusagen von »preußischem Schrot und Korn«.

Ja, die Zustände in seinem Pfarrhaus habe er bei seiner Rückkehr nur mit tiefster Entrüstung zur Kenntnis nehmen müssen. Als ob da Vandalen gehaust hätten! Und dazu noch »Plünderungen«! Er gebrauchte dieses gefährliche Wort, das ihm wohl sein Schwiegersohn vorgebetet hatte. So etwas von eigenen Landsleuten, noch dazu von Feuerwehrmännern erleben zu müssen, sei eine rechte Schande gewesen. Wenn mit dem ausgebrannten Dach schon Unglück über sein Haus kommen müßte, so sei das vom Feind zugefügte Unheil leichter zu ertragen als der moralische Verfall, der sich im Treiben dieser Feuerwehrmänner geäußert habe.

Die Liste der Verluste habe er gemäß der Aufforderung seines Schwiegersohnes nach gewissenhafter Prüfung aufgestellt und ihm wunschgemäß mitgegeben. Mehrere Kleidungs- und Wäschestücke und Schuhe seien ihm gerade jüngst mit Entschuldigungsbriefen zurückgesandt worden. Im Interesse der Angeklagten wolle er annehmen, daß sie diese Sachen nur zeitweise hätten entleihen wollen, um sie gereinigt zurückzuschicken. Aber sie hätten besser getan, eine schriftliche Nachricht darüber im Pfarrhaus zurückzulassen. Für den Verzehr von Vorräten, insbesondere von Kaffee und Alkoholika, gebe es wohl gar keine Entschuldigung, schließlich habe er die Leute ja nicht eingeladen, sondern sie seien in das Pfarrhaus eingewiesen worden. Deutsche Soldaten dürften ja nicht mal im Feindesland plündern – schon wieder dieses unselige Wort! Nein, Soldaten wie die Feuerwehrleute durften das »an der inneren Front« nach Luftangriffen schon gar nicht!

Als wir Verteidiger das Wort erhielten, fragte ein Kollege den Zeugen ohne jede Umschweife: »Was haben Sie sich eigentlich gedacht, Herr Pastor, als Sie Ihrem Schwiegersohn die Liste der vermißten Sachen aushändigten? Es war Ihnen doch klar, daß er sie für eine Anzeige beim Obersten Befehlshaber der Luftwaffe haben wollte?« Der Zeuge antwortete gelassen: »Ich habe mir in der Tat gedacht, daß es sehr gut sei, wenn die obere Führung über solche Disziplinlosigkeiten der Mannschaften unten informiert werde, und daß die Täter einen Denkzettel erhalten!« – Weitere Frage: »Konnten Sie nicht heilfroh sein, daß die bei Ihnen einquartierten Männer, als Sie selber schon in Sicherheit waren, Herr Pfarrer, die auf Ihr Haus niederprasselnden Stabbrandbomben gelöscht und Ihr Haus wenigstens im Mauerwerk erhalten haben?« – Antwort: »Das war doch ihre Pflicht! Natürlich bin ich froh, daß Gottes schützende Hand das Pfarrhaus einigermaßen bewahrt hat. Alle Feuerwehrmänner, alle Hilfskräfte von der Partei, vom Luftschutz, von der Wehrmacht, vom NSV und Roten Kreuz haben Hervorragendes geleistet!« – Frage: »Lag nicht auch nach Ihrer Auffassung, Herr Pfarrer, ein Notstand vor, wenn die bei Ihnen einquartierten Angeklagten unzureichend oder gar nicht versorgt werden konnten?« – Antwort: »Das vermag ich nicht zu beurteilen. Es muß aber doch Wege gegeben haben, die Leute zu versorgen. Es ist ja meines Wissens auch niemand verhungert von den Hilfskräften, die nicht geplündert haben.« – Frage: »Würden Sie heute, Wochen nach der ersten Aufregung über Ihr beschädigtes Pfarrhaus und die Unordnung, immer noch eine Anzeige erstatten?« – Antwort: »Selbstverständlich! So etwas muß gesühnt werden!«

Auch dieser Zeuge war für die Verteidigung unergiebig. Zum Schluß der Beweisaufnahme wurde noch der leitende Transportoffizier der Berliner Feuerpolizei, der die Einsatzgruppen nach Rostock begleitet hatte, zu der Frage vernommen, ob und wie lange die Lebensmittelversorgung der Berliner Einsatzgruppen unterbrochen oder unzureichend gewesen sei. Er mußte einräumen, daß ein Nachschub-LKW aus Berlin wegen eines Unfalles Rostock nicht erreicht hatte und daß der Anschluß seiner Berliner Feuerwehrleute an die örtliche, für die Bevölkerung vorgesehene Versorgung erst verzögert erfolgen konnte, weil auch die Nachrichtenübermittlung an die in verschiedenen Quartieren aufgeteilten Gruppen nicht funktioniert habe. Es könne möglich sein, daß die Angeklagten etwa zwei Tage ohne dienstliche Versorgung gewesen seien. Die allgemeine Verwirrung in Rostock sei sehr groß gewesen. Man habe organisatorisch aber viel gelernt.

Der Anklagevertreter hatte seine Rolle gut präpariert. Er schilderte den Tathergang nochmals ausführlich und spielte die schon von dem Pfarrer und seiner Tochter zur Schau gestellte Empörung über die Schandtaten der Angeklagten geradezu mimisch vor. Er gab sich ganz und gar als Vertreter des Sühne heischenden Staates. In der strafrechtlichen Würdigung des Verhaltens der Angeklagten blieb er bis in den Wortlaut hinein bei den Vorwürfen der Anklageschrift, obwohl die Beweisaufnahme ja ergeben hatte, daß wenigstens für den Verzehr von Lebensmitteln und Getränken den Angeklagten wohl Schuldausschließungsgründe zur Seite standen. Damit setzte er sich gar nicht auseinander, für ihn war in allem der Tatbestand der Unterschlagung unter den verschärfenden kriegsstrafrechtlichen Umständen der Plünderung im Fortsetzungszusammenhang erwiesen, wofür grundsätzlich die Todesstrafe angedroht und nur im Ausnahmefall bei Vorliegen mildernder Umstände Zuchthausstrafe zugelassen war.

Gegen drei Angeklagte beantragte der Anklagevertreter die Todesstrafe. Darunter war der Brandmeister als Zugführer, weil er die gesetzwidrigen Verhaltensweisen seiner Männer nicht von vornherein unterbunden, sondern statt dessen selber ein schlechtes Beispiel gegeben hatte; ein Feuerwehrmann, weil er unter anderem ein Damenkleid mitgenommen hatte, wobei er angegeben hatte, den dummen Einfall gehabt zu haben, seiner Frau von dem Ausflug nach Rostock ein Geschenk mitzubringen; auch bei dem dritten Feuerwehrmann lag der Fall ungünstig, weil er sich neben anderen Gegenständen im Keller von dem ansehnlichen Weinvorrat des Pfarrers zehn Flaschen eingepackt und mitgenommen hatte. Gegen die übrigen Angeklagten beantragte der Anklagevertreter Zuchthausstrafen von acht bis zwölf Jahren und zehn Jahre Ehrverlust für alle, für die er Freiheitsstrafen gefordert hatte.

Unter den Angeklagten war, als diese Strafanträge gestellt wurden, Unruhe ausgebrochen. Ich erinnere mich, wie einige der bald Siebzigjährigen verzweifelt den Kopf in die Hände stützten und andere instinktiv nach den vor ihnen sitzenden Verteidigern griffen, sich an ihren Armen oder Schultern geradezu festhielten, um irgendwie einen Halt zu finden vor dem Abgrund, der sich ihnen aufgetan hatte. Zwei oder drei waren aufgesprungen und riefen fassungslos: »Nein! Das geht doch nicht! Das gibt's doch nicht!« Es war wie ein Aufschrei. Der Vorsitzende donnerte von seinem erhöhten Richtertisch zur Anklagebank: »Ich bitte mir sofort absolute Ruhe aus! Ich dulde keine Disziplinlosigkeiten! Die Angeklagten haben zu schweigen. Die Verteidiger haben jetzt das Wort.«

Da die Straftatbestände bezüglich des Verbrauches von Lebensmitteln und der Aneignung von Sachen minderen Wertes bei fast allen Angeklagten gleich gelagert waren, hatten wir Verteidiger uns verständigt, daß der Verteidiger des Brandmeisters im Namen von uns allen zur Rechtslage allgemein Stellung nehmen würde, wohingegen die übrigen Verteidiger zur

Rechtslage nur insoweit plädieren würden, als dies für den jeweiligen Klienten noch erforderlich erscheine. Im übrigen aber sollte jeder Verteidiger auf die persönlichen Umstände seines Klienten, die ja auf das Strafmaß Auswirkung haben würden, ausführlich eingehen.

Die Rechtsausführungen des Kollegen hatten nur ein Ziel, die Annahme des Plünderungstatbestandes abzuwenden. Dieser lag vor, wenn Eigentumsdelikte bei oder nach Luftangriffen oder während eines Ausnahmezustandes verübt wurden. Das war im vorliegenden Falle bei der Aneignung der meisten Gegenstände, soweit sie nicht zum Verzehr an Ort und Stelle dienten, kaum aus der Welt zu schaffen. Da die Feuerwehrleute durch die Einweisung in das Pfarrhaus legal in den Besitz an allen Einrichtungsgegenständen und sonstigem Inventar gelangt waren, indem also sie – nicht mehr der abwesende Hausherr und seine Tochter – im rechtlichen Sinne die tatsächliche Herrschaftsgewalt über alle im Hause befindlichen Gegenstände ausgeübt hätten, läge aber kein Diebstahl an Sachen durch Wegnahme und Bruch fremden Gewahrsams vor. Es gehe statt dessen um eine widerrechtliche Aneignung von in ihrem Gewahrsam befindlichen, aber in fremdem Eigentum stehenden Sachen, das heißt eine Unterschlagung. Für den Verbrauch von Lebens- und Genußmitteln einschließlich der Tabakwaren und Alkoholika und des Selterswassers, die an Ort und Stelle verzehrt worden waren, plädierte er wegen der bewiesenen mangelhaften Dienstverpflegung auf das Vorliegen eines echten Notstandes, dessen Bejahung die Bestrafung wegen eines an sich vorliegenden Strafbestandes ausschließe.

Die Ausführungen von uns anderen Verteidigern beabsichtigten hauptsächlich, für unsere Klienten bei Annahme des Plünderungstatbestandes die Milderung des Strafmaßes auf zeitlich befristete Freiheitsstrafen zu erreichen. Hierfür spielten die langen aktiven Dienstzeiten bei der Feuerwehr die Hauptrolle, die alle Angeklagten – vorwiegend gelernte Handwerker wie Schlosser, Dachdecker, Maurer – zwischen dreißig und

fünfzig Jahre hindurch straffrei und zum Teil mit Aner-
kennungen und Auszeichnungen hinter sich gebracht
hatten. Aber wir führten natürlich auch andere persönliche Umstände wie Krankheit der Ehefrau, Front-
dienst der Söhne, Teilnahme am ersten Weltkrieg und
was es sonst noch an Milderungsgründen gab, sorgfältig
auf. Zum subjektiven Tatsbestand konnten wir überzeugend vortragen, daß sich die Angeklagten, als sie
nach Landsknechtmanier die Vorräte angriffen und Sachen von meist geringem Wert mitgehen ließen, überhaupt nicht darüber klar gewesen waren, daß sie dabei
nach dem Kriegsstrafrecht mit dem Tode spielten. Auch
der Zugführer hatte das Treiben, das er ja mitansah und
mitmachte, nicht unterbunden und noch nicht einmal
darauf hingewiesen, daß eigenmächtige Verfügungen
über Gegenstände in nach Luftangriffen unbewohnten
Häusern mit schwersten Strafen bedroht wurden. Diese
mangelhafte Instruktion wurde von den Verteidigern
scharf gerügt und als Entlastungsumstand herausge-
stellt.

    Vor dem Schluß der Hauptverhandlung
wurden die Angeklagten zum letzten Wort aufgerufen.
Die Todeskandidaten konnten vor Aufregung gar nicht
mehr sprechen. Einer von ihnen stammelte nur: »Ich
bitte um Gnade.« Der zweite schluckte nur, und der
dritte sagte etwas ganz und gar Unverständliches. Die
übrigen Angeklagten sagten fast alle ganz einfach: »Wir
bereuen, was wir falsch gemacht haben« oder: »Wir
schließen uns unserem Verteidiger an.« Die Reihe der
alten Männer bot ein bemitleidenswertes Bild. So hatten sie sich das abermalige Ende ihrer Dienstzeit nicht
gedacht, auch nicht, daß die so oft beschworene Volksgemeinschaft solche Kehrseiten hatte. Sie hatten bis
jetzt geglaubt, »nach dem gesunden Volksempfinden«
nichts allzu Böses, jedenfalls weit mehr Gutes als
Schlechtes getan zu haben.

    Nachdem sich das Gericht zur Beratung zu-
rückgezogen hatte, durchlitten wir Verteidiger mit den
Angeklagten zusammen zwei Stunden quälender War-
tezeit. Wir waren ziemlich sicher, daß es mindestens

zwei Todesurteile geben würde; wie hoch die Freiheitsstrafen ausfallen würden, war ungewiß, aber keinesfalls
würden sie in einem angemessenen Verhältnis zur
Schuld stehen. Längst war die rücksichtslose Abschrek-
kungswirkung bei jedem Eigentumsdelikt, das in Zusammenhang mit Luftangriffen stand, das oberste Prin-
zip für die Strafzumessung geworden.

So geschah es denn auch. Das SS- und Polizeigericht erkannte gegen die acht Angeklagten im Namen des Volkes für Recht, daß sie das in sie gesetzte Vertrauen der
Öffentlichkeit schmählich mißbraucht und durch Unterschlagungen verletzt hätten, die zum überwiegenden
Teil auch noch den Tatbestand der Plünderung erfüllt
hätten. Drei Angeklagte hätten dadurch ihr Leben verwirkt und würden zum Tode verurteilt. Die übrigen
Angeklagten erhielten Zuchthausstrafen und Verlust
der bürgerlichen Ehrenrechte. Es folgten die Namen
und die Anzahl der Zuchthausstrafen für die fünf verbleibenden Angeklagten. Mein achtundsechzigjähriger
Klient erhielt statt der beantragten zehn Jahre eine auf
acht Jahre Zuchthaus und fünf Jahre Ehrverlust bemes-
sene Strafe.

Nach der Verkündung des von allen Anwesenden stehend angehörten Urteils war es eine Erleichterung, zur Anhörung der mündlich vorgetragenen Urteilsgründe wieder Platz nehmen zu dürfen. Auch uns
Verteidigern zitterten die Knie. Der zum Tode verurteilte alte Brandmeister erlitt einen Schwächeanfall, die
Wachtmeister bemühten sich mit Wasser um ihn, die
übrigen Angeklagten waren fassungslos; manche wein-
ten wie Kinder, einige waren wie versteinert und völlig
apathisch. Sie begriffen nichts, ihr schlichter Verstand
kam nicht mehr mit. Sie waren buchstäblich »ihr Verständnis los« für das, was ihnen geschah.

Die Verlesung der Urteilsgründe anhören
zu müssen, war qualvoll und ekelhaft. Tiraden über Tiraden von der Notgemeinschaft des zum Sieg entschlos-
senen tapferen deutschen Volkes, dem hier schamlos
Saboteure an der inneren Front in den Rücken gefallen

wären. Männer, die ihre Disziplin mißachtet und sich wie Marodeure an fremdem Eigentum – statt es zu hüten und zu bewahren – vorsätzlich vergriffen hätten. Sie hätten eigentlich allesamt als Plünderer ihr Leben verwirkt, aber das Gericht habe die Schwere der einzelnen Verfehlungen abgewogen und hiernach das Strafmaß gewichtet. Die Verantwortungslosigkeit des Brandmeisters sei so weitgehend volksschädlich, daß sie im Interesse des Abwehrkampfes des deutschen Volkes nur mit dem Tode gesühnt werden könne. Dasselbe gelte auch für die beiden anderen Angeklagten, von denen der eine sogar Damenkleidung und ein Paar Damenschuhe und der andere zehn Flaschen Wein entwendet habe. Dafür sei überhaupt keine Entschuldigung zu finden, und es müsse auf solche gemeine Taten die volle Schärfe des Gesetzes zur Anwendung kommen. Bei den übrigen Angeklagten seien die entwendeten Gegenstände von geringerem Wert gewesen, weshalb das Gericht geglaubt habe, von der Todesstrafe ausnahmsweise absehen und als Sühne Zuchthausstrafen für hinreichend erachten zu können. Da die Angeklagten nicht vorbestraft gewesen seien und auch eine lange einwandfreie Dienstzeit abgeleistet hätten, sei diese Milde zu vertreten. Zum Schluß erklärte der Richter, daß es Rechtsmittel gegen das Urteil nicht gebe, die Rechtskraft aber erst mit der Bestätigung des obersten Gerichtsherrn eintrete; die Verurteilten würden hierüber schriftlich benachrichtigt werden. Dann zog das Gericht aus. Bevor die Verurteilten abgeführt wurden, konnten wir ihnen noch sagen, daß wir Eingaben zur Abmilderung des Urteils durch den Gerichtsherrn und Gnadengesuche einreichen würden.

Als ich auf den Flur trat, sah ich den Pfarrer und seine Tochter aufgeregt mit zwei meiner Kollegen sprechen. Sie hatten nach Beendigung ihrer Vernehmung das Ende der Verhandlung draußen vor der Tür abgewartet und jetzt das Urteil erfahren. Sie schienen konsterniert zu sein. Ich ging rasch an den beiden vorbei, die mich anwiderten. Abends grübelte ich noch lange, ob ich nicht an das Konsistorium schreiben sollte, um Rostokker Christen von der Betreuung durch solche Theologen zu befreien. Statt dessen rief ich am nächsten Morgen jenen Kollegen an, der mit den beiden gesprochen hatte. Er sagte, daß der Pfarrer sich bei Hermann Göring nun dafür einsetzen wolle, daß wenigstens die zum Tode Verurteilten begnadigt würden. »Viel Glück dabei, Herr Kollege«, sagte ich nur. Dann hängte ich ab.

Die drei Todesurteile wurden vollstreckt. Alle Gnadengesuche wurden abgelehnt, alle Urteile bestätigt. Mein Klient verstarb nach zwei Jahren Haft an Entkräftung vor Hunger und Altersschwäche. Der Tod war ihm jene Gnade, die ihm auf Erden niemand zuteil werden ließ. Sie vereinte ihn auch wieder mit einem seiner Söhne, der ein Jahr zuvor in Rußland gefallen war.

Der verlängerte Heimaturlaub

Der fünfundzwanzigjährige Otto Lentberg, Vizefeldwebel mit EK I und II, Silbernem Verwundetenabzeichen und Nahkampfspange, war im September 1942 drei Wochen lang in Berlin bei seinen Eltern auf Urlaub gewesen und befand sich auf der Rückfahrt zur Front. Im Bahnhof Insterburg wurde er nachts um 23.00 Uhr durch Lautsprecher aus dem Zuge zur Bahnhofskommandantur gerufen. Dort identifizierten ihn zwei Feldpolizisten und erklärten ihn für festgenommen. Sicherheitshalber wurden seine Hände gefesselt, dann wurde sein Gepäck aus dem Zug geholt und der Gefangene in das Insterburger Gefängnis überführt. Am nächsten Morgen erklärte ihm ein Standortoffizier, daß er nach einem beim Standort- und Bahnhofskommandanten eingetroffenen Fahndungsbefehl wegen Einbruchdiebstahls während seines Urlaubs tatverdächtig und fluchtverdächtig sei. Am nächsten Tag werde er in Begleitung zweier Feldpolizisten nach Berlin in das dortige Gefängnis der Wehrmachtskommandantur gebracht. Lentberg war vollkommen konsterniert. Er beharrte darauf, daß alles ein Irrtum sein müsse, er habe niemandem etwas gestohlen, und schon gar nicht sei er irgendwo eingebrochen. Was er denn gestohlen haben solle? Der Offizier zeigte ihm jedoch lediglich das Fernschreiben, mit dem das Berliner Kriegsgericht das Festnahmeersuchen gegen Lentberg an den Insterburger Bahnhofskommandanten gerichtet hatte mit dem Hinweis, daß dieser sich in einem D-Zug auf Rückreise zur Front befinde, der gegen 23.00 Uhr auf dem Bahnhof Insterburg Station mache.

In Berlin wurde ihm, kaum im Wehrmachtsuntersuchungsgefängnis eingeliefert, von einem Kriegsgerichtsrat eröffnet, daß er beschuldigt werde, in der Wohnung seiner ehemaligen Arbeitskameradin Wulle einen deren Ehemann gehörigen Photoapparat

Marke »Voigtländer« unter Gewahrsamsbruch – dieser habe sich in einem verschlossenen Sekretär befunden – widerrechtlich an sich gebracht zu haben. Wer denn so etwas behaupte, fragte Lentberg in seiner grenzenlosen Verblüffung. Der Kriegsgerichtsrat sagte unmutig: »Nun, wer wohl? Die Bestohlenen natürlich!« Der Beschuldigte reagierte darauf erleichtert und war zuversichtlich: »Das kann die Frieda Wulle doch nicht ernsthaft glauben. Wir waren vier Jahre Arbeitskameraden bei Siemens, sie kennt mich ja ganz genau. Ihren Mann dagegen kenne ich kaum, auch neulich habe ich ihn nur ganz kurz gesehen, er kam, als ich schon bei der Verabschiedung war. Also die Wulles will ich beide sehen! Ich verlange eine Gegenüberstellung!« Der Kriegsgerichtsrat sagte lediglich: »Die werden Sie binnen kurzem haben!«

Statt der Gegenüberstellung erhielt Lentberg jedoch schon vier Tage später eine Anklage mit Ladung zur Hauptverhandlung unter Abkürzung der Ladungsfrist auf drei Tage. Als Zeugen der Anklage waren das Ehepaar Wulle und die Mutter des Ehemannes, Frau Wulle senior, geladen. Otto Lentberg schrieb seinen Eltern, schilderte seine Situation und bat um schnelle Hilfe, er müsse einen Anwalt haben. Seine Eltern hatten kein Telephon, der Brief brauchte auf dem Dienstwege über die Zensur des Gefängnisses bis zur Zustellung zehn Tage. Da war aber Otto, ihr Sohn, schon zu sechs Monaten Gefängnis wegen Einbruchdiebstahls verurteilt worden, obwohl er die Tat von Anfang bis Ende der Verhandlung entschieden bestritten hatte. Leider hatte er nicht darauf bestanden, anwaltlichen Beistand zu erhalten; über dieses Recht war er nicht eindeutig belehrt worden. Der amtierende Kriegsrichter hatte ihm vielmehr auf eine entsprechende Frage erklärt: »Für diesen Anklagetatbestand ist ein Verteidiger nicht erforderlich.« Damit hatte er nur formal recht, weil Lentberg keines Kapitalverbrechens angeklagt war, wofür ein Pflichtverteidiger hätte bestellt werden müssen. Hier aber hatte der Angeklagte das Recht auf einen Wahlverteidiger, worüber er nicht aufgeklärt worden war.

Die Eltern erhielten erst Besuchserlaubnis, als ihr Sohn schon verurteilt war und auf die Bestätigung des Urteils durch den Gerichtsherrn wartete. Aufgeregt und völlig verstört suchten sie mich in der Sprechstunde auf. Noch am selben Nachmittag besuchte ich Lentberg im Wehrmachtsuntersuchungsgefängnis in Alt-Moabit und erhielt von ihm Vollmacht. Dann schilderte er mir eingehend den Verlauf der Verhandlung.

In der Hauptverhandlung habe er mit aller Entschiedenheit darauf beharrt, daß er völlig schuldlos und zu Unrecht verhaftet und vor Gericht gestellt worden sei. An dem Tage, als er seine alte Freundin besuchte, sei er von der Schwiegermutter seiner Arbeitskameradin gegen 16.30 Uhr empfangen und in das Wohnzimmer geführt worden; ihre Schwiegertochter werde gleich von der Arbeit kommen, er möge sich nur ein paar Minuten gedulden. Dann sei die Schwiegermutter in die Küche gegangen, deren Tür aber ebenso wie die Wohnzimmertür etwas offengeblieben sei; er habe das Küchengeschirr klappern hören.

Der Mann seiner ehemaligen Freundin, Herr Wulle, sei in der Verhandlung sehr entschieden aufgetreten und habe als Zeuge erklärt, daß er den Angeklagten, den er nur flüchtig aus der Vorkriegszeit kenne, lediglich bei der Verabschiedung in der Diele kurz begrüßt habe. Erst zwei Tage später habe er entdeckt, daß das Schloß seines Schreibsekretärs aufgebrochen worden war – den einzigen Schlüssel trage er immer bei sich –, und daß sein kostbarer Photoapparat, den er stets in einem Fach seines Sekretärs aufbewahre, verschwunden war. Er sei darüber natürlich ziemlich erschüttert gewesen, habe aber seiner Frau von dem naheliegenden Verdacht zunächst nichts gesagt, weil sie auf Lentberg als einem alten Arbeitskameraden und früheren Freund große Stücke halte. Aber mit seiner Mutter habe er über seinen Verdacht gesprochen, und da habe er nun erfahren, daß sie, als Lentberg im Wohnzimmer gewartet habe, den Sekretär habe knarren hören, der beim Aufklappen ein typisches Geräusch mache. Erst dann habe er auch mit seiner Frau über seinen Verdacht gesprochen. Erwartungsgemäß habe sie aber einen Diebstahl für unmöglich gehalten und von einer Anzeige abgeraten. Dazu habe er sich aber nicht entschließen können, ein solcher Vertrauensbruch müsse auch unter Freunden gesühnt werden. Deshalb habe er Anzeige erstattet mit dem Hinweis, daß der Urlaub des Täters vor dem Ende stehe und Eile geboten sei.

Die junge Frau Wulle habe vor Aufregung immer nur geschluckt und lediglich ausgesagt, daß der Besuch sehr nett verlaufen wäre und daß sie ihm einen Diebstahl an und für sich überhaupt nicht zutraue. Auf die Frage des Richters, ob sie dem Angeklagten die Tat heute nun zutraue, wo alle Indizien gegen ihn sprächen, er aber den Diebstahl entschieden bestreite, habe sie nur »eigentlich nein«, gesagt.

Die Zeugin Frau Wulle senior habe dagegen mit Bestimmtheit erklärt, daß sie den Deckel des Sekretärs bis in die Küche habe knarren hören. Sie könne das beeiden, habe sie zur Bekräftigung hinzugefügt, und dann noch weiteres erzählen wollen, aber der Kriegsrichter habe gesagt: »Danke, das genügt. Sie können sich setzen.« Der Richter habe ihn dann gefragt, ob er photographieren könne und einen Photoapparat besitze. Er habe erklärt, daß er sehr gern photographiere, aber seit Jahren keinen Apparat mehr besitze, da er ihn für die Anschaffung eines neuen Fahrrades verkaufte habe. Weiter wollte der Richter wissen, warum er bei dem Besuch der Frau Wulle eine Aktentasche bei sich gehabt hätte; das sei doch bei einem Soldaten auffallend. Er habe daraufhin wahrheitsgemäß erwidert, daß er auf dem Nachhauseweg noch Einkäufe machen wollte, da seine Eltern für den Abend Bekannte eingeladen hatten.

Am Schluß der Verhandlung wurden die Zeugen Herr Wulle und seine Mutter noch einmal befragt, ob sie ihre Aussage beeiden könnten. Beide bejahten das, und der Richter ließ sie ihre Aussage beschwören. Wulle wurde vom Richter gefragt, ob er Gott anrufen wolle bei seiner Eidesleistung. Wulle fragte sonderbarerweise: »Wieso?« Der Richter erklärte ihm, daß er wählen könne, ob er seinem Eid den Satz hinzufügen wolle »So wahr mir Gott helfe«, oder ob er die religiöse Formel weglassen wolle. Da der Zeuge verwirrt war, fragte ihn der Richter: »Gehören Sie einer Religionsgemeinschaft an?« Der Zeuge sagte: »Ich bin aus der Kirche ausgetreten.« Daraufhin meinte der Richter: »Dann lassen Sie die Anrufung Gottes wohl lieber weg?« Herr Wulle sagte etwas unzusammenhängend: »Ja, lieber nicht.« Dann leistete er den Eid. Seine Mutter leistete den Eid ebenfalls, sie aber fügte hinzu: »So wahr mir Gott helfe!« Ein Herr in Uniform hatte dann den Antrag gestellt, ihn wegen schweren Diebstahls zu acht Monaten Gefängnis zu verurteilen. Er hatte, wie er erzählte, heftig protestiert und die Zeugen Lügner genannt, aber der Richter hatte ihm verboten weiterzusprechen. Nachdem sich das Gericht nur ganz kurz zurückgezogen hatte – neben dem Kriegsrichter saß links von ihm ein Offizier und rechts von ihm ein Feldwebel , kam es nach höchstens fünf Minuten wieder aus der Tür, und der Richter verlas das Urteil, wonach er wegen eines gemeinen Einbruchdiebstahls bei einer früheren Arbeitskameradin zu sechs Monaten Gefängnis verurteilt wurde. Was er dann noch alles gesagt hatte, wußte mein Mandant nicht mehr genau; ihm habe der Kopf geschwirrt, und er habe nur noch rote Punkte gesehen. Der Schließer, der ihn dann in die Zelle zurückbrachte, habe sehr freundlich gesagt: »Tröste dir man, unschuldig sind'se alle, die hier drinsitzen – wat willst'en mehr, noch sechs Monate Nachurlaub in de warme Stube bei uns is doch besser als draußen, wo dir de heißen Eisen um die Birne fliegen, wa? Det jeht alles vorüber – wat sind denn schon sechs Monate! Da hab' ick ja schon janz andre Sachen erlebt! Vielleicht lebste so sechs Monate länger.« Zwei Tage später hatten ihn dann seine Eltern für fünfzehn Minuten besuchen dürfen. Dabei hatten sie ihm fest versprochen, einen Anwalt zu besorgen, der die ganze Sache aus der Welt schaffen werde. »Und was werden Sie nun machen?« fragte mich Otto Lentberg erwartungsvoll.

Darauf konnte ich im Moment wenig antworten. Ich sagte nur, daß ich mich ganz und gar darauf verlasse, daß er ein vollkommen reines Gewissen habe. Nach meiner Menschenkenntnis log dieser Mann tatsächlich nicht. Dann erklärte ich ihm, daß ich im anhängigen Bestätigungsverfahren sofort einen Antrag an den Gerichtsherrn richten würde, das Urteil nicht zu bestätigen und das Verfahren wegen ungenügender Rechtsbelehrung des Angeklagten zwecks Hinzuziehung eines Verteidigers unter Aufhebung des Urteils zur nochmaligen Verhandlung an ein anderes Kriegsgericht zurückzuverweisen.

Dies tat ich dann auch am nächsten Tag, und zur Begründung wies ich außer diesem formalen Mangel in der Sache darauf hin, daß der Inhalt der beeideten Zeugenaussagen zwar Indizien gegen den Angeklagten liefere, aber keinen hinreichenden Beweis für seine Täterschaft. Es könnten gegebenenfalls noch andere, bisher unbekannte Personen Zugang zu der Wohnung der Zeugen Wulle gehabt haben. Das Gericht hätte also aufklären müssen, ob und welche andere Personen etwa noch Schlüssel für die Wohnung Wulle gehabt hätten. Als ich das alles meiner Sekretärin diktierte, war ich nicht sehr überzeugt von dem, was ich da alles aufführte. Möglichkeiten, Möglichkeiten – das ist zu wenig, da mußte noch viel mehr getan werden, um hinter den Widerspruch zwischen der Aussage des Beschuldigten und dem Inhalt der Zeugenvernehmungen zu kommen.

Zunächst besprach ich mit den Eltern Lentbergs meine Absicht, in Erfahrung zu bringen, wie es um das eheliche und familiäre Verhältnis bei Wulles bestellt war. Mir war aufgefallen, daß Herr Wulle in meinem Klienten den Täter zweifelsfrei erkennen wollte, während seine Frau selbst vor Gericht dabei geblieben war, daß sie ihm eine solche Tat keinesfalls zutraue. Auch daß die Mutter Wulle so schnell eidesbereit war, gab mir zu denken. Ob Wulle und seine Mutter vielleicht eifersüchtig oder sogar rachsüchtig waren? Zwischen Frau Wulle und meinem Klienten hatte einige Zeit – wenn auch lange vor der Ehe – eine enge und wohl auch intime Freundschaft bestanden. Vielleicht lag da der Schlüssel.

Die Eltern Lentberg waren mit meiner Absicht einverstanden, einen Privatdetektiv anzusetzen, dessen Ermittlungsarbeit natürlich mit ziemlichen Kosten verbunden war. Die Eltern wollten jedoch alles daransetzen und notfalls ihr Bettgestell verpfänden, wenn ich nur ihren Sohn aus dem Gefängnis herausholte und ihn vom Makel des Diebstahls befreite. Für dergleichen zeitraubende Ermittlungen hatte ich einen pensionierten Kriminaloberinspektor Meusel an der Hand, den ich in Ehescheidungssachen gelegentlich beschäftigte. Ich sagte ihm, worauf es mir ankam, und auch, daß Eile geboten sei. »Wird gemacht, Sie hören von mir«, sagte Meusel, »das macht mir diesmal direkt Spaß.« Ich war gespannt. Schon nach drei Tagen war Meusel wieder da. Er hatte sich als Hausierer für irgendwelchen Krimskrams getarnt und war in dem Reinickendorfer Mietshaus, in dem Wulles im dritten Stock wohnten, vom vierten Stock nach unten bis in die Erdgeschoßwohnungen als jovialer älterer Herr von Tür zu Tür klingeln gegangen. Nachdem er auch die Bekanntschaft der Frau Wulle sen. gemacht hatte, die ihn unfreundlich abfertigte, brachte er bei den weiteren Hausbewohnern wie zufällig das Gespräch auf das unwirsche Gebaren der alten Frau Wulle. Sobald das Stichwort von der »alten Frau Wulle da oben« fiel, hatten sich die Zungen der Mitbewohner gelöst. Eine alte Rentnerin hatte gesagt: »Bei der werden'se gar nischt loswerden, die is doch spröde bis obenhin«, eine pensionierte Postangestellte hatte noch härter geurteilt: »Na klar, die muß doch ihrem Herrn Sohn jeden Pfennig vorzählen, der hält die Alte knapp, mit ihrer kleinen Rente kann sie sich doch nicht ernähren, und die junge Frau Wulle muß ja auch auf Arbeit, damit der Herr Gemahl segeln gehen kann.« »Was«, hatte Herr Meusel gefragt, »segeln, der Herr Wulle? Wie – hat der denn ein Boot?« Da seien die Schleusen aufgegangen. »Und was für eins. Am Tegeler See, mit Kajüte und so, mein Mann war einmal mit!«

Das war nur eine wertvolle Feststellung, denn wie finanzierte ein kleiner Angestellter eine Yacht? Außerdem war deutlich geworden, daß in der Ehe Wulle manches wohl nicht stimmte. Die junge Frau Wulle genoß einen guten Ruf, ihr Mann und seine Mutter nicht. Auch hatten Schwiegermutter und Schwiegertochter kein gutes Verhältnis miteinander, man hatte öfters Kräche gehört. Wulle schrie seine Frau an, seine Mutter keifte, und die junge Frau weinte laut. Das alles war sehr interessant. Aber Meusel wußte noch mehr. Er war gleich zum Tegeler See hinausgefahren und hatte die Anlegestellen abgeklappert. Nach zwei Stunden hatte er das Boot auch gefunden. Den Bootswart in dem Holzbau des Seglervereins sprach er als Kaufinteressent an, sprach beiläufig von Herrn Wulle, der hier ja wohl auch Mitglied sei. Wie laufe denn der Segelbetrieb im Kriege, wo so viele im Feld stünden? »Ja«, meinte der Bootswart, »jetzt segeln nur noch ein paar olle Krücken und 'n paar feine Weiber oder wer vielleicht u. K. gestellt ist. Der Wulle ist ja u. K. gestellt bei Askania, aber dem sein Boot hat schon 'ne Weile een Kuckuck druff, det können 'se vielleicht bei 'ner Versteigerung demnächst billich kriejen, wenn 'se so'n schnieken Kahn haben wolln.« Meusel hatte aber abgewinkt: »Nee, nee, man nich den von Herrn Wulle, der ist mir viel zu groß.« Dann hatte er sich mit »Heil Hitler« verabschiedet.

Als ich von den »Askania«-Werken hörte, in dem Wulle arbeitete, fiel mir ein dort beschäftigter Ingenieur ein, den ich ein Jahr zuvor geschieden hatte. So kam ich auf den Gedanken, dort noch Näheres über Herrn Wulles Persönlichkeit in Erfahrung zu bringen. Ich wandte mich also an meinen Ingenieur, der Wulle jedoch nicht selber kannte; er arbeite nämlich als technischer Zeichner in einem Großbüro. Mein früherer Mandant war aber mit dem Personalchef befreundet und sagte mir eine vertrauliche Rücksprache zu. Am selben Tag noch meldete ich mich bei dem Personalchef an und traf einen verständigen Herrn, dem ich die Umstände eingehend schilderte. Er ließ sich die Personalunterlagen Wulles bringen, blätterte darin, runzelte die Stirn und sagte mir: »Ich kann Ihnen nur soviel sagen, daß Wulle stark verschuldet sein muß. Wir haben hier eine ganze Anzahl von Pfändungs- und Überweisungsbeschlüssen in sein Gehalt, da hat er wohl schwer dran zu knacken. Er ist von uns verwarnt worden, daß wir bei weiteren Pfändungen das Beschäftigungsverhältnis aus Sicherheitsgründen mit ihm nicht fortsetzen können, da wir ausschließlich für Rüstungslieferungen höchster Geheimstufe arbeiten.« Ich bedankte mich für das Entgegenkommen und die erhaltenen Auskünfte, wobei ich noch erfuhr, daß die Pfändungsbeträge noch immer rund 3000,– RM betrugen, dem ein Monatseinkommen von rund 550,– RM netto gegenüberstand.

Am selben Abend rief ich meinen Privatdetektiv an, der sofort zu mir kam. Ich begrüßte Meusel mit dem Satz: »Mir schwant was! Der Täter war Wulle selbst. Er hat seinen Photoapparat versetzt oder verkauft!« Meusel wiegte sein kriminalerfahrenes Haupt: »Wenn der versetzt ist, kriege ich es heraus. Wenn er ihn verkauft hat, wird es schwierig sein. Sie müssen die Eltern Ihres Klienten veranlassen, sofort eine polizeiliche Anzeige gegen Herrn Wulle wegen des dringenden Verdachtes wissentlich falscher Anschuldigung und des Meineids zu erstatten. Sie sollen den Sachverhalt genau schildern; es muß daraus hervorgehen, daß sich Wulle in erheblichen Geldschwierigkeiten zur Zeit der Tat befand und noch befindet, wie durch die Pfändung seines Segelbootes und seines Gehaltes bewiesen wird. Das legt den starken Verdacht nahe, daß er den Photoapparat zu Geld gemacht und Ihren Mandanten falsch beschuldigt hat. Ich werde jedenfalls, wenn diese Anzeige bei dem zuständigen Polizeirevier in Berlin-Reinickendorf erstattet worden ist, meinen dortigen Kollegen bitten, sogleich bei allen Berliner Pfandleihanstalten mit Fristsetzung abzufragen, ob Wulle in deren

Pfandlisten verzeichnet ist. Wenn wir Glück haben, machen wir ihn auf diese Weise dingfest.«

Ich umarmte Meusel fast. »Sie können schon morgen vormittag zu Ihrem Kollegen im Reinikkendorfer Revier gehen. Die Anzeige der Eltern meines Mandanten ist morgen früh 10.00 Uhr dort. Ich werde eine Bürokraft als Boten hinschicken.« Nach drei Tagen lag das Ergebnis vor. Wulle war in einer Pfandleihe in Berlin-Wedding als Verpfänder eines Photoapparates Marke »Voigtländer« verzeichnet. Die Kripo verhaftete ihn, als er die Askania-Werke am Nachmittag verließ.

Wulle legte nach anfänglichen Ausflüchten ein volles Geständnis ab. Seine Ehe war durch sein eigenes Verschulden zerrüttet. Er hatte eine Geliebte, die sehr anspruchsvoll war, so daß er nie mit dem Geld auskam. Seine Mutter wußte von seiner Affäre. Durch Möbel-, Teppich- und Kleiderkäufe für seine Freundin hatte er immer größere Schulden gemacht; immerfort mußte er Löcher stopfen. Als er meinen Mandanten in seiner Wohnung getroffen hatte, war seine alte Eifersucht auf den ehemaligen Liebhaber seiner Frau erwacht. Als ihm seine Mutter dann erzählt habe, daß der Besucher im Zimmer während des Wartens herumgeschnüffelt habe, sei er auf den Gedanken gekommen, die versetzte Kamera als gestohlen anzugeben. Seine Mutter habe auch gleich aufgetrumpft: »Ich hab's ja gleich gewußt, daß bei dem nicht alles mit rechten Dingen zuging.« Dann gab er zu, daß der Sekretär gar nicht verschlossen gewesen war; er selber hatte das Schloß beschädigt, um den Einbruch glaubwürdig zu machen. Konsequenterweise habe er Lentberg dann auch anzeigen müssen. Dabei habe er gehofft, daß dieser schon wieder an der Front sei. Aber der Kripobeamte, bei dem er im Reinickendorfer Revier die Anzeige erstattet habe, habe die Anzeige sogleich telephonisch an das Berliner Wehrmachtsgericht weitergegeben mit der Bitte, den Verbleib des beschuldigten Urlaubers sofort festzustellen und Fahndungsbefehl zu erlassen, wenn er nicht mehr in Berlin sei.

Alles weitere war dann nur noch Routine. Mit dem Aktenzeichen des Verfahrens gegen Wulle ging ich zum Kriegsrichter, der meinen Klienten verurteilt hatte, schilderte ihm meine Ermittlungsergebnisse und überreichte ihm den Antrag auf sofortige Haftentlassung und Antrag auf Wiederaufnahme des Verfahrens zwecks Aufhebung der Verurteilung und Freispruch wegen erwiesener Unschuld. Der Kriegsgerichtsrat griff zum Telephon, ließ sich mit dem Untersuchungsrichter verbinden, der den Haftbefehl gegen Wulle ausgefertigt hatte, hörte längeren Ausführungen zu, die ich nicht hören konnte, legte dann den Hörer wieder auf und sagte zu mir: »So ein Schweinebuckel, dieser Wulle! Legt da einen Meineid hin wie mir nichts, dir nichts. Ist doch unglaublich, was so manche Leute fertigkriegen – ja, ja.« Ich sagte nur: »Ich kann doch wohl meinen Klienten gleich mitnehmen?« Der Kriegsrichter wehrte ab: »Nein, nein, ich muß damit erst zum Chefrichter. Ob ich den noch heute kriege, weiß ich nicht.« »Also spätestens morgen?« fragte ich. »Ja, ja, Herr Rechtsanwalt, morgen wird es soweit sein«, versprach er.

Ich fand jedoch, daß ein Unschuldiger nicht eine einzige Stunde länger hinter Gittern sitzen dürfe. So fragte ich in der Geschäftsstelle, ob der Chefrichter Rosencrantz noch im Hause sei, was bejaht wurde. Dann ließ ich mich durch seine Vorzimmerdame anmelden und erhielt den Bescheid, daß seine Besprechung in einer Viertelstunde beendet sei, ich möge bitte warten. Ich wartete gern, weil ich wußte, daß Rosencrantz schneller und menschlicher reagieren würde als der blamierte Kriegsgerichtsrat. Wenige Minuten später empfing mich Rosencrantz freundlich und kollegial mit der Frage: »Na, lieber Herr Rechtsanwalt, wo drückt's denn wieder?« Ich berichtete kurz und knapp in jener abgehackten militärischen Sprechweise, die Rosencrantz sehr schätzte und selbst benutzte, von meinem Fall. Rosencrantz hatte mich schon bei unserer allerersten Unterredung, als ich mich über die Kasernenhofmanier eines Kriegsrichters beschwert und die Verteidigung niedergelegt hatte, aufgefordert, jederzeit mit allen beruflichen Anliegen zu ihm zu kommen und stets ganz offen mit ihm zu sprechen. Ich schloß mit der Bitte, Anweisung an den amtierenden Kriegsrichter zu geben, meinen Mandanten sofort freizugeben. »Da ist mein Schnellrichter mal wieder auf die Nase gefallen«, sagte Rosencrantz burschikos. »Das ist schon das dritte Wiederaufnahmeverfahren in den zwei Monaten, seitdem ich diesen Herrn im Hause habe.« Er griff zum Telephon, ließ den Hörer aber in der Hand und drückte auf die Gabel. »Das geht in Ordnung, Herr Kollege, gehen Sie gleich rüber ins U-Gefängnis und warten Sie dort, bis Ihr Mandant herauskommt. Ich werde mit dem Richter sofort sprechen. Den Verhandlungstermin zur Urteilsaufhebung bekommen Sie sehr schnell. »Blitzverfahren!« Mit strengen Mienen absolvierten wir einen zackigen Hitlergruß.

Eine knappe halbe Stunde später traf ich meinen Mandanten frei und glücklich in der Geschäftsstelle des Gefängnisses. Er hatte wieder Uniform an mit Orden und Rangabzeichen. »Nicht umsehen«, sagte ich, als wir durchs Tor auf die Straße traten. »Bringt wohl Unglück?« fragte er. »Ja«, sagte ich, »eine alte Ganovenregel!« Da lachte er: »Und jetzt möchte ich eine große Molle trinken mit einem doppelten Korn. Machen Sie mit? Das haben wir doch verdient, nicht wahr, Herr Anwalt?« Ich pflichtete ihm bei.

Unter Abkürzung der Ladungsfrist fand beim Gericht der Wehrmachtskommandantur im Wiederaufnahmeverfahren die zweite Hauptverhandlung statt. Der Verurteilte, mein Klient, brauchte nicht mehr in der Armesünderbank zu sitzen; er saß mit mir am Tisch davor. Die Zeugen waren dieselben wie bei der ersten Verhandlung. Dazu noch ein Kriminalbeamter, der Wulle verhaftet und vernommen hatte. Das Kriegsgericht tagte in anderer personeller Besetzung. Die Ermittlungsakten Wulle lagen dem Gericht vor. Das Gericht trat in die Verhandlung ein und ließ die Zeugen hereinrufen, wobei der Zeuge Wulle als Untersuchungsgefangener von einem Begleitbeamten vorgeführt wurde.

Nach Eidesbelehrung wurde zuerst das angefochtene Urteil verlesen und dann der Kriminalbeamte zur Sache vernommen. Dann kam Wulle, der seine Verfehlungen gestand und als Entschuldigung seine verzweifelte finanzielle Situation anführte. Der Vorsitzende fuhr ihn grob an: »Sie vergessen Ihre Freundin! Leidenschaften machen blind. Ihre Untreue hat Sie in einen Abgrund geführt, das werden Sie noch merken!«

Dann kam als Zeugin seine Frau, verweint, immerzu das Taschentuch in der Hand. Sie sprach mit stockender Stimme. Ihr Mann habe seit langem ein falsches Spiel mit ihr getrieben; daß er aber so gemein habe handeln können, hätte sie niemals gedacht. Sie hätte ihrem früheren Freund ja nie einen Diebstahl zugetraut. Der Richter sagte, sie brauche sich keine Vorwürfe zu machen, da sie den Verurteilten nicht belastet habe. Zum guten Schluß kam die Schwiegermutter an die Reihe. Sie konnte wirklich Mitleid erwecken. Ihr Stolz, ihre übertriebene Mutterliebe waren wie weggeweht. Aber noch immer war sie im Rückzugsgefecht – nein, nicht ihr Sohn, die Schwiegertochter war nach ihrer Ansicht die eigentliche Schuldige. Sie passe nicht zu ihrem Sohn, sie habe ja auch einen Liebhaber gehabt, sei zänkisch und habe die Ehe kaputtgemacht und so fort… Der Richter hob die Hand: »Nun hören Sie aber mal auf, gute Frau!« sagte er. »Das können Sie alles dem nächsten Gericht erzählen, das über Ihren Sohn zu Gericht sitzen wird. Hier interessiert nur, ob Sie auf zwölf Meter Entfernung, während Sie in der Küche das Geschirr spülten, das doch wohl geklappert hat, den Sekretär haben knarren hören? Das glauben Sie doch hoffentlich selbst nicht mehr, wie?« Frau Wulle senior erwiderte kleinlaut: »Aber mir war bestimmt so!« »So, so«, entgegnete der Richter, »Ihnen war so! Und das hat Herrn Lentberg sechs Monate Gefängnis eingebracht. Sie sollten mal zum Ohrenarzt gehen. Ältere Leute haben öfter mal seltsame Geräusche im Kopf! Setzen Sie sich, und bessern Sie sich!«

Dann fragte der Richter, zu Anklagevertreter und Verteidiger gewandt: »Noch irgendwelche Fragen?« Wir schüttelten die Köpfe. »Dann schließe ich die Beweisaufnahme. Bitte, meine Herren, Ihre Anträge.« Der Anklagevertreter machte es kurz: »Nach dem Ergebnis der Beweisaufnahme ist erwiesen, daß Lentberg zu Unrecht verurteilt worden ist. Ich beantrage daher Aufhebung des Urteils, Freispruch für den Verurteilten wegen erwiesener Unschuld und Auferlegung der Verfahrenskosten auf die Staatskasse. Ich sagte noch kürzer: »Ich schließe mich dem Antrag an.« Der Richter sah seine Beisitzer an, die ihm zunickten. Dann erhob sich das Gericht und alle Anwesenden, der Vorsitzende verkündete die Aufhebung des vorergangenen Urteils gegen Otto Lentberg und Freispruch wegen erwiesener Unschuld.

Otto Lentberg erhielt über den Standortkommandanten wegen eines Monats schuldlos erlittener Haft noch eine Woche Nachurlaub; dann mußt er wieder ins Feld. Vor seiner Abreise kam er nochmal in meine Praxis, um sich zu bedanken. Ich wünschte ihm alles Gute und sagte noch scherzhaft, er solle aber ja keinen Zug über Insterburg nehmen. Er lachte breit und fröhlich und ging des Weges. Schon nach drei Monaten fiel er im Kessel von Stalingrad.

Wulle wurde vom Schwurgericht des Landgerichts wegen vorsätzlichen Meineids und wissentlich falscher Anschuldigung zu zwei Jahren und sechs Monaten Zuchthaus mit Ehrverlust von fünf Jahren ab Strafverbüßung verurteilt. Seine Mutter wurde von einer Strafkammer von der Anklage des fahrlässigen Falscheides mangels hinreichenden Beweises freigesprochen, womit sie Glück hatte. Frieda Wulle ließ sich von ihrem Ehemann nach dessen rechtskräftiger Verurteilung wegen Ehebruchs scheiden. Wulle übernahm zu Protokoll der Gefängnisdirektion die alleinige Schuld. Der Scheidungstermin dauerte daher nur zwei Minuten. Die geschiedene Frau Wulle wollte zu ihrem früheren Bekannten zurück. Aber ihr blieb nur die schmerzliche Erinnerung an einen guten Freund.

Rettungsflug für eine Marinehelferin

Im Juni 1943 erschien ein älteres Landwirtspaar namens Wesche aus dem Dorfe Barleben bei Magdeburg in meiner Sprechstunde. Es kam mit der Bitte eines befreundeten Magdeburger Kollegen, mich ihrer anzunehmen. Als sie Platz genommen hatten, gaben sie mir einen Brief ihrer Tochter Helga aus dem Frauengefängnis Aker in Oslo zu lesen. Die Tochter teilte ihren Eltern mit, daß sie seit zwei Wochen in Haft einsitze, nachdem sie von einem Marine-Kriegsgericht wegen Kameradendiebstahls zu sechs Monaten Gefängnis verurteilt worden sei. Sie habe aber jene Diebstähle gar nicht begangen, sitze gänzlich unschuldig im Gefängnis und sei mit ihren Nerven völlig am Ende. Der zensierte Brief war in den dann folgenden Passagen durch Schwarzstriche unleserlich gemacht worden. Offenbar enthielten diese unkenntlich gemachten Zeilen Selbstmorddrohungen.

Die Eltern waren in allerhöchster Aufregung. Von den Einzelheiten der Anklage wußten sie nichts, auch nichts über die Urteilsgründe. Die biederen Landleute beteuerten nur immer wieder: »Unsere Tochter stiehlt nicht. Wir haben sie anständig erzogen, und sie ist absolut ehrlich. Es kann sich da nur um Mißverständnisse oder Verwechslungen oder um Intrigen handeln. Herr Rechtsanwalt, Sie müssen helfen! Wir müssen unser Kind aus dem Gefängnis herausholen, und zwar bevor etwas geschieht. Bitte, fahren Sie gleich nach Oslo.«

Das Photo, das mir die Eltern von ihrer Helga zeigten, ließ ein hübsches blondes Mädchen in der Uniform einer Marinehelferin erkennen. Helga war kurz zuvor achtzehn geworden, mit sechzehn hatte sie ihren Arbeitsdienst abgeleistet und war dann als Marinehelferin dienstverpflichtet und in Kiel ein Jahr hindurch im Funkdienst ausgebildet worden. Seit mehr als einem Jahr war sie nun in Oslo stationiert und hatte von dort immer nur fröhliche Nachrichten geschickt, besonders aus verschiedenen norwegischen Städten der Westküste, die sie während einer Wehrmachtstournee zur Truppenbetreuung besucht hatte. Helga habe nämlich eine hübsche Singstimme, sagte die Mutter, und könne Lieder aller Art zur Ziehharmonika und zur Gitarre so reizend vortragen, daß sie für diese Tournee zwei Monate vom Dienst in der Osloer Marinestation beurlaubt worden sei.

So die Eltern, die von ihrer einzigen Tochter nur das Beste zu berichten wußten. Rechtsanwälte sind bei solchen Beschreibungen der Kinder erfahrungsgemäß skeptisch, weil sie die Einschätzung der Eltern sehr häufig auf die rauhe Wirklichkeit, das heißt den objektiven Tatbestand reduzieren müssen, der in Strafsachen meistenteils ganz andere Seiten hervorkehrt, als sie durch die Brille elterlicher Liebe und Mühe gesehen worden sind.

Im Falle der Helga Wesche hatte mich aber ihr Gesicht auf dem Photo und auch die Persönlichkeit ihrer Eltern fühlen lassen, daß mit diesem Urteil irgend etwas wohl nicht in Ordnung war. Schon der bloße Gedanke, da könnte ein junges Mädchen in der Fremde wirklich schuldlos in Haft sitzen und seelischen Dauerschaden erleiden – dafür reichen bei einem jungen Menschen auch sechs Monate –, trieb mich an, die Vertretung zu übernehmen, obwohl damit wegen der Notwendigkeit von Reisen und der damit verbundenen Vernachlässigung meiner Praxis vermutlich allerlei Mißhelligkeiten in Kauf zu nehmen sein würden. Auf der anderen Seite lockte mich auch ein Wiedersehen mit Norwegen, wo ich Verwandte und auch Freunde aus der Göttinger Studentenzeit hatte. Zuletzt war ich 1935 nach meinem Assessor-Examen vier Wochen in Oslo gewesen, mit zehn Reichsmark in der Tasche, da die nazistischen Devisengesetze nicht mehr erlaubten. Die Freundlichkeit der Norweger hatte den Aufenthalt dennoch unvergeßlich gemacht.

Es dauerte fast eine Woche, bis ich alle notwendigen Genehmigungen für die Reise in das besetzte Land beisammen hatte – das polizeiliche Leumundszeugnis, die Genehmigung des Oberkommandos der Marine, der Reichsrechtsanwaltskammer, des NS-Gaurechtsamtes und schließlich die Erlaubnis der Geheimen Staatspolizei und der Auslandsabteilung des Reichssicherheitshauptamtes. Dies alles ging nur mit persönlichen Vorsprachen bei den obersten Stellen, sonst hätte es Wochen gebraucht. Aber man hatte da und dort auch persönliche Verbindungen, die die Türen schneller öffneten.

Ende Juni war es so weit. Den Reisetermin gab ich telephonisch an die Eltern Wesche; Vater Wesche traf noch am Abend des Abfluges am Flughafen Tempelhof ein und händigte mir ein großes Futterpaket für die Tochter aus. Ab 18.00 Uhr saß ich in der Wartehalle des Flughafens; die Maschine nach Kopenhagen sollte um 19.00 Uhr starten. Mir als Zivilisten war als Reiseweg von Kopenhagen der Flug nach Malmö in einer schwedischen Maschine vorgeschrieben, von dort die Eisenbahn nach Oslo. Die Reisezeit mit der notwendigen Übernachtung in Malmö würde rund achtundzwanzig Stunden dauern. Nach eingehender Prüfung der Papiere und gründlicher Durchsuchung des Gepäcks blickten wir von der Wartehalle auf das Rollfeld. Nach einer Stunde wurde gemeldet, daß die JU 52 Verspätung haben werde, da sie wegen schweren Gewitters über der Ostsee in Kopenhagen gestartet sei. Die Mitreisenden waren vorzugsweise Wehrmachtsangehörige, außer mir gab es nur noch einen Zivilisten, der am Tisch sitzend in Noten blätterte und ab und zu nervös auf seine Uhr schaute. Ich erkannte in ihm Georg Kulenkampf, in den dreißiger Jahren einer der berühmtesten deutschen Violonisten.

Gegen 19.30 Uhr flog die Maschine dann ein und wurde für den Rückflug gewartet. Gegen 20.00 Uhr ging es endlich an Bord, aber am Ausgang zum Rollfeld wurde die Warteschlange von Militärposten aufgehalten. Vor der Gangway zum Einstieg in die Maschine wurde ein schmaler roter Teppich ausgerollt, und vom Stationsgebäude nahte ein General mit drei Begleitoffizieren. Es sprach sich in der wartenden Schlange sogleich herum, daß wir die Ehre hatten, den deutschen Militärbefehlshaber in Dänemark, General von Hanneken, in der Maschine zu haben. Er bestieg würdevoll, aber leutselig grüßend die JU 52, der Teppich wurde wieder eingerollt, und dann kamen wir zahlenden Fluggäste als das niedere Fußvolk. Gegen 20.30 Uhr endlich hob die Maschine ab gen Norden in eine große blauschwarze Himmelswand, von der die rötliche Abendsonne gen Westen und Süden grell kontrastierte. Berlin mit schon vielerlei zerstörten Gebäuden, deren rauchgeschwärzte Ruinen man von oben gut ausmachen konnte, blieb hinter uns.

Diese kurze Flugreise zum Kopenhagener Flugplatz Kastrup bleibt mir aus mehreren Gründen unvergeßlich. Nie in meinem Leben habe ich einen solchen Gewitterflug in schwarzen Wolken mit heftigen Fallböen, Blitzen und Donnerschlägen mitgemacht. Die Maschine stieg und fiel, schwankte und trudelte wie ein Kahn in stürmischer See. Die Mehrzahl der Fluggäste wurde flugkrank, als erster der große General, der in seine Mütze erbrach und jämmerlich zu leiden schien. (Ich sah ihn später noch einmal wieder – es war im März 1945, da schritt er müde als Gefangener barhäuptig im Kreis mit anderen meist im Zusammenhang des 20. Juli verhafteten Offizieren im Gefängnishof des Forts Zinna in der Festung Torgau einher.)

Der fluggewohnte Kulenkampf dagegen hielt sich mannhaft. Er saß neben mir, las weiter seine Partituren und war einzig beunruhigt, ob sein Konzertpublikum, das ihn seit 20.00 Uhr in Kopenhagen erwartete, bis zu seiner Ankunft ausharren würde. Wie ich später erfuhr, hat seine Gemeinde – über die Gründe der Verzögerung informiert – bis um 22.30 Uhr ausgeharrt, und Kulenkampf soll bis Mitternacht so glänzend gespielt haben wie eh und je. Ab und zu sprach er mir Mut zu, denn auch ich sah mich mitunter statt in Kopenhagen zerschmettert auf einem mecklenburgischen Acker. Als wir aber die Ostsee erreichten, waren wir durch das Unwetter hindurch, die See lag friedlich im Glanz der untergehenden Sonne. Wir erreichten Kastrup um 22.00 Uhr. Die Zubringermaschine nach Malmö – ein Doppeldecker mit nur vier Plätzen – wartete schon, und bereits um 22.30 Uhr landete ich in Schweden, dem neutralen Ausland. Allein die Taxifahrt zum Hotel in der strahlenden Beleuchtung heller Bogenlampen erweckte das Gefühl, auf einem anderen Planeten gelandet zu sein. Wer sich vier Kriegsjahre hindurch an verdunkelte Städte und Dörfer mit stundenlangen Stromsperren gewöhnt hatte, war des hellen Lichtes in allen Straßen und Schaufenstern und an Autoscheinwerfern und Leuchtreklamen so entwöhnt, daß ihm das Normale unwirklich vorkam.

Obwohl Mitternacht längst vorüber war, wurde mir der Speisesaal wieder geöffnet, wo ein Buffet aufgebaut war, wie ich es seit Jahren nicht mehr gesehen hatte. Am nächsten Morgen war das skandinavische Frühstück wie ein Besuch im Schlaraffenland. Aber der Aufenthalt in der Welt des Friedens war nur kurz. Am Bahnhof-Kiosk kaufte ich mir noch rasch mehrere englische Zeitungen. Die Verkäuferin, die in mir wohl den Deutschen erkannte, gab mir die Warnung mit, daß der Zug an der norwegischen Grenze bei Swinesund-Halten von der deutschen Polizei nach aller Art von Drucksachen scharf kontrolliert werde, und daß ich die Zeitungen noch auf schwedischem Boden wegwerfen solle. Auch der Zugkontrolleur gab mir in gebrochenem Deutsch dieselbe Warnung; es rührte mich, wie die Schweden die feindlichen Deutschen warnten, die halb Skandinavien besetzt hielten.

Der blendend saubere D-Zug – auch das nach unzähligen Reisen in heruntergekommenen deutschen Zügen ein unwirkliches Erlebnis – durcheilte das schwedische Flachland mit seinen Hügelebenen, den sauberen Gehöften, den schmucken Städten und Dörfern, überall Vieh auf der Weide und blau-gelbe Fahnen flatternd. War es erst acht Jahre her, daß ich das alles gesehen hatte? Die englischen Zeitungen hatte ich bis zur norwegischen Grenze gelesen und von Göteborg an in kleinen Schnipseln aus dem Zuge geworfen. Ich war ganz allein im Abteil. Eine letzte gute Mahlzeit im Speisewagen, dann kamen die Zugkontrollen der SS, aber meine Papiere waren ja in Ordnung. Spät am Abend rollten wir im verdunkelten Osloer Ostbahnhof ein. Bei der Bahnhofskommandantur wurde mir für drei Nächte ein nahegelegenes Quartier in einem bescheidenen Hotel zugewiesen. Die Aufenthaltsgenehmigung für Oslo war auf drei Tage beschränkt. Ich schlief fest und tief bis 7.00 Uhr früh. Um 8.30 Uhr fuhr ich per Taxi zur Anmeldung bei der Gestapo-Leitstelle im früheren Hotel »Viktoria« auf der Hafenterrasse, von dort zum Marinekriegsgericht in der deutschen Marinestation auf Akershus. Ich mußte eine Sprecherlaubnis für Helga Wesche erhalten, die im Aker-Gefängnis in einem östlichen Stadtteil der norwegischen Hauptstadt saß. Gegen Mittag stand ich ihr in ihrer Zelle allein gegenüber.

Nach dem Photo ihrer Eltern hätte ich Helga Wesche nicht erkannt. Das strahlende, blonde Mädchen stak in schlottriger Gefängniskleidung, das ungewaschene strähnige Haar war mit Schnürsenkeln zu einem schlecht sitzenden Knoten zusammengebunden, das Gesicht war eingefallen, blaß durch die Monate in der Zelle und verweint. Aber daß ihr Hilferuf gehört und verhältnismäßig schnell erfüllt worden war, veränderte bald ihren Gesichtsausdruck, die Stimmung von Einsamkeit und Verzweiflung wandelte sich zusehends in erste Anzeichen von Hoffnung und Zuversicht. Der Brief ihrer Eltern und erste Bissen aus dem elterlichen Lebensmittelpaket taten ein übriges, um erst die Schleusen entspannender Tränen, dann aber auch die der Beredsamkeit zu öffnen. Ich erfuhr folgendes:

In einer größeren, von der deutschen Wehrmacht beschlagnahmten Villa in Oslos bester Wohngegend am Holmenkollen lebten die deutschen Marinefunkhelferinnen unter der Aufsicht einer uniformierten Heimleiterin, die sich die Marine aus dem weiblichen Arbeitsdienst entliehen hatte. Mit einer

116

strengen Hausordnung wachte sie über die muntere Schar von etwa dreißig jungen Mädchen zwischen achtzehn und vierundzwanzig Jahren. Die Aufseherin verfügte über deutsche weibliche Aufsichtskräfte und mehrere norwegische Dienstkräfte für die Reinigungsarbeit und für die Küche. Das Institut schien ein sonderbares Mittelding zwischen Kaserne und Töchterpensionat zu sein. In der Freizeit – also meist abends – wurden Spiele aller Art, Bastelarbeiten und auch musikalische Veranstaltungen betrieben. Hier zeichnete sich Helga durch ihre Lieder aus, mit denen sie schon seit früher Jugend im Vereinsleben ihres Heimatdorfes Barleben geglänzt hatte.

Anfang 1943 hatte eine Tanzveranstaltung stattgefunden, zu der junge Marineoffiziere eingeladen worden waren, und bei dieser Gelegenheit hatte sie ein Offizier gefragt, ob sie nicht im Rahmen der Truppenbetreuung an einer Wehrmachtstournee teilnehmen wolle, die im Frühling in verschiedene norwegische Küstenplätze von Kristiansand bis herauf nach Tromsö führen werde. Natürlich war sie von dieser Aussicht begeistert gewesen, und nach einer Befürwortung durch die leitenden Stellen hatte sie für die Reise sechs Wochen Sonderurlaub erhalten. Die Heimleiterin allerdings war darüber wenig erbaut gewesen, hatte aber gegen die oberen Stellen nichts ausrichten können. Bei der Verabschiedung hatte sie sie nach dringlicher Warnung vor allerlei Gefahren, denen sie ausgesetzt sein werde, ziemlich ungnädig entlassen.

Die Reise mit den Künstlern der Truppe war abwechslungsreich und sehr harmonisch verlaufen; überall hatten sie großen Erfolg gehabt, und als die Jüngste war sie von allen sehr verwöhnt und behütet worden. In Kristiansand hatte sie auf der Rückreise bei der Nachfeier nach dem Auftritt der Truppe einen jungen Maat namens Benno Schmitz kennengelernt, der beim Tanzen mit ihr »poussierte« und dabei erwähnte, daß er mit seinem Torpedoboot am nächsten Morgen wieder auslaufe. Er habe wohl ein wenig für sie geschwärmt, auf jeden Fall bat er sie, am nächsten Morgen noch einmal zum Hafen zu kommen, ehe sein Boot gegen 10.00 Uhr auslaufe. So hatte sie ihn am Morgen noch einmal am Kai getroffen, wobei er ihr ein Paket in die Hand drückte: »Das als Dank für den gestrigen Abend!« Bei der Abfahrt des Bootes hatte sie gewinkt, und Schmitz hatte ihr strahlend eine Kußhand zugeworfen. Am Mittag desselben Tages war die Truppe von Kristiansand nach Oslo zurückgefahren, und sie hatte das Paket erst beim Auspacken abends im Heim geöffnet. Es enthielt ein Paar Seehundstiefel, die wunderschön waren und ihr genau paßten.

Der Empfang durch die Kameradinnen, bei denen sie immer das »Küken« genannt wurde, war allerdings recht unterschiedlich. Einige hatten nicht genug von ihrem begeisterten Reisebericht hören können, andere hatten gespottet, daß sie nun wohl als »Star« zur Bühne gehen und auf jeden Fall zur »großen Welt« gehören werde. Ihre beste Freundin Doris, mit der sie dasselbe Zimmer bewohnte, hatte jedoch nur gesagt: »Neidhammel gibt's immer«, sie solle sich nichts daraus machen.

Drei Tage nach ihrer Rückkehr, so ihr Bericht, sei vor dem Abendbrot plötzlich Spindrevision angesetzt worden. Jedes Mädchen habe dabei vor dem geöffneten Spind stehen müssen. In ihrem Schlafraum habe die Heimleiterin mit einer ihrer Assistentinnen, zwei weiteren Helferinnen und einem norwegischen Küchenmädchen die Revision selber vorgenommen. Die Heimleiterin habe aus dem unteren Fach ihres Spindes die Seehundstiefel herausgezogen und der Norwegerin gezeigt; die habe nur gesagt: »Ja, das sind sie!« Dann habe die Heimleiterin befohlen, alle Kleider samt der Wäsche auf dem Tisch auszubreiten, was sie sehr erstaunt befolgt hätte. Als alles dalag, hätte die Heimleiterin die anderen Mädchen aufgefordert, nach Sachen zu suchen, die sie vermißten. Da hätten zwei Kameradinnen zwei Spitzenhemden, zwei Schlüpfer, drei Taschentücher, einen Schal und zwei Paar Strümpfe herausgeholt und als ihnen gehörig bezeichnet. Vor Verblüffung sei sie völlig fassungslos gewesen.

118

Die Sachen seien nämlich tatsächlich nicht ihre eigenen gewesen, was sie auch gleich gesagt habe: »Die Stiefel gehören mir, wie die anderen Sachen in meinen Spind gekommen sind, weiß ich nicht.« Die Heimleiterin habe der Norwegerin aber die Seehundstiefel mitgegeben, und die Kameradinnen wären mit ihren Sachen weggegangen, wobei die eine noch gesagt habe: »Das Küken ist also eine diebische Elster.«

Noch am selben Abend habe sie Zimmerarrest erhalten; ihre Freundin Doris aber, die alles für eine infame Intrige erklärt hatte, sei in ein anderes Zimmer verlegt worden. Außerdem hatten beide Sprechverbot erhalten. Am nächsten Morgen sei sie vom weiteren Dienst suspendiert worden, und die Heimleiterin nahm ein Protokoll auf, wobei sie schroff erklärte, daß am Vortage das norwegische Küchenmädchen Anzeige erstattet habe. Vor zwei Tagen sei ihr ein Paar neue Seehundstiefel im Heim abhanden gekommen; fast gleichzeitig hätten zwei Helferinnen den Verlust von mehreren Wäschestücken gemeldet und den Verdacht eines Diebstahls geäußert. Die Spindrevision habe dann ja alles klar an den Tag gebracht. Ihre Freundin Doris habe übrigens als Zeugin erklärt, daß ihr Helga bei Rückkehr von ihrer Reise ihre neuen Seehundstiefel gezeigt habe mit der unglaubwürdigen Erklärung, sie habe sie von einem fremden Marinemaat in Kristiansand geschenkt bekommen.

Wiederum einige Tage später sei sie von der Heimleiterin zur Marinestation gebracht worden, wo sie von einem Marineoffizier vernommen worden sei. Der sei sehr knapp angebunden gewesen, habe sie nach der ihr natürlich unbekannten Feldpostnummer des Maats Benno Schmitz gefragt und habe sie rücksichtslos gefragt, ob sie mit dem Maat intimen Verkehr gehabt habe. Darüber sei sie regelrecht schockiert gewesen; über eine so gemeine Frage habe sie nur geweint. Dann habe der Offizier erklärt, daß sie verhaftet sei und in das Untersuchungsgefängnis verlegt werde.

Eine Woche nach ihrer Verhaftung hatte dann vor dem Marinekriegsgericht die Verhandlung stattgefunden. Der Marineoffizier, der sie zuerst vernommen hatte, hatte die Anklage wegen Diebstahls vorgetragen, und ein anderer Marineoffizier, der sie schon einmal im Gefängnis aufgesucht hatte, war ihr Beistand gewesen. Sowohl bei seinem Besuch im Gefängnis als auch bei der Verhandlung hatte er ihr jedoch nur immer wieder zu einem Geständnis geraten; wenn sie Reue zeige, käme sie vielleicht mit einer milden Strafe davon. Die Verhandlung war dann sehr kurz und bündig verlaufen: Wahrheitsgemäß hatte sie alle Beschuldigungen bestritten, die Norwegerin hatte ihre Angaben wiederholt. Auf die Frage, woran sie die Seehundstiefel, die ja meist gleichartig aussähen, als die ihren erkannt habe, hätte sie geantwortet, einer der beiden Stiefel habe am Hacken eine Beschädigung gehabt; auch die Helferinnen hatten ihr vorhergehenden Aussagen wiederholt. Nur Doris hatte noch einmal ausgesagt, daß ihr Helga am Abend ihrer Rückkehr die Seehundstiefel gezeigt und erklärt habe, sie in Kristiansand von einem Maat geschenkt bekommen zu haben. Der Richter hatte erklärt, daß in der Marinestation Kristiansand ein Benno Schmitz nicht bekannt sei. Auf die Erklärung Helgas, daß der Maat ja an jenem Morgen mit seinem Torpedoboot ausgelaufen sei, das also in Kristiansand gar nicht stationiert sei, hatte der Richter gemeint, sie bilde sich doch wohl nicht ein, daß das Gericht ihren »Märchenprinzen« Schmitz aus der gesamten deutschen Marine heraussuchen würde. Da die Beweise für die anderen Delikte so einwandfrei seien, könne man auch ihren Angaben über die Herkunft der Seehundstiefel keinen Glauben schenken. Die Norwegerin wurde dann vereidigt. Der Ankläger hatte eine Strafe von sechs Monaten gefordert und ihr Beistand lediglich um eine mildere Strafe gebeten. Das Urteil hatte auf eine Strafe von sechs Monaten Gefängnis gelautet; etwa zehn Tage später war ihr die schriftliche Ausfertigung des Urteils zugestellt worden. Von da ab hatte sie Gefängniskleidung erhalten und schlechtes Essen. Doris hatte sie nur ein einziges Mal ganz kurz besuchen dürfen. Helga bat mich, doch mit ihrer Freundin Verbindung aufzunehmen; sie könne mir vielleicht weiterhelfen.

Die Urteilsbegründung, die ich dann beim Marinekriegsgericht erhielt, bestätigte alle Angaben über den Hergang des Verfahrens. Im Urteil war bei der Strafzumessung das hartnäckige Leugnen der Angeklagten und die Schädigung des Ansehens der Wehrmacht wegen Entwendung norwegischen Privateigentums als erschwerender Umstand gewertet worden.

Ich ließ mich bei dem Verhandlungsleiter, einem jüngeren Marinekriegsgerichtsrat, melden und gab ihm mein Mandat bekannt. Er zeigte sich amüsiert, daß ein Berliner Anwalt wegen einer solchen Bagatelle mitten im Kriege nach Oslo reise. Daß das junge Mädchen gelogen habe, sei doch sonnenklar. Das Märchen von dem Marinemaat sei offenkundig an den Haaren herbeigezogen und eine billige Ausflucht. Ich fragte: »Sie meinen das Märchen vom großen Unbekannten?« »Ja, genau das«, erwiderte er. Ich wendete, ein wenig scharf werdend, ein, daß es ja gar nicht um einen Unbekannten gehe; die Verurteilte habe doch Vor- und Zuname angegeben und ganz präzise gesagt, daß der Maat am nächsten Morgen mit einem Torpedoboot ausgelaufen sei. »Es hätte sich doch wohl ermitteln lassen, ob ein Marineangehöriger dieses Namens zum gegebenen Zeitpunkt in Kristiansand war.« Der Richter antwortete wegwerfend: »Guter Gott, vielleicht hätte man das feststellen können, aber da hätte Ihre Mandantin länger in Untersuchungshaft sitzen müssen, als jetzt die ganze Strafzeit beträgt. Ich habe die bestohlene norwegische Zeugin vereidigt, und die Kameradinnen-Diebstähle sind durch das Auffinden der Sachen im Spind der Verurteilten ja genügend bewiesen. Es ist doch alles klar.« Als ich mir die Bemerkung erlaubte, daß es dann eben meine Aufgabe sein würde, den Zeugen Benno Schmitz in der deutschen Kriegsmarine ausfindig zu machen, kam nur ein eisiges »Bitte sehr«.

Damit war die Rücksprache nach noch nicht einmal fünf Minuten beendet. Den Beistandsoffizier schenkte ich mir, da er offenkundig nur eine Routine-

Rolle gespielt und selbst in dieser Funktion versagt hatte. Aber den Ankläger, einen Marinekriegsgerichtsrat der Reserve, der im Zivilberuf Leiter eines Finanzamtes war, sprach ich noch kurz. Sein Resümee war lapidar: »Haben Sie Sorgen! Was wollen Sie denn eigentlich? Das Mädel ist doch gut weggekommen. Ihre eigene Heimleiterin hätte ihr bestimmt das Doppelte gegeben. Im übrigen steht das Urteil nach dem Beweisergebnis mit den Zeugenaussagen auf festen Beinen.« Meine Frage, ob man sich mit Nachforschungen nach einem Maat Benno Schmitz, der zur Besatzung eines deutschen Torpedobootes gehören solle, nicht mehr Mühe hätte geben sollen, schob er beiseite; die Kriegsgerichte hätten nun wirklich wichtigere Arbeiten, als dem Phantasieprodukt eines Backfischs nachzuspüren. Die Heimleiterin habe meine Mandantin ja auch als angeberisch und wenig wahrheitsliebend charakterisiert.

Die ergiebigste Rücksprache hatte ich mit der Freundin, die ich aber erst sprechen durfte, nachdem ich zunächst der Heimleiterin einen Besuch gemacht hatte. Bisher hatte ich die Leiterin ja nur aus Helgas Perspektive kennengelernt, die sie mir als Regimentswalküre und »spinöse Studienrätin« geschildert hatte. Jetzt lernte ich eine äußerlich gestrenge Dame von Anfang Vierzig kennen, die hier wohl auf einen Posten geraten war, der mit ihren Führungsqualitäten nicht ganz in Einklang stand. Die Sicherheit, die sie zeigte, schien nicht echt genug, um glaubhaft zu wirken, auch wenn sie alle äußeren Umgangsformen beherrschte. Von meinem bevorstehenden Besuch war sie offenbar durch einen der Marinekriegsrichter, die ich zuvor gesprochen, bereits informiert worden. Die Begrüßung war daher kühl und zurückhaltend. Nachdem ich kurz den Zweck meines Besuches erläutert hatte, wobei ich die Sorgen von Helgas Eltern in den Vordergrund stellte, die von Helgas Briefen aus dem Gefängnis tief beunruhigt seien, sagte sie knapp bedauernd: »Ja, da hat sich das Mädchen leider etwas Schönes eingebrockt!« Das war ganz offensichtlich falsches Bedauern; mir kam es so vor, als habe sie sich damit eine psychologische Blöße gegeben. Ich ging jedoch darauf nicht ein, obwohl ich inzwischen Grund genug zu der Vermutung hatte, daß mein Gegenüber an dem schnellen Verdikt ein erhebliches Maß von Verantwortung trug. Ich warf nur die Frage auf, ob man es nicht bei einer hausinternen Untersuchung und einer eventuellen Disziplinarstrafe hätte belassen können, ohne gleich das Kriegsgericht zu mobilisieren. Das brachte mir aber nur umfangreiche Belehrungen ein, wie schwierig es sei, dreißig junge Mädels in Zucht und Ordnung zu halten; hin und wieder müsse man eben streng durchgreifen. Außerdem sei sie beim Verdacht des Kameradendiebstahls gehalten, sofort das Kriegsgericht einzuschalten. Mit der Frage, weshalb sie als Erziehungsberechtigte nicht sogleich die Eltern informiert habe und warum sie dem ihr anvertrauten jungen Mädchen ein so negatives Leumundszeugnis ausgestellt habe, das bei der Strafzumessung eine erhebliche Rolle gespielt habe, brachte ich sie offenbar in Verlegenheit. Es habe ihr erst an Zeit gefehlt, sie habe es später nachholen wollen, dann sei sie nicht mehr dazu gekommen, und schließlich habe sie es aus den Augen verloren. Übrigens fehle Helga, die die jüngste unter den von ihr betreuten Helferinnen gewesen sei, der Ernst der Verantwortung und Pflichterfüllung; das sei ja auch daraus zu sehen, daß sie sich zu jener Wehrmachtsbetreuungstournee gedrängelt habe, nur weil ihr ein Kulturoffizier Komplimente und schöne Augen gemacht habe. In diesem Moment fragte ich scheinbar spontan: »Hätten Sie die Reise in Helgas Interesse gern verhindert?« Die Antwort kam noch schneller: »Ja, natürlich. Aber die Weisung zur Urlaubserteilung kam von der Dienststelle des befehlshabenden Admirals, dem ich unterstehe.« Meine weitere Frage, ob die Spinde im Heim von den Helferinnen nicht verschlossen zu halten seien, beantwortete sie verlegen bejahend, die Mädels handhaben das aber leider sehr lasch, so daß manche Spinde immer unverschlossen seien. Nur dadurch sei es Helga ja möglich gewesen, unbemerkt an offengebliebene Spinde heranzukommen. Meine letzte Frage, ob sie gegen die Helferinnen, die ihre Spinde offengelassen hätten, wegen des militärstrafrechtlichen Delikts »Verleitung zum Diebstahl« irgend etwas unternommen habe, beantwortete sie wegwerfend dahin, daß sie wiederholt Belehrungen und Verwarnungen ausgesprochen habe. Seit dem Diebstahl Helgas kontrolliere sie die Spinde in Abwesenheit der Helferinnen öfter als bisher. Im allgemeinen halte man sich jetzt auch an die Vorschriften.

Unmittelbar anschließend konnte ich Doris sehen, und zwar unter vier Augen. Sie war, was man gemeinhin einen »prächtigen Kumpel« nennt. Stattlich gewachsen, mit großen braunen Augen, schwarzem Haar und schneeweißen Zähnen, stellte sie in ihrem gutsitzenden Kostüm und der Sicherheit des Auftretens und Sprechens eine höchst gegensätzliche Erscheinung zum »Küken« dar. Ihre Rede war so offen wie ihr Blick. »Gott sei Dank, daß Sie gekommen sind«, sagte sie völlig frei nach der Begrüßung, »jetzt kann man wenigstens mit jemand sprechen, der nicht voreingenommen ist. Helga ist noch ein großes Kind und völlig lebensunerfahren. Ich bin vier Jahre älter und habe sie gern wie eine jüngere Schwester. Diese ganze Geschichte ist nach meinem Gefühl eine gemeine Intrige von seiten der angeblich bestohlenen Kameradinnen. Die liegen beide auf demselben Zimmer und haben sich das bestimmt ausgeheckt, um ihr eins auszuwischen. Eine der beiden spielt nämlich auch Ziehharmonika, aber längst nicht so gut wie Helga. Sie hatte sich Hoffnungen auf die Tournee gemacht, aber nach dem Vorspielen war Helga ausgewählt worden.« Übrigens sei Helgas Spind nach ihrer Rückkehr von der Tournee, als sie zwei Tage frei gehabt hätte, nie verschlossen gewesen, so daß man ihr sehr leicht fremde Sachen hätte unterschieben können, wenn sie im Leseraum oder Spielraum war. »Und was halten Sie von der Sache mit den Seehundstiefeln?« Hier glaubte sie nicht an böse Absichten. »Ja, das kann nur eine Verwechslung sein«, sagte Doris, »die Norwegerin muß sich geirrt haben, ich habe doch die Seehundstiefel schon am Abend ihrer Rückkehr bei Helga gesehen, und sie hat mir strahlend erzählt, wie ein Marinemaat in Kristiansand sie ihr geschenkt habe. »Aber die Norwegerin hat doch einen Eid geleistet, daß es sich um ihre Stiefel handele?« Doris blieb fest dabei, daß es Helgas Seehundstiefel seien; die Norwegerin müsse sich irren.

Was an Ort und Stelle zu ermitteln war, hatte ich bis zum Abend herausgefunden. Doris hatte bis 22.00 Uhr Freizeit und Ausgangserlaubnis. Die Kommandantur hatte mir für drei Tage Essensmarken gestellt, und so lud ich sie zum Abendessen ins »Deutsche Haus« ein, das frühere »Bondeheim« in einer Nebenstraße der Carl-Johann-Straße. Gegenüber den Verpflegungsrationen in Deutschland aß man hier noch fürstlich; selbst Whisky, Wein und Bier gab es in jeder Menge. Die Gäste, zum großen Teil Parteileute und SS-Führer, machten davon ausgiebig Gebrauch. Als man an einigen Tischen anfing, weinselige Lieder zu singen, brachen wir auf. Mit der Holmenkollen-Bahn, die schon seit den zwanziger Jahren elektrisch betrieben wurde, fuhren wir bis zum Helferinnenheim, wo ich Doris am Tor ablieferte. Es war eine Mittsommernacht, wie sie nur Skandinavien kennt.

Am frühen Morgen des nächsten Tages war ich wieder bei Helga und sprach ihr Mut zu. Ich sagte, daß ich sicher sei, den Aufenthalt des Maats bei der Wehrmachtszentralbehörde in Berlin zu ermitteln, und daß ich dann seine sofortige Vernehmung veranlassen würde. Wenn er Helgas Angaben bestätige, könne sogleich ein Wiederaufnahmeverfahren zwecks Aufhebung der Verurteilung erfolgen. Bis dahin müsse sie Geduld haben und tapfer sein. Sie versprach es und umarmte mich weinend mit Grüßen an ihre Eltern.

Den Vormittag benutzte ich noch zum Besuch meines Vetters, eines Sohnes der in Kragerö lebenden Schwester meines Vaters. Ich wußte, daß er Prokurist in »Norges Creditbank« war; reichlich ahnungslos über die Stimmung in Norwegen ging ich in sein Kontor. Er war wie vom Donner gerührt und schloß sofort die Tür ab. Nur langsam legte sich, als ich ihm den Grund meiner Reise nach Oslo schilderte, sein

Mißtrauen und seine Beunruhigung. Es war ihm unfaß-
lich, daß mitten im Kriege ein Berliner Rechtsanwalt
nach Oslo reisen könne, um anwaltliche Aufträge zu er-
ledigen. »Du mußt gute Verbindungen haben«, sagte
er, »ich darf nicht einmal nach Kragerö zu meiner Mutter fahren. Ein einziger Besuch im Jahr ist zulässig, seit
kurzem darf man nicht einmal mehr telephonieren.« Er
konnte mich nicht nach Hause einladen; wenn einer der
Nachbarn merke, daß er Besuch von einem Deutschen
habe, würde kein Mensch mehr mit ihm verkehren. So
tauschten wir in seinem Büro familiäre Nachrichten aus.
Was ich jedoch über seine alte Mutter, seine beiden
Schwestern und die sonstigen Verwandten, die alle
deutscher Abstammung waren und Deutschland geliebt
hatten, zu hören bekam, war bedrückend. Es war nicht
nur Hunger, Not und Elend, die das Land gegen
Deutschland aufgebracht hatten. Die Erniedrigungen
und Unfreiheit hatten tiefer gewirkt. Ehe er mich aus
der Tür ließ, spähte er im Flur, ob mich auch niemand
aus seiner Tür kommen sähe.

Für die Rückreise hatte mir die Marinestation einen
Direktflug Oslo–Kopenhagen–Berlin bewilligt. Um
9.00 Uhr früh flog ich vom Osloer Flugplatz Fornebu
ab, hatte in Kastrup-Kopenhagen dann eine Stunde
Aufenthalt, der von allen Flugzeuginsassen – hauptsächlich Wehrmachtsangehörigen – dazu benutzt
wurde, in der Kantine des Flugplatzes ausgiebig zu
frühstücken und im zollfreien Laden Speck, Schinken,
Butter, Käse und Schnäpse in dem erlaubten Umfange
einzukaufen. Bei herrlichem Wetter war ich gegen
13.00 Uhr wieder in Berlin.
       Die Suche nach Benno Schmitz war schnel-
ler erfolgreich, als ich gedacht hatte. Über die einzu-
schlagenden Schritte hatte ich mir bei einem befreundeten Kollegen, der als Marineintendanturrat bei der
Abwehr in der Dienststelle des Admirals Canaris im
OKW saß, Rat geholt. Er hatte die Verbindung zu einem hilfsbereiten Marineoffizier im Oberkommando
der Marine (OKM) hergestellt, der mir nach zwei Tagen

bereits aus der Stammrollen-Registratur der Marine die Feldpostnummer von einem Benno Schmitz aus Jülich gebürtig und einem Bernhard Schmitz aus Duisburg gebürtig, beide Oberbootsmannsmaate, durchgab. Ich tippte auf Benno und ließ über den Fernschreiber des OKM bei seiner Einheit anfragen, ob er im April 1943 auf einem Torpedoboot Kristiansand angelaufen habe. Die Antwort der Einheit bestätigte alles. Das Boot war in Brest/Frankreich stationiert, im Zeitpunkt der Anfrage auf Fahrt, wurde aber einige Tage später zurückerwartet. Ich schrieb sofort einen Feldpostbrief, schilderte Schmitz das Strafverfahren gegen Helga Wesche und ihre Verurteilung und bat ihn, sich beim Gerichtsoffizier seiner Einheit unter Vorlage meines Schreibens mit der Bitte zu melden, ihn als freiwillig erscheinenden Zeugen zu gerichtlichem Protokoll zu vernehmen. Den Gerichtsoffizier ließ ich bitten, mir eine Ausfertigung des Protokolls direkt und eine weitere an das Marinekriegsgericht bei der Marinestation in Oslo zum Aktenzeichen der Strafsache Wesche zu übersenden.

Zwei Wochen später war das Schreiben des Gerichtsoffiziers der Einheit da. Schmitz hatte Helgas Angaben in vollem Umfange bestätigt. Eine wichtige Einzelheit hatte er noch hinzugefügt. Er habe die Seehundstiefel im Hafen in Bergen von einem Norweger gegen Zigaretten eingetauscht. Die Naht des rechten, hinteren Schaftes sei aufgeplatzt gewesen, was er bemängelt habe. Der Norweger habe den Stiefel dann noch ausbessern lassen, wobei der Schuhmacher die rückwärtige Naht mit einem anderen Faden gesteppt habe. Postwendend ging unter Beifügung beglaubigter Abschrift dieses Vernehmungsprotokolls mein Antrag auf Wiederaufnahme des Verfahrens an das Marinekriegsgericht in Oslo ab mit dem zusätzlichen Antrag, Helga sofortige Strafaussetzung zu gewähren. Beiden Anträgen wurde ohne Verzug stattgegeben. Mitte August schrieb mir Helga, daß sie auf freiem Fuße und wieder im Helferinnenheim sei; dort bewohne sie jetzt ein Einzelzimmer, mache jedoch vorläufig keinen Dienst. Kurze Zeit darauf kam die Ladung des Gerichts zur Wiederaufnahmeverhandlung. Helgas Eltern, die mich inzwischen wiederholt aufgesucht hatten, waren mit dem Ergebnis einer Strafaussetzung jedoch nicht einverstanden; sie betonten immer wieder, daß das ganze Urteil aufgehoben werden müsse, da auch den Kameradendiebstahl ihre Tochter unmöglich begangen habe.

Als ich Anfang September wieder in Oslo eintraf, holte mich die überglückliche Helga schon am Flughafen Fornebu ab. Als wir im Zubringerbus in die Stadt fuhren, erzählte sie mir, daß sich inzwischen auch der ihr zur Last gelegte Kameradendiebstahl als gemeine Intrige aufgeklärt habe. Das habe sie nur Doris zu verdanken, die nicht geruht habe, dieser Sache nachzugehen, bis ihr eine der beiden Belastungszeuginnen unter Tränen gestanden habe, daß sie von der anderen angestiftet worden sei, Kleidungsstücke in Helgas Spind zu schmuggeln. Zunächst habe sie das für einen dummen Streich gehalten; später habe sie nicht mehr den Mut gehabt, die Wahrheit zu gestehen. Seit Helgas Verurteilung habe sie aber nicht mehr schlafen können; jetzt wisse sie gar nicht, wie sie das alles wiedergutmachen könne.

Alles übrige war nur noch eine Formalität. Zum Mittagessen kam auch Doris in das »Deutsche Haus«, und wir fuhren zu dritt auf den Holmenkollen und tranken höchst vergnügt im Frognesaeter-Restaurant Tee.

Erfolgreiche Wiederaufnahmeverfahren sind selten und also Glückserlebnisse im Leben jedes Strafverteidigers. Die Strafprozeßordnung macht sie nur möglich, wenn völlig neue Tatumstände vorgelegt werden können, die das verurteilende Gericht bei seiner Rechtsfindung nicht berücksichtigen konnte, weil sie ihm nicht bekannt waren und nicht bekanntgemacht werden konnten. Hier klappte jetzt der Ablauf des Verfahrens wie im Lehrbuch.

Das Marinekriegsgericht erschien in anderer personeller Besetzung als das, welches die Verurteilung Helgas so eilfertig vorgenommen hatte. Als Zeugen waren die Norwegerin geladen mitsamt den Seehundstiefeln Helgas, dann die Heimleiterin und schließlich die beiden Kameradinnen, die ihre Sachen selber in Helgas Spind gelegt hatten, um sie als Diebin zu brandmarken.

Die Verhandlung ging schnell vonstatten. Der Vorsitzende war sehr jovial. Er schickte die Zeuginnen nach sehr eindringlicher Wahrheitspflicht-Belehrung hinaus und ließ sich von Helga ihre Einlassung zu den Vorwürfen nochmals ausführlich erzählen. Dann verlas er die Aussage des Zeugen Schmitz. Die Seehundstiefel standen auf dem Richtertisch. Richter, Ankläger und ich prüften sie von vorn und hinten; die von Schmitz in seiner Aussage erwähnte Ersatznaht am hinteren Schaft des linken Stiefels war deutlich zu erkennen. Die als Zeugin hereingerufene Norwegerin verblieb bei ihrer Aussage, daß diese ihre Stiefel seien. Als ihr die Aussage des Schmitz verdolmetscht wurde, wurde sie unsicher, blieb aber bei der Behauptung, daß ihre Stiefel ihr im Heim gestohlen worden seien, und daß dies ihre Stiefel sein müßten. Auf die Frage, wo sie ihre Seehundstiefel im Heim verwahrt habe – während ihres Dienstes im Heim trage sie Stoffschuhe –, bezeichnete sie einen Platz an der Treppe zur im Keller gelegenen Küche, der jedem Zugriff offenstand.

Die beiden anderen Zeuginnen konnten vor Schluchzen kaum sprechen. Auf Doris' Drängen hatten sie ihre falschen Anschuldigungen schon vor der Heimleiterin zu Protokoll gegeben, und diese hatte die Aussagen bereits dem Gericht zugesandt. Der Richter verfuhr nicht gerade sanft mit ihnen. Er sprach von abstoßender Gemeinheit und stellte fest, daß die Zeuginnen zu ihrem Glück damals nicht vereidigt worden seien, sonst müßten sie jetzt wegen vorsätzlichen Meineides mit dem Zuchthaus rechnen. Aber auch vorsätzliche Falschaussage sei strafbar, wie sie noch erfahren würden. Die Heimleiterin hatte nur zu bestätigen, daß die soeben vernommenen Zeuginnen ihre Anschuldigungen gegenüber ihrer Kameradin schon an dem Tage widerrufen hätten, als Helga nach der Haftentlassung vorzeitig in das Heim zurückgekommen war. Der Richter empfahl der Heimleiterin und Helga gleicherweise dringend, um ihre Versetzung nach Deutschland nachzusuchen.

Mein Plädoyer für die Aufhebung des Urteils war nach dem eindeutigen Ergebnis der Beweisaufnahme kurz. Der Norwegerin gestand ich eine Irrtumsmöglichkeit zu, eine Entwendung ihrer Stiefel durch einen anderen, bisher unbekannten Täter sei nicht auszuschließen. Helgas Nichttäterschaft sei aber durch die Aussage von Schmitz und die Schaftausbesserung eindeutig nachgewiesen. Über die Handlungsweise von Helgas Kameradinnen ersparte ich mir jedes Urteil, ihr Leichtsinn und ihre Verantwortungslosigkeit seien offenkundig; wie sie mit der auf sich geladenen Schuld fertig würden, sei ihre Sache. Zur Rolle der Heimleiterin merkte ich an, daß Voreingenommenheit ein schlechter Ratgeber sei; hier sei ganz ohne Zweifel Abneigung mehr als Wahrheitsliebe im Spiel gewesen. Zum Schluß machte ich so etwas wie Urteilsschelte: eine eingehendere Aufklärungs- und Ermittlungsbemühung als die schnelle Ingangsetzung eines Gerichtsverfahrens hätte die Schuldlosigkeit meiner Mandantin sofort ergeben.

Der Ankläger hatte gegen die Aufhebung des Urteils und den Freispruch Helgas wegen erwiesener Unschuld nichts einzuwenden. Das Gericht erkannte demgemäß nach nur ganz kurzer Beratung. Die Akten gegen Helga waren geschlossen, aber gegen ihre Kameradinnen wurden sie neu eröffnet.

Die mir zugestandene Aufenthaltsdauer reichte am Nachmittag noch zu einem Kurzbesuch meiner Tante in Kragerö, der malerischen Hafenstadt am Ausgang des Oslofjords, wo ich als junger Mann unvergeßliche Ferien genossen hatte. Die Stunden des Wiedersehens vergingen wie im Fluge – es war ein wehmütiger Abschied von einer Todgeweihten.

Am nächsten Morgen brachte mich die Schwester meines Vaters auf den Bahnsteig. Dort trafen wir ein größeres Aufgebot der deutschen Wehrmacht. Absperrposten wiesen alle Reisenden schroff auf die rechte Bahnhofseite. Endlich marschierte mit einem Leutnant an der Spitze ein Zug Soldaten auf und machte Front zur Zugseite. Kurz bevor der Zug einlief, schwankte inmitten von einigen Militärposten ein offenkundig schwer bezechter Hauptmann auf den Bahnsteig, dahinter zwei Soldaten mit viel Gepäck. Meine Tante sagte nur: »Schau dir das an! Unser Herr Ortskommandant fährt auf Urlaub.« Die Ehrenformation blieb in Ruhestellung, die Gewehre in der Hand mit dem Kolben auf dem Boden; der Ortskommandant hatte ganz schlicht vergessen, ihre Ehrenbezeugung abzunehmen. Als der Zug eingelaufen war, wurde sein Gepäck eingeladen. Dann endlich durften auch wir Zivilreisenden einsteigen.

Am frühen Nachmittag war ich in Oslo und fuhr sogleich zum Flughafen, wo gegen 17.00 Uhr meine Maschine startete. Im Abflugwarteraum stand Helga Wesche mit einem Paket. »Ein kleines Dankeschön. Es sind Hummer«, verriet sie und warnte: »Aber Vorsicht mit dem Zoll in Berlin. Alle Zivilisten werden streng kontrolliert, die Wehrmachtsangehörigen nicht.«

Bei der Unterweisung im Gebrauch mit Schwimmwesten, die sich damals alle Fluggäste vor dem Start umlegen mußten, fragte mich der neben mir sitzende Luftnachrichtensoldat, wo man denn den »Fallschirm« im Ernstfall aufreißen müsse. Fragend hielt er mir das Mundstück zum Aufblasen der Schwimmweste entgegen. Er war einigermaßen überrascht, als ich ihm sagte, daß es im Ernstfall nicht zu fliegen, sondern zu schwimmen gelte.

Die Maschine flog nur wenige Meter über dem Skagerrak, um bei Angriffen sofort wassern zu können, aber keine feindlichen Jagdflugzeuge zeigten sich. Kurz vor der Landung bat ich meinen Nachbarn, da ich als Beinbeschädigter schon mit Koffern und Aktentaschen genug zu tragen hätte, mein Paket zu übernehmen. Gern war er dazu bereit, und als in Tempelhof

Wehrmachtsangehörige und Zivilisten gesondert die Absperrung passierten, hatte er meine beiden Hummer schon unangefochten durch den Zoll gebracht, während ich noch jedes Gepäckstück einzeln öffnen mußte. Mein jüngerer Bruder, der damals in Berlin nach einer Verwundung im Osten in der Militärärztlichen Akademie Medizin studierte, holte mich ab. »Hast du sie freibekommen?« war seine erste Frage, die zweite: »Hast du Hummer mitgebracht?« »Beides«, sagte ich gelassen, während ich gerade mein Paket von dem Luftsoldaten in Empfang nahm. Meine Familie hatte ich zu dieser Zeit schon in den Harz evakuiert; die Luftangriffe waren zu schwer geworden. Aber mein Bruder verstand sich auf die Zubereitung von Hummern. So saßen wir an einem schönen Spätsommerabend auf dem Balkon meiner Wilmersdorfer Wohnung – sie wurde wenige Wochen später total zerstört –, aßen Hummer und tranken Champagner, sprachen von der deutschen Besetzung Norwegens, von dem Prozeß und dem Sieg der Gerechtigkeit über die Unmenschlichkeit. Aber wir wußten all die Zeit über, daß der große Untergang viele von uns mit in den Strudel reißen würde.

Helga Wesche sah ich 1946 im trübsten Nachkriegschaos noch einmal, als ich kurze Zeit in Magdeburg als Landgerichtsdirektor tätig war. Sie hatte in der Zeitung etwas über einen Schwurgerichtsprozeß gelesen, in dem erwähnt wurde, daß der namentlich genannte Vorsitzende im Kriege Verteidiger in Berlin gewesen sei. So besuchte sie mich auf gut Glück im Landgericht. Sie war jung verheiratet mit einem Barlebener Jugendfreund und erwartete ein Baby. Wieder zog sie aus ihrer Tasche ein Paket. »Diesmal kein Hummer«, lachte sie. »Aber selbstgeschlachtete Blutwurst!« Und dann zeigte sie auf ihre Füße: »Seehundstiefel sind übrigens jetzt Gold wert.«

Ein Jugendstreich
in Leonding

Im Herbst 1943 – Stalingrad lag schon ein halbes Jahr zurück – erhielt ich von einem Geschäftsmann aus Heilbronn, der eine Teigwarengroßhandlung betrieb und deshalb trotz seiner Jugend vom Wehrdienst befreit war, einen Brief mit der dringenden Bitte, mich seines Onkels namens Eugen Wasner anzunehmen, der als Gefreiter im Wehrmachtsuntersuchungsgefängnis in Berlin-Spandau einsitze. Sein Verwandter habe ihn brieflich gebeten, ihm einen Berliner Strafverteidiger zu verschaffen, der ihn in einem Verfahren vor dem Zentralgericht des Heeres vertreten könne. Die Gründe, weshalb sein Onkel verhaftet und von der Front nach Berlin überführt worden sei, kenne er nicht. Er schilderte seinen Onkel als einen unauffälligen Mann, der Buchhalter in einer süddeutschen Stadt gewesen sei, ehe man ihn 1940 zum Wehrdienst eingezogen habe. Er sei Junggeselle und als solcher, obwohl erst Anfang Fünfzig, manchmal schon etwas schrullig; seiner Lauterkeit seien aber keinerlei kriminelle oder sonstige strafbaren Handlungen zuzutrauen.

Wenig später lernte ich Eugen Wasner kennen. Er war ein etwas kleinbürgerlicher und ziemlich redseliger Mann, der schon nach der kurzen Einsamkeit der Untersuchungshaft recht verschüchtert und außerdem unbeholfen wirkte; sonst an Umgänglichkeit und Redseligkeit seiner Umgebung gewohnt, wußte er in seiner Eingeschlossenheit nicht mehr aus noch ein. Seine Erklärungen zur Sache waren verwirrend.

Wasner war ein Mitschüler Adolf Hitlers in dessen frühester Jugend im österreichischen Leonding bei Linz gewesen. In der Infanterie-Kompagnie, in der Wasner an der Ostfront stand, hatte er sich ganz offenbar damit wichtig gemacht, vor allem aber – zum Ärger seines Vorgesetzten, eines Reserveoberleutnants – durch ständige Redereien über die Kriegslage. Seine meist jüngeren Kameraden nahmen ihn als etwas schrulligen Einzelgänger wohl nicht ganz ernst, heuchelten jedoch Interesse, wenn er die Wehrmachtsberichte im Rundfunk kritisch interpretierte und zu erkennen gab, daß er ihnen in vielen Punkten nicht traute. Der Kompagniechef hatte ihn deshalb ernsthaft verwarnt; Wasners Lagekritiken waren gemeldet worden, und einige gesinnungstreue Kompagnieangehörige hatten ihn als »Miesmacher« bezeichnet. Wasner war aber nach wie vor der Mittelpunkt eines Kreises interessierter Kameraden, die seinen strategischen Erwägungen amüsiert zuhörten und ihn durch Einwände oder durch übertriebenen Beifall geradezu anspornten, sich als Feldherr zu geben – offenbar nur der Unterhaltung wegen.

Nach einer verlustreichen Rückzugsbewegung im Mittelabschnitt der Ostfront geriet Wasners Lage-Kritik aber in höchst gefährliches Fahrwasser. Als nämlich einer seiner Kameraden ihn im Spaß oder in ehrlicher Naivität aufgefordert hatte, er solle doch seine Meinung über die Kriegslage seinem ehemaligen Mitschüler als dem obersten Kriegs- und Feldherrn schreiben, der vermutlich gar nicht wisse, wie es unten beim einfachen Landser aussehe, hatte sich Wasner – nach dem schriftlichen Bericht des Kompagnieführers an den Regimentskommandeur, mit dem die Strafakte Blatt 1 begann – wie folgt geäußert:

»Ach, der Adolf! Der ist ja deppert schon von kleinauf, wo ihm doch ein Ziegenbock den halben Zippedäus abgebissen hat!« Und, vom Staunen seiner Kameraden angespornt, war er fortgefahren: »Jawohl, ich bin doch selbst dabeigewesen. Eine Wette hat er gemacht, der Adi, daß er einem Ziegenbock ins Maul pinkeln würde. Als wir ihn ausgelacht haben, hat er gesagt: ›Kommt's mit, wir gehen auf die Wies', da ist ein Ziegenbock.‹ Auf der Wies' hab' ich den Ziegenbock festgehalten zwischen meinen Beinen, ein andrer Freund hat dem Ziegenbock mit 'nem Stock das Maul aufgesperrt, und der Adolf hat dem Bock ins Maul gepinkelt. Grad' als er dabei war, hat der Freund den Stock weg-

134

gezogen, der Bock hat hochgeschnappt und dem Adolf in den Zippedäus gebissen. Geschrien hat der Adi da aber fürchterlich und ist heulend davongelaufen!«

So Eugen Wasner im Kameradenkreise. Dem Kompagnieführer schien nun das Maß voll. Vielleicht auch schien ihm Absicherung angesichts solch staatsgefährdender Reden höchst angezeigt. Er hatte erst die Zeugen, dann Wasner selbst vernommen, der zu dem Vorfall unklugerweise aber nur zu Protokoll gab: »Jawohl, das habe ich erzählt als einen Spaß aus des Führers Jugend.« Und auf nochmaligen Vorbehalt des Kompagnieführers, der vielleicht das leicht vorhersehbare Verhängnis für Wasner noch abwenden sollte, das könne doch nicht wahr sein, das habe sich Wasner doch nur als dummen Scherz ausgedacht, hatte Wasner geantwortet: »Nein, das habe ich mir nicht ausgedacht. Was wahr ist, muß wahr bleiben.« Vorgelesen und von Eugen Wasner unterschrieben.

Der Kompagnieführer hatte seinen Bericht an den Regimentskommandanten mit der Bitte um weitere Veranlassung geschickt, da er in Wasners Äußerungen – der im übrigen wegen seines sonstigen dienstlichen Verhaltens, seiner Einsatzbereitschaft und seiner Kameradschaftlichkeit zu keinen Beanstandungen Anlaß gegeben hätte – einen Fall von Heimtücke und Wehrkraftzersetzung erblicken müsse, der strafrechtlich zu ahnden sei. In jedem Fall bitte er, Wasner zu einer anderen Einheit abzustellen, da er im Verband der Kompagnie nicht mehr tragbar sei.

Schon zwei Tage später war Wasner verhaftet und in das Wehrmachtsuntersuchungsgefängnis in Berlin-Spandau überführt worden.

Als ich Wasner das erste Mal gesprochen und anschließend die Gerichtsakten eingesehen hatte, war ich ziemlich entmutigt. Ich redete ihm mit Engelszungen zu, seine Aussage vor dem Kompagnieführer zu widerrufen und zu erklären, daß die Geschichte mit dem Führer ja nur seiner Phantasie entsprungen sei, weil er vor den Kameraden mit seinem vertrauten Jugendumgang mit

Hitler habe prahlen wollen. Aber mit Wasner war nicht zu reden – auch nicht, als ich ihm sagte, daß ihn dies voraussichtlich den Kopf kosten würde. Er blieb hartnäckig. Er erklärte, ein gläubiger und wahrheitsliebender Katholik zu sein, und was er gesagt habe, sei wahr, und wenn er deshalb sterben müsse, so würde er eben unschuldig verurteilt wie Jesus Christus, der ja auch habe sterben müssen. Aber man könne den Führer ja befragen über jenes Jugenderlebnis, Hitler werde die Geschichte, wenn er wahrheitsliebend sei, schon nicht abstreiten. Denn der Bruno Kneisel habe dem Ziegenbock ja die Maulsperre verabfolgt und dann vorzeitig den Stock aus dem Maul gezogen, der könne das auch bezeugen. Über den Aufenthalt dieses Zeugen konnte Wasner allerdings keine Angaben machen.

Meine Unterredung mit dem Oberkriegsgerichtsrat, der für die Buchstaben S–Z die Anklagen zu bearbeiten hatte, verlief wenig hoffnungsvoll. Ich vertrat den Standpunkt, daß mein Mandant offenkundig geistesgestört sei, und beantragte deshalb vor Anklageerhebung die Einholung eines psychiatrischen Gutachtens über den Geisteszustand des Angeklagten. Dies hätte ihm möglicherweise die Wohltat des § 51 StGB, das heißt die Feststellung völliger Strafunmündigkeit bei Vorliegen einer Geisteskrankheit oder aber doch zumindest eine Strafmilderung für den Fall der Feststellung einer vorübergehenden Störung seiner Geistestätigkeit gesichert. Als ich auch nur andeutungsweise erwähnte, daß der Beschuldigte groteskerweise einen Zeugen für jenen Jugendstreich benannt habe, dessen Auffindung und Vernehmung möglicherweise die Erzählung Wasners als reine Hirngespinste entlarven könne, geriet der Anklagebearbeiter in hellste Aufregung. »Um Gottes willen«, sagte er plötzlich fast bittend, »wollen Sie mich und sich selber auch noch ins Unglück stürzen? Vielleicht verlangen Sie auch noch, daß ich den Führer selbst als Zeugen lade? Das ist doch eine ganz unglaubliche und gänzlich absurde Geschichte! Verschonen Sie das Gericht mit nutzlosen Beweisanträgen!« Mein überaus vorsichtig vorgebrachter Hinweis auf die Pflicht eines Verteidigers, alles zur Entlastung des Beschuldigten im gesetzlichen Rahmen Erforderliche zu tun, quittierte er mit der Erklärung: »Gut, ich werde diesen Kerl also auch noch psychiatrisch untersuchen lassen. Damit basta, Zeugen werden nicht geladen. Der Mann ist ja geständig, geradezu hartnäckig geständig, den Führer perverser Handlungen bezichtigt zu haben!«

Mit diesem Bescheid verließ ich den Oberkriegsgerichtsrat. Jetzt blieb nur noch die Hoffnung auf ein einigermaßen günstiges Gutachten. Dafür gab es um so mehr eine Chance, als das Gutachten auf meinen Vorschlag hin von dem Psychiater der Berliner Universität, Professor Dr. Müller-Heß, eingeholt werden sollte, der mit seinen Gutachten schon in manchen politischen Strafprozessen Todeskandidaten vor dem Schafott bewahrt hatte. Aber Müller-Heß war gerade im Urlaub, und das Gutachten wurde von einem seiner Oberärzte erstattet.

In der Zwischenzeit hatte ich auf eigene Faust versucht, den Aufenthalt des potentiellen Zeugen Kneisel zu ermitteln. Meine Anfragen an das Einwohnermeldeamt und das Standesamt in Leonding wurden jedoch dahingehend beantwortet, daß der p. p. K. am soundsovielten daselbst geboren, nach Mitteilung des Standesamtes in Wien am soundsovielten des Jahres 1939 verstorben sei; die Todesursache sei Lungenentzündung gewesen. Kneisel war also nicht mehr zu vernehmen, und mich beschlich der hartnäckige Verdacht, daß sein früher Tod mit dem Ziegenbock-Erlebnis seines Jugendfreundes Adolf Hitler etwas zu tun gehabt haben könnte. Der Arm des Führers war lang und unerbittlich, wenn es um sein Vorleben ging; dafür gab es genügend Beispiele.

Das psychiatrische Gutachten fiel für die Zwecke der Verteidigung unergiebig aus. Wasner war dem Psychiater zweimal für einige Stunden zur Untersuchung vorgeführt worden. Ihm wurden zwar weitschweifige Redeweise, angeberhaftes Sichaufspielen, das für Überbewertung des Persönlichkeitsbewußtseins sprach, auch mangelhaftes logisches Denkvermögen und weiterhin eine etwas starrsinnige Religiosität, jedoch keine Umstände attestiert, die auf eine dauernde oder auch nur vorübergehende Störung seines geistigen Vermögens schließen ließen.

Mit Wasners Neffen, der ihn und mich inzwischen in Berlin besucht hatte, telefonierte ich unmittelbar vor dem Verhandlungstermin noch einmal ausführlich, um herauszufinden, ob es irgendwelche anderen Hinweise gäbe, daß sein Onkel irgendwann und irgendwo Lügengeschichten aufgetischt habe. Der Neffe wußte dafür keinerlei Hinweise zu geben. Er erklärte, auch niemals vorher etwas von der Ziegenbock-Geschichte seines Onkels gehört zu haben. Vor der mündlichen Verhandlung gab ich Wasner als letzten Rat nochmals die dringende Empfehlung, seine bisherigen Aussagen zu widerrufen; wenn er mit dem Leben davonkommen wollte, müsse er seine Erzählung über Adolf Hitlers angeblichen Jugendstreich als Lügengeschichte zutiefst bereuen.

Die Verhandlung vor dem Zentralgericht des Heeres – die Öffentlichkeit war hier fast immer wegen Gefährdung der Staatssicherheit ausgeschlossen – verlief kurz und militärisch. Der Angeklagte, nach drei Monaten entbehrungsreicher Haft seelisch zermürbt, wurde zur Person und Sache vernommen. Er blieb bei seinen Aussagen und fügte nur hinzu, daß er den Führer nicht habe beleidigen wollen; er habe seinen Kameraden nur einen gemeinsamen Jugendstreich als Scherz erzählen wollen. Er bereue das jetzt sehr. Der geladene Sachverständige, der junge Oberarzt von Müller-Heß, haspelte die Schlußfeststellungen seines Gutachtens herunter; einige meiner Fragen an ihn ließ der Vorsitzende, ein kurz angebundener Generalrichter, nicht zu. Der Ankläger beantragte wie erwartet für den Angeklagten die Todesstrafe wegen heimtückischer und gemeiner Verleumdung des Führers und Reichskanzlers und wegen Wehrkraftzersetzung. In meinem Plädoyer versuchte ich, die Bedeutung der Vorfälle herunterzuspielen; es handele sich schließlich um einen unbedeu-

138

tenden kleinen Mann, dem zu Kopfe gestiegen sei, daß er den seltenen Vorzug genossen habe, in frühester Schuljugend mit dem Führer zusammengewesen zu sein. Unseligerweise habe er im Kameradenkreise mit dieser Kinderbekanntschaft geprotzt, wobei man vielleicht doch auch dafür Verständnis haben müsse, daß in solchen Situationen Jugenderlebnisse übertrieben und manches zuviel gesagt werde; dabei komme es ja oft vor, daß sich im Laufe der Zeit harmlose Ereignisse in Skandalgeschichten verwandelten. Da der Angeklagte sich im zivilen wie im militärischen Leben aber stets einwandfrei geführt, überdies auch echte Reue bekundet habe, sei es zu vertreten, von der höchsten Strafe abzusehen und es bei einer Freiheitsstrafe bewenden zu lassen.

An den kalten Augen des Vorsitzenden und seiner beiden Beisitzer, von denen nur der Unteroffizier hin und wieder halb neugierig, halb mitleidig auf den zusammengesunkenen Angeklagten geschaut hatte, war schon während des Plädoyers abzulesen, daß das Urteil bereits gefällt war, ehe es verkündet wurde.

»Angeklagter, Sie haben das letzte Wort, wollen Sie noch etwas vorbringen?« Wasner schreckte auf, holte Luft. Dann erinnerte er sich wohl, daß ich ihm gesagt hatte, sich auf die vom Gesetz vorgeschriebene Frage nur meinen Worten anzuschließen; er sackte zusammen und murmelte nur: »Bei Jesus und Maria, er hat's aber doch getan, der Adi«, und, dann lauter werdend: »Ich kann's beschwören, bei meinem Leben.« Das Gericht hatte sich schon erhoben, jetzt sagte der Vorsitzende aufgebracht: »Nun ist es aber genug, das ist ja unerhört.«

Damit war die Verhandlung geschlossen, und die drei Heeresrichter verschwanden im Beratungszimmer. Es dauerte kaum fünf Minuten bis zur Wiederkehr des Gerichtes. Stehend hörten alle Beteiligten das Urteil »Im Namen des Volkes«: »Der Angeklagte Eugen Wasner hat Deutschlands Führer und Reichskanzler in übelster Weise heimtückisch beleidigt und verleumdet. Er hat hierdurch und durch weitere defätistische Äußerungen die Wehrkraft des deutschen Volkes zersetzt. Er wird deshalb mit dem Tode bestraft.«

Die knappe mündliche Urteilsbegründung, die der Vorsitzende pflichtgemäß zu sprechen hatte, begnügte sich mit wenigen Tatbestands-Feststellungen, bei denen auf den möglichen Wahrheitsgehalt der Ziegenbock-Geschichte mit keinem Wort eingegangen wurde. Der Vorsitzende erklärte im Gegensatz zum Urteilstenor, in dem von Beleidigung und Verleumdung des Führers die Rede war, daß der Verurteilte »sich durch üble Äußerungen über den Führer der Heimtücke und der Wehrkraftzersetzung« schuldig gemacht habe – zwei Straftatbestände, die außerhalb des Strafgesetzbuches erst nach 1933 durch besondere Strafgesetze (Heimtückegesetz und Kriegssonderstrafrechtsordnung) geschaffen worden waren. Für das verbrecherische Verhalten des Verurteilten, der die Wehrkraft des Volkes in seinem schweren Abwehrkampf gegen den Bolschewismus rücksichtslos und vorsätzlich in gemeinster Weise geschädigt und zersetzt habe, sei die Todesstrafe die einzig mögliche und angemessene Sühne gewesen.

Wieder einmal hallte dann der schematische Schlußsatz durch den fast leeren Gerichtssaal, den ich in den letzten Jahren immer wieder hatte anhören müssen: »Die Verhandlung ist geschlossen, der Verurteilte ist abzuführen.«

Gegen Urteile des Zentralgerichts des Heeres gab es wie bei allen Sondergerichten und beim Volksgerichtshof keinerlei Rechtsmittel. Die Urteile aller Militärgerichte bedurften jedoch zu ihrer Vollstreckung der Bestätigung durch den obersten Gerichtsherrn. Das war als Oberbefehlshaber der Führer, dem hierfür im Oberkommando der Wehrmacht eine Rechtsabteilung zur Verfügung stand, die mit Militärjuristen besetzt war. Im allgemeinen wurde das Bestätigungsrecht auf die Oberbefehlshaber der Armeen und der Armeekorps delegiert, für den Bezirk Berlin übte der Stadtkommandant die Befugnisse des Obersten Gerichtsherrn aus, soweit es sich nicht um Sonderfälle oder um Verurteilung von Offizieren handelte, für die der Oberbefehlshaber der Wehrmacht sich die Bestätigung allein vorbehalten hatte.

Hin und wieder war es im Bestätigungsverfahren der Verteidigung möglich, durch schriftliche Gegenvorstellungen eine Aufhebung des Urteils und eine Zurückverweisung an das erkennende oder an ein anderes Gericht zum Zwecke neuer Verhandlung zu erreichen, seltener auch eine Abänderung des Urteils durch Milderung des Strafmaßes. In jedem Fall blieb schließlich gegen rechtskräftige Urteile auch noch der Weg des Gnadengesuchs offen mit dem Ziele des Strafaufschubs, einer Umwandlung der Strafe oder der Gewährung einer Bewährungsfrist. Für den Gnadenerweis waren bei Militärgerichtsverfahren jedoch dieselben Instanzen wie für das Bestätigungsverfahren zuständig. Je nach Lage des Falles versuchte also ein pflichtbewußter Verteidiger, bei ungünstigen Urteilen für seine Klienten entweder auf dem Einwendungswege beim Bestätigungsverfahren oder mindestens im Gnadenwege noch etwas herauszuholen – oftmals in *einem* Schriftsatz, in dem sowohl prinzipielle Einwendungen gegen die Bestätigung eines mangelhaft gehaltenen Urteils erhoben wurden, als auch zugleich, falls die Urteilskritik für unbegründet gehalten werden sollte, um einen Gnadenerweis gebeten wurde.

Im Falle Wasner beriet ich mich mit dem mir gut bekannten Generalrichter Rosencrantz, der beim Berliner Stadtkommandanten General v. Haase praktisch die Funktion des Bestätigungsgerichtsherrn ausübte. Der General billigte nämlich als Gerichtsherr die ihm von Rosencrantz als oberstem Richter des Kriegsgerichts der Berliner Wehrmachtskommandantur vorgetragenen Entscheidungsvorschläge meistens und schenkte seinem Judiz volles Vertrauen. Mit Rosencrantz, der kein Nazi war und oft erstaunlich offen sprach, ließ sich nicht nur korrekt, sondern auch menschlich verhandeln; in seinem Wirkungsbereich hat er unendlich viel Gutes getan und Böses verhindert.

Als ich Rosencrantz den Fall Wasner vortrug, der sich nicht in seinem Zuständigkeitsbereich, sondern als Sonderfall im Bereich des OKW befand, weil er beim Zentralgericht des Heeres abgeurteilt war, winkte er alsbald ab mit dem Bemerken, daß ihm »dieses dolle Ding von unseres Gröfaz Jugendsünden« schon aus Kasinounterhaltungen mit dem Oberkriegsgerichtsrat bekannt sei, der die Anklage bearbeitet habe. Da der psychiatrische Gutachter nicht funktioniert habe, sei da aber wohl Hopfen und Malz verloren. Übrigens habe Keitel schon heftig kritisiert, daß der Anklagevertreter überhaupt noch ein Gutachten eingefordert hatte. Keitel habe auf besonders schnellem Verfahrensverlauf mit der ausdrücklichen Weisung auf Antrag der Todesstrafe bestanden. »Tun Sie, was Sie können, lieber Herr Rechtsanwalt«, sagte der Generalrichter, »aber ich sehe da keine Hoffnung mehr. Dem Mann wird nicht zu helfen sein.«

Diese Unterredung fand am Tage nach der Urteilsverkündung statt. Einige Tage später erhielt ich das schriftliche Urteil. Umgehend danach reichte ich meinen Einwendungsschriftsatz und zugleich ein Gnadengesuch beim Zentralgericht des Heeres ein. Schon drei Tage später – so schnell hatte ich noch keine Verfahrensabläufe erlebt – erhielt ich die Bestätigung des Urteils durch das Oberkommando der Wehrmacht und die Ablehnung des Gnadengesuches, beide im Auftrag des Generalfeldmarschalls Keitel von Generalrichter Dr. Sack unterzeichnet. Das OKW und seine Rechtsabteilung befanden sich damals in Rastenburg/Ostpreußen in der Nähe des Führerhauptquartiers »Wolfsschanze«. In Eilfällen lief alles über Fernschreiber oder Telephon.

Zwei Tage später kam durch Zustellung die Nachricht, daß die Vollstreckung des Todesurteils morgens 4.30 Uhr am nächstfolgenden Tage stattfinde. Verteidiger mußten von den Hinrichtungsterminen benachrichtigt werden; es stand ihnen frei, daran teilzunehmen. Dagegen war ihnen verboten, dem Verurteilten vom Zeitpunkt der Hinrichtung Nachricht zu geben. Das besorgte ausschließlich der Anklagevertreter am Abend vor der Hinrichtung. Der Gefängnisgeistliche und der Verteidiger durften den Verurteilten eine halbe Stunde vor der Hinrichtung für zehn Minuten aufsuchen.

In einer dunklen, regnerischen Novembernacht fuhr ich – nicht zum ersten Mal – mit einer Taxe in das Gefängnis Plötzensee in der Berliner Jungfernheide, war um 4.00 Uhr dort und wartete vor der Zelle Wasners im sogenannten Todesflügel. Der katholische Gefängnisgeistliche war bei ihm. Als er herauskam, ging ich hinein. Wasner war gefaßt, er saß mit Drillichhose, Holzpantoffeln und einem offenen Leinenhemd auf seiner Pritsche, die Hände hatte er noch gefaltet. Aus jedem Auge lief langsam eine Träne.

Ich sagte ihm mein Bedauern, daß ich nichts für ihn hätte erreichen können, wir lebten in schlimmen und schweren Zeiten, ein Menschenleben gelte nicht mehr viel. Wasner sagte langsam: »Ein Menschenleben gilt für nix, aber ich hoffe doch im Himmel droben.« Ich sagte: »Ja, gewiß.« Wasner bat mich noch, seinem Neffen zu sagen, daß er keine Furcht vor dem Tode gehabt habe und daß er ihn herzlich grüßen lasse. In diesem Moment kam mit schweren Tritten der genagelten Stiefel das Begleitkommando von sechs Soldaten und einem Unteroffizier, dazu der Oberkriegsgerichtsrat der Anklage; der Geistliche stand an der Zellentür. Wasner stand auf, gab mir ohne ein Wort die Hand und ging zum Geistlichen, der ihn am Arm nahm und in den Gang führte. Er blieb neben ihm, als sich die Gruppe in Marsch setzte. Ich ging im Abstand von einigen Metern mit, einen Gang entlang, dann eine Treppe nach unten, dann wieder einen langen Gang bis zu einer Eisentür. Dort stand ein Schließer, der die Tür in den Hof öffnete, in dem die Guillotine stand und wo der Henker mit seinem Gehilfen in trüber Beleuchtung wartete. Man ging einzeln durch die Tür, die dann vom Schließer wieder geschlossen wurde. Ich blieb hinter der Tür stehen und stand jetzt etwas hilflos da. Da sagte der Schließer:

»Heil Hitler, Herr Rechtsanwalt, ich geh' auch nicht mehr hinaus. Sie können wieder gehen. Ich muß ja noch hierbleiben, ist schon nicht einfach, Nacht für Nacht dasselbe.« Ich sagte auch »Heil Hitler« und ging davon, die Schläge des Armesünderglöckchens im Ohr.

In vielen Hitler-Biographien ist von Historikern, Ärzten und Publizisten auch nach der seelischen Konstruktion dieser unheimlichen Erscheinung gefragt worden, wobei mitunter auch auf seine Beziehungen zu Frauen eingegangen wurde, die recht spärlich gewesen zu sein scheinen. Man hat versucht, sein merkwürdiges Verhältnis zu Eva Braun zu verstehen, eine erotische, aber offensichtlich asexuelle Beziehung, seine Einsamkeitsanwandlungen, seine Wutanfälle, seine unbarmherzige Rachsucht und seinen geradezu pathologischen Trieb zur Vernichtung eingebildeter Feinde. Noch mehr als fünfunddreißig Jahre nach seinem Selbstmord im Bunker der Reichskanzlei steht die Welt vor dem psychologischen und psychiatrischen Rätsel dieses unheimlichen Bewegers der Weltgeschichte. Wenn ich heute an Wasner denke, so will mir scheinen, daß solche Verirrungen eines Jugendlichen, wie sie Wasner vom achtjährigen Hitler berichtet hat, einen kleinen Mosaikstein zur Aufschlüsselung eines Mannes geben, der vielleicht Genie, sicher Monster gewesen ist. An dem Wahrheitsgehalt von Wasners Bericht, der ein naiver, aber tief gottesfürchtiger Mensch war, habe ich nie einen Zweifel gehabt.

Carlos
wunderbare Rettung
oder ## Die Weihnachtsfreude
im Kamin

Carlo Peltz, Dr. med., Facharzt für Chirur-
gie und Gynäkologie, Anfang 40 – ein gutaussehender
schwarzhaariger Mann –, unterhielt in den dreißiger
Jahren eine gutgehende Praxis auf dem Kurfürstendamm im mittleren Teil zwischen Uhland- und Bleib-
treustraße. Operative Fälle behandelte er in der Privat-
klinik Bülowstraße, wo er zwölf Belegbetten hatte.
Wegen seines Charmes und seiner ärztlichen Kunst
hatte er einen großen Patientinnenkreis. In einem Dop-
pelhaus in der Nähe des Bahnhofs Grunewald bewohnte er mit seiner Frau eine sehr geschmackvoll aus-
gestattete Sechs-Zimmer-Wohnung. Die Ehe war
kinderlos, ein Dackel ersetzte das versagte Kinder-
glück.
Carlo stammte aus Darmstadt, sein Vater
war höherer Baubeamter in der hessischen Regierung
gewesen und besaß dort ein schönes Haus, in dem Carlo
eine sorglose Jugend als Einzelkind verbracht hatte. Er
war katholisch erzogen worden, hatte sich aber nach
Studium und Beruf vom ererbten Glauben entfernt, tat
jedoch karitativ für seine Kirche viel Gutes. Vor seiner
Niederlassung in Berlin hatte er als junger Schiffsarzt
eine längere Kreuzfahrt mitgemacht und bei dieser Gelegenheit seine spätere Frau kennengelernt. Sie war ge-
borene Hamburgerin, aber als Tochter eines deutschen
Generalkonsuls in Alexandria und Kairo aufgewachsen, hatte dann ein Schweizer Internat und eine dortige
Wirtschaftsakademie besucht und wollte gerade mit einem Wirtschaftsstudium beginnen, als sich die beiden
auf dem Luxusdampfer kennen- und lieben lernten. Sie
war dreisprachig und international erzogen, sah sehr gut
aus, war kunstverständig und kosmopolitisch einge-

stellt. In der Ehe traf sie alle wichtigen Dispositionen, eine kluge Frau mit leichter Hand und diplomatischem Geschick. Auch die Niederlassung in Berlin – er liebte seine Heimat Darmstadt sehr und wollte sich dort gern niederlassen, auch seiner alten Eltern wegen – war von ihr durchgesetzt worden. Sie war jung, lebenshungrig und die große Welt gewohnt, da schien ihr 1932 die Reichshauptstadt, wo sie sich gesellschaftlichen Verkehr in Diplomatie und Kunstwelt erhoffte, der richtige Platz. Sie hatte wohl auch den Ehrgeiz, aus ihrem Carlo, dessen hessisches Gemüt weniger anspruchsvoll war, etwas zu machen.

In der Tat war Carlo, der im vertrauten Kreise gern hessisch »babbelte«, ein Mann, der etwas »Teddy«-haftiges an sich hatte, langsam und gemütlich, schwer von Entschluß und alles in allem ein sehr höflicher und dankbarer Ehemann, den es freute, daß er eine so tatkräftige Frau hatte, die ihm außerhalb des Berufs alles abnahm. Sein hessisches Idiom war ihr allezeit ein Stein des Anstoßes, und er bemühte sich in ihrer Anwesenheit auch um reines Hochdeutsch, das er leicht gequält sprach. Ab und zu machte es ihm Vergnügen, sie mit ihrem hamburgischen Dialekt zu frozzeln und ihr das »nöch« nachzuäffen, das ihr aber nur unterlief, wenn sie lebhaft erzählte. Diese beiden heiteren Menschen, mit denen ich mich bald befreundete, besuchten mich Mitte des Jahres 1943 in meiner Praxis.

Carlo trug die Uniform eines Unterarztes des Heeres, sie ein leicht kariertes Kostüm mit einem jener kessen Hütchen, wie sie damals gerade Mode waren. Beide waren sehr aufgeregt und sprachen durcheinander. Frau Peltz eröffnete ihren etwas wirren Redefluß mit Hinweisen auf eine Mandantin, die ich vor kurzem geschieden hatte und die ihr Mann als Patientin betreute. Als sie in bestem Zuge einer Erzählung war, die darauf hinauslief, daß Carlo kürzlich in Darmstadt gewesen sei und dort unglaubliche Dummheiten gemacht habe, sprach er etwas dazwischen. Sie verstummte darauf, lehnte sich zurück und sagte nur: »Dann erzähle du den Unfug, den du angestellt hast!«

146

Carlo straffte sich und erzählte dann langsam und umständlich, wobei er immer wieder bei Nebensächlichkeiten verweilte, die ihm seine Frau abschnitt: »Stiehl doch Herrn Güstrow nicht die Zeit.« So nahm sie endlich den Faden wieder in die eigenen Hände und setzte die Pointen der Darmstädter Vorfälle schnell und richtig. Es hatte sich folgendes abgespielt:

Sein alt gewordenes Kinderfräulein, das auch nach seiner Jugend das Faktotum seiner Eltern geblieben war, hatte Carlo aus einem Darmstädter Altersheim im Frühjahr 1943 benachrichtigt, daß sein Elternhaus – beide Eltern waren verstorben und das Haus war vermietet worden – durch einen Luftangriff total zerstört worden sei. Die Mieter seien dabei ums Leben gekommen, und er möge doch schnellstens kommen und die Formalitäten mit den Behörden ordnen. Carlo, der von 8 Uhr bis 16 Uhr als Unterarzt der Wehrmacht in einem Lazarett in Berlin-Lichtenberg arbeitete und danach noch seine Privatpraxis von 17 Uhr bis in die späten Abendstunden betrieb, nahm drei Tage Urlaub und fuhr nach Darmstadt. Das überglückliche Kinderfräulein, eine Greisin von nahezu fünfundsiebzig Jahren, freute sich, ihren Carlo nach Jahren endlich einmal wiederzusehen und empfing ihn schon am Bahnhof. Gemeinsam fuhren beide zum zertrümmerten Elternhaus. Carlo war vom Anblick der Ruinen seiner Jugendzeit betroffen, und seine Erinnerungen übermannten ihn. So sprudelten Bedrückungen aus ihm heraus, die ihn schon seit langem begleiteten. »Dieser unselige Krieg! Was für ein Elend dieser Größenwahnsinnige über die Menschen und die ganze Welt gebracht hat. Millionen von Toten nur eines Wahnsinnigen wegen, der die Welt erobern will. Man muß ihn beseitigen.« Entsetzt starrte die Alte ihren Liebling an: »So etwas darfst du doch nicht sagen von unserem geliebten Führer, das ist ja ganz böse von dir. Er trägt doch unser aller Last, die Feinde zu besiegen. Wir müssen ihm danken. Nein, so darfst du nicht von ihm sprechen. Das ist gemein!« – »Ach was«, erwiderte Carlo, »du hast ja keine Ahnung, was gespielt wird. Das wissen wir in Berlin besser, der Führer ist ein Sadist und betrügt allesamt – wenn's so weitergeht, bleibt in Deutschland kein Stein auf dem anderen!« Die Alte fing an zu weinen, Carlo tröstete sie, brachte sie in ihr Heim zurück, wo er in ihrem Zimmer noch eine Tasse Ersatzkaffee trank und auch mit der Heimleiterin sprach und ihr eine Geldspende fürs Heim in die Hand drückte. Die Unterhaltung mit dem alten Fräulein war einsilbig, und beim Abschied bat sie ihren Carlo flehentlich, er möge doch besser über den Führer sprechen, Gott habe Adolf Hitler doch dem deutschen Volk gesandt. Carlo hatte ihr alles Gute gewünscht und sich rasch verabschiedet, weil er das »Nazi-Gequatsche«, wie er sagte, nicht mehr anhören konnte. Er übernachtete bei einem Jugendfreund, erledigte tags darauf die notwendigen Behördenwege und kehrte schrecklich deprimiert nach Berlin zurück.

Nach ungefähr sechs Wochen erhielt Carlo die Vorladung eines Oberkriegsgerichtsrats beim Zentralgericht des Heeres in Berlin, der sich ihm beim Besuch dann als Anklagesachbearbeiter höflich vorgestellt und ihm eröffnet hatte, daß er ihn zu einer Anschuldigung seiner früheren Kinderfrau vernehmen müsse, die er – wenn sie wahr sei – als ungeheuerlich und gefährlich zugleich bezeichnete. Der Oberkriegsgerichtsrat riet ihm dann, sich schleunigst einen Verteidiger zu nehmen. Schließlich habe er ihm die Anschuldigung vorgelesen und ihm gesagt, er solle zu einem neuen Termin binnen einer Woche wieder erscheinen, bei dem seine Einlassung zur Anschuldigung protokollarisch aufgenommen werden würde. Er solle auch daran denken, daß er inzwischen vielleicht polizeilich überwacht werde, und sich vor unbedachten Reden und Handlungen hüten. Carlo hatte bei diesen Erklärungen den völlig Überraschten gespielt – er war es auch wirklich – und nur beteuert, daß die Angaben des Kinderfräuleins auf einem eklatanten Mißverständnis beruhen müßten und er keinerlei abträgliche Äußerungen über den Führer gemacht habe.

Nach Vollmachterteilung sah ich die Akten ein. Bei dem Sachbearbeiter der Anklage, der Carlo zu sich zitiert hatte, handelte es sich um Oberkriegsgerichtsrat Kreisinger, der mir aus der Vorkriegszeit als menschlich denkender und lebenserfahrener Oberstaatsanwalt dienstlich und gesellschaftlich privat bekannt war. Es war beruhigend, daß gerade er – als prakzitierender Katholik kein Freund des Nazisystems – diesen Fall bearbeitete. Daß er Carlo sogar Bedenkzeit für die Einlassung gewährt hatte, damit er vorher einen Anwalt konsultieren konnte, war ungewöhnlich. Jeder andere Anklagevertreter hätte in solchem Fall sogleich Haftbefehl erwirkt und den Beschuldigten in Untersuchungshaft gebracht. Ich besprach die Angelegenheit mit Kreisinger. Er deutete an, daß die Anschuldigung – wenn bewiesen – für meinen Mandanten tödlich ausgehen würde. Da die einzige Belastungszeugin aber recht alt und vielleicht auch schwachsinnig oder »spinnert« sei, werde er sehr vorsichtig sein. »Diese miesen Denunziationen«, sagte er, »die ich hier in meinem Alter noch zu bearbeiten habe, stehen mir bis obenhin!« Sein Stoßseufzer bei der Verabschiedung: »Wenn dieser Krieg doch bloß bald zu Ende wäre!« sagte genug.

Anschließend machte ich meinem Mandanten und seiner Frau die außerordentlich prekäre Lage klar, in die Carlo geraten war, und riet ihm, sein altes Kinderfräulein bei seiner protokollarischen Vernehmung als von je überspannt, märchenerzählend und leicht schwachsinnig zu bezeichnen. Da die Zeugin vermutlich wegen Alters nicht mehr reisefähig sei, werde es zu ihrer gerichtlichen und eventuell eidlichen Vernehmung in Darmstadt kommen, wie mir Kreisinger angedeutet hatte. Er hatte auch vor, den Kreisleiter der NSDAP in Darmstadt als Zeugen zu hören, bei dem das Kinderfräulein erschienen war mit der Bitte, ihren lieben Carlo doch in Berlin durch die Partei für den Führer zurückzugewinnen. Er habe sich über den Führer so böse geäußert, und das gehe doch nicht an, wir müßten doch im Kriege alle zusammenstehen und dem Führer helfen, Deutschlands Feinde zu besiegen. Der Kreisleiter hatte die Alte dann neugierig ausgefragt, ein Protokoll über ihre Angaben angefertigt und es über die Partei an die Gestapo nach Berlin gesandt. Die Gestapo hatte es an die Anklagebehörde beim Zentralgericht des Heeres zur Weiterverfolgung abgegeben. Dieses Gericht war seit Anfang 1943 auf besondere Anordnung Hitlers als Wehrmachtssondergericht für schwerwiegende Fälle von Wehrkraftzersetzung, begangen von Wehrmachtsangehörigen, eingerichtet worden, um eine zentrale, rücksichtslos durchgreifende Rechtsprechung zu garantieren, für die besonders scharfe Anweisungen gegeben worden waren.

Wenige Tage später wurde Carlo als Beschuldigter vernommen und machte nun die Aussagen, die ich ihm nahegelegt hatte. Er gab zu, beim Anblick seines zerstörten Elternhauses bestürzt und wohl auch erregt gewesen zu sein und sicherlich auch geschimpft zu haben, aber natürlich auf die Feinde und die Terrorangriffe, aber keinesfalls auf den Führer. Sein Kinderfräulein sei aber von jeher überspannt gewesen und neige zum Phantasieren, wahrscheinlich leide sie an fortgeschrittener Arteriosklerose und sei nicht mehr ganz klar.

Kreisinger sandte die Akten an das Amtsgericht Darmstadt zur Vernehmung des alten Kinderfräuleins, der Leiterin des Altersheims und des Kreisleiters der NSDAP. Die Ladung der Altersheim-Leiterin hatte ich beantragt, da mir Carlo gesagt hatte, es handle sich um ein katholisches Altersheim, dessen Leiterin den Ruf habe, eine gläubige Katholikin und also wohl auch keine Sympathisantin der Nazis zu sein. Sie sollte über den Charakter und das Verhalten des alten Kinderfräuleins im Heim gehört werden, wovon ich mir entlastende Aufschlüsse versprach.

Als ich die Ladung des Amtsgerichts Darmstadt zur Vernehmung der Zeugin erhielt, sträubte sich Carlo zunächst, mich zu begleiten. Es bedurfte der Überredungskunst seiner Frau, die ihn bis zum Einstieg in den Zug begleitete, um ihm klarzumachen, daß gerade eine Gegenüberstellung mit der Alten vor den Gerichtsschranken sie vielleicht dazu veranlassen könnte, ihre Aussagen abzuschwächen; spätestens dann würde sie sich wohl bewußt werden, was sie angerichtet hatte. Nach dem Akteninhalt hatte sie ihn ja nicht einer Strafverfolgung ausliefern, sondern mit ihrem Besuch beim Kreisleiter lediglich errreichen wollen, daß die NSDAP ihn aufklärend und belehrend unter ihre Fittiche nehme, um ihn zu überzeugen, daß nur das Genie des Führers Deutschlands Sieg bewirken könne.

Im Amtsgericht Darmstadt vernahm ein alter und müder, aber sorgfältiger Richter die drei geladenen Zeugen. Zunächst das Kinderfräulein, das ein verhutzeltes altes Weibchen war, das im Gerichtskorridor gleich auf Carlo zulief mit den Worten: »Ach Carlo, mein Jungche, daß wir uns hier wiedersehe müsse, das hab' ich ja gar nicht gewollt. Aber ich hab' kei' Ruh' mehr gehabt, als du fort warst. Was du über unseren Führer gesagt hast, das geht doch net a!« Ich zischte Carlo zu: »Nichts sagen, weitergehen!« Carlo zuckte also nur verlegen mit den Schultern, ging weiter, begrüßte die Heimleiterin höflich und salutierte betont korrekt vor dem Kreisleiter mit »Heil Hitler«.

Nach dem Aufruf der Sache wurden die Zeugen über ihre Eidespflichten belehrt und das Erscheinen des Angeschuldigten und seines Verteidigers festgestellt. Als erste wurde das Kinderfräulein vernommen. Das Protokoll des Kreisleiters über ihre Aussagen wurde ihr vorgelesen und schließlich wurde ihr die direkte Frage gestellt, ob sie ihre Aussagen aufrecht erhalte und sie zum Gegenstand ihrer Vernehmung machen wolle und könne.

Das alte Fräulein wurde unsicher. Bei der ziemlich schnellen Verlesung legte sie mehrmals die Hand ans Ohr. »Also das alles habe ich so nicht gesagt«, erklärte sie eingangs. »Ich wollte doch um Gottes Willen kein Strafverfahren gegen meinen lieben Carlo – ich war so aufgeregt, daß er so schlecht über unseren Führer gesprochen hat, und da habe ich dem Kreisleiter, den ich ja lange kenne, nur meine Sorgen um Carlo sagen wollen, daß er in dem großen Berlin wohl in schlechte Gesellschaft geraten ist und die Partei sich mal um ihn kümmern müsse, damit er wieder an den Führer glaubt!« Der Richter hielt ihr vor, daß sie doch in dem Protokoll des Kreisleiters ganz bestimmte wörtliche Äußerungen des Beschuldigten über den Führer wiedergegeben habe. Ob das unrichtig gewesen sei, und ob sie daher ihre Angaben widerrufen wolle. »Nein, es ist nicht alles unrichtig«, fing die alte Dame an zu schluchzen, »der Kreisleiter hat alles so schnell diktiert«, sagte sie, »dann mußte ich alles unterschreiben. Er verlangte es und sagte mir, natürlich muß die Partei in Berlin Ihren Doktor zur Räson bringen, dafür werde ich sorgen.« Der Richter ging mit ihr das Protokoll des Kreisleiters langsam durch und fragte jeden einzelnen Satz ab, ob der Angeschuldigte das gesagt habe oder nicht. Die Zeugin sagte mal »ja«, mal »nein«, mal »das weiß ich nicht mehr« oder auch »das kann ich nicht genau sagen«.

Dann nahm ich diese naive Richterin über Leben und Tod meines Mandanten in die Zange. Zunächst forschte ich nach der Motivation für ihre Anzeige. »Ich wollte ihn nicht anzeigen«, wehrte sich die Zeugin, »ich wollte bei dem Kreisleiter nur meine Besorgnisse besprechen und Carlo auf den rechten Weg zurückbringen. Er war auch früher manchmal jähzornig und laut, da habe ich ihn auch immer wieder auf den guten Weg gebracht.« Ob sie wisse, wer die Gestapo sei, fragte ich weiter. »Nicht genau«, sagte die Zeugin, »ich glaube, das ist jetzt die Polizei für besonders böse Menschen, die gegen den Führer sind.« Ich fragte, ob sie schwerhörig sei. »Nur ein bißchen«, antwortete sie wie alle Altersschwerhörigen, denen die Eitelkeit das Zugeständnis von Gebresten erschwert. Ob sie deswegen schon beim Arzt war, fragte ich weiter. »Ja – vor einem Jahr, aber er sagte, daran müßte ich mich gewöhnen«, war die Antwort. Ob es denn nicht möglich sei, daß sie sich vielleicht verhört habe, wollte ich wissen. »Das glaube ich nicht«, mußte ich hören. Die Alte begriff nicht, worum es ging. Schließlich durfte Carlo selbst Fragen an sie stellen. Er begann mit dem Satz: »Natürlich habe ich geschimpft – auf die Engländer, auf die Bomben, vielleicht auch auf den Krieg, aber doch nicht auf den Führer!« – »Auf den Führer hast du auch geschimpft, Carlo!« erwiderte sie, »sonst wäre ich doch gar nicht zum Kreisleiter gegangen.« Sie war hartnäckig, weitere Fragen verboten sich deshalb.

Der Richter diktierte ein vorsichtiges und gut abgewogenes Vernehmungsprotokoll. Es verblieb darin, daß der Angeschuldigte den Bombenkrieg verflucht habe und vom Irrsinn und Größenwahn des Führers gesprochen habe. Daß er Hitler als Sadisten bezeichnet habe, glaube sie nicht. Der Kreisleiter habe alles in seinem Protokoll schnell diktiert und sie unterzeichnen lassen, sie habe keine Zeit gehabt, alles Niedergeschriebene zu bedenken und nochmals selbst zu lesen. Sie leide an mäßiger Schwerhörigkeit, es könnten sich deshalb vielleicht Irrtümer eingeschlichen haben. Der Richter las der Zeugin alles von ihm in die Maschine Diktierte langsam und laut vor. Dann wurde die Zeugin entlassen mit der Weisung, draußen zu warten.

Der Zeuge Kreisleiter gab sich stramm und überlegen. Das Kinderfräulein kenne er schon lange, sie sei ein sehr treues Mitglied der NSDAP bereits seit vielen Jahren, zahle für das Winterhilfswerk trotz geringen Einkommens hohe Spenden und setze sich überall für Volk und Vaterland ein, habe auch auf den Führer Gedichte gemacht und sie bei Feiern im Altersheim vorgetragen. Ihre Besorgnisse über staatsfeindliche Äußerungen des Beschuldigten seien echt gewesen. Da es ihr nicht gelungen sei, ihn von seiner Einstellung gegen den Führer abzubringen, habe sie sich an ihn – den Kreisleiter – gewandt. Die von ihr mitgeteilten Äußerungen des Beschuldigten seien so sicherheitsgefährdend gewesen, daß er sich sofort veranlaßt gefühlt habe, ein Protokoll darüber aufzunehmen und es der Gauleitung der NSDAP zur weiteren Veranlassung zu übersenden, da es sich bei dem Beschuldigten offenbar um einen Staatsfeind besonders gefährlicher Sorte handle, der als

Arzt auf viele Menschen Einfluß habe. Der Richter fragte den Zeugen, ob er dem Fräulein gesagt habe, daß er das Protokoll nach oben weiterleiten werde, um dem Staatsfeind das Handwerk zu legen. Das habe er direkt nicht gesagt, bemerkte der Zeuge, weil er das Fräulein ja wegen ihrer langjährigen Beziehungen zu dem Beschuldigten nicht unnötig seelisch belasten wollte.

Die neue Aussage des Kinderfräuleins, die gegenüber dem Protokollinhalt der von dem Zeugen aufgenommenen Niederschrift in einigen Punkten sehr abgeschwächt erschien, quittierte der Kreisleiter mit Entrüstung; den Vorhalt, er habe die Aussage seinerzeit sehr schnell diktiert, so daß sich Irrtümer hätten einschleichen können, wies er empört zurück. Er könne eidlich bezeugen, daß seine Niederschrift exakt den Bericht der Zeugin wiedergegeben habe. Nur das habe er in sein Protokoll aufgenommen und nichts anderes, und das habe die Zeugin ja auch unterschrieben. Der Zeuge war für die Verteidigung offenkundig unergiebig und in seiner Entschiedenheit so gefährlich, daß ich keine Gegenüberstellung mit der Anzeigeerstatterin verlangte.

Aber der Richter bestand darauf und führte sie mit dem unter diesen Umständen nicht unerfreulichen Ergebnis durch, daß jeder bei seiner Aussage blieb. Das Kinderfräulein war aufgebracht, daß aus ihrer »Sorgenbesprechung« mit dem Kreisleiter ein Strafverfahren gegen Carlo geworden war, der Kreisleiter war verärgert, daß sie ihre Aussagen inzwischen vor Gericht abgeschwächt hatte.

Beide Zeugen mußten wieder draußen warten, während als letzte Zeugin die Heimleiterin aussagte. Der Richter überließ mir die Befragung, da ich es gewesen war, der die Zeugin auf Verdacht hatte laden lassen. Ich hatte es für möglich gehalten, daß sie die Gefährlichkeit der Situation erkannte und deshalb für die Verteidigung Günstiges aussagen würde, was zumindest die Glaubwürdigkeit der Hauptbelastungszeugin erschüttern könnte.

Die Heimleiterin war eine Ordensschwester mit offenem Blick und wacher Intelligenz. Sie kannte

Carlo und auch seine Eltern, deren guten Namen in der Darmstädter katholischen Gemeinde sie hervorhob. Sie hatte auch sofort begriffen, was für Carlo auf dem Spiel stand, als sie nach Erhalt der Ladung – auch die an das alte Kinderfräulein war durch ihre Hand gegangen – mit ihrer Heiminsassin gesprochen hatte.

Vorsichtig begann ich mit allgemeinen Fragen, wie lange sie das Kinderfräulein kenne, wie lange diese im Heim sei, ob sie sich gut einfüge, ob sie Neigung zur Sonderlichkeit über das bei alten Menschen Übliche habe, wie sie mit den übrigen Heiminsassen stehe und lauter Fragen in dieser Richtung.

Schon bei den ersten Antworten war zu erkennen, daß die in Tracht erschienene Zeugin dem Beschuldigten hilfreich gesonnen war. Sie antwortete so intelligent, daß sie nie über die Grenze des Vertretbaren innerhalb ihrer Wahrheitspflicht hinausging, andererseits aber doch deutlich zu machen bemüht war, daß das Kinderfräulein für sie ein Sorgenkind sehr eigener Art war. Sie schilderte sie als fromm und einfügsam, andererseits aber erfüllt von geradezu missionarischem und fanatischem Eifer, so daß sie sich bei allen passenden und unpassenden Gelegenheiten »für unseren Führer Adolf Hitler« – so sagte die Zeugin klug – einsetze, zu dem sie ihrem ganzen Verhalten nach eine »innere Verbindung fast mystischer Art« zu haben glaube. Der Führer spreche zu ihr, sie gebe vor, seine Stimme zu hören, und ihr ganzes Tun und Denken, auch in religiöser Beziehung, sei von ihrem Glauben an den Führer überlagert. Als der Richter einwarf, das sei doch etwas sehr Edles und Schönes von ihr, meinte die Zeugin, das gewiß, aber es wirke nicht mehr glaubwürdig, wenn es so aufdringlich geäußert werde wie in diesem Fall. Die anderen Heiminsassen wollten das nicht dauernd hören und auch nicht fortgesetzt um Spenden für die Nationalsozialistische Volkswohlfahrt, für das Winterhilfswerk, für Wehrmachtswunschkonzerte bedrängt werden. Sie sei offenkundig überspannt, was mehrfach auch zu Unverträglichkeiten mit anderen Heiminsassen geführt habe.

»Welcher Art sind diese Unverträglichkeiten?« wollte ich wissen. »Ja, zum Beispiel wollte sie von ihr verfaßte Gedichte auf den Führer, die sie hatte hektographieren lassen, im Heim verkaufen. Daraufhin erhielt ich Beschwerden, man murrte über die Nazibraut, das ist nämlich ihr Spitzname im Heim«, sagte die treffliche Zeugin. Ich erklärte, keine weiteren Fragen zu haben, und setzte rasch hinzu: »Ach, bitte, doch noch eine Frage: Wie schwerhörig ist die sogenannte Nazibraut?« »Mittelmäßig«, sagte die Heimleiterin, fügte dann aber hinzu: »Ich muß in einer normalen Unterhaltung meine Sätze mitunter öfter wiederholen, bis sie sie versteht.«

Nach der Vernehmung dieser Zeugin entspann sich zwischen dem Richter und mir eine Debatte über die Frage der Beeidigung der Zeugen. Der Anklagevertreter in Berlin hatte wie üblich um eidliche Vernehmung der Zeugen ersucht, um den Verfahrensgang möglichst abzukürzen und die Ladung weit vom Verhandlungsort Berlin wohnhafter Zeugen zu vermeiden, zumal die Reiseschwierigkeiten 1943 schon recht erheblich waren.

Mir kam es aufs Gegenteil an: das Verfahren möglichst in die Länge zu ziehen und die eidliche Festlegung der beiden Belastungszeugen zu vermeiden. Ich argumentierte also mit den aufgetretenen Widersprüchen in den Zeugenaussagen, kündigte meine Absicht an, bei der Anklagevertretung um eine gerichtsärztliche Untersuchung der Hauptbelastungszeugin nachzusuchen, und gab zu bedenken, daß eine sofortige Vereidigung die prozessuale Situation des Beschuldigten unzulässig benachteiligen könnte. Ich beantragte, dem Ersuchen um Beeidigung der Zeugen nicht stattzugeben und es dem Beschluß des erkennenden Gerichts zu überlassen, wann Anklage erhoben werden und die Hauptverhandlung in Berlin stattfinden sollte.

Nach kurzem Überlegen gab der Richter meinem Antrag statt. Er verkündete den Beschluß: »Von der Beeidigung der vernommenen Zeugen wird vorläufig Abstand genommen. Die Entscheidung hierüber wird dem Beschluß des erkennenden Gerichts überlassen.«

Das war ein interimistischer Stop im Ablauf des Verfahrens und bedeutete Zeitgewinn. Ich übernachtete mit meinem Mandanten im »Hotel Traube«, das die Luftangriffe noch einigermaßen unbeschadet überstanden hatte. Mit dem Ergebnis der Fahrt waren wir nicht ganz unzufrieden, wenn auch bestehen geblieben war, daß Carlo Hitler irrsinnig und größenwahnsinnig genannt haben sollte. Ich hoffte, eine psychiatrische Untersuchung der Hauptbelastungszeugin durchsetzen und mit deren Ergebnis die Aussagen des Kinderfräuleins vollends abschwächen oder unglaubwürdig machen zu können.

Nach der Rückkehr aus Darmstadt bat ich die Geschäftsstelle der Anklagebehörde um Nachricht, sobald die Akten wieder eingegangen seien. Als ich ungefähr zwei Wochen später über den Eingang der Akten informiert worden war, suchte ich Oberkriegsgerichtsrat Kreisinger erneut auf. Er machte ein bedenkliches Gesicht. »Sie haben zwar die Fassade der Belastungszeugen ganz schön angekratzt«, meinte er ziemlich offen, »aber die Mauersteine der Belastung stehen noch, das Wort vom irrsinnigen und größenwahnsinnigen Führer.« Ich widersprach, weil eine einzige Zeugin von solcher geistigen und körperlichen Gebrechlichkeit keine ausreichende Glaubwürdigkeit besitze. Hinzu komme, daß sie nach der Aussage der Heimleiterin als »Nazibraut« offenbar von dem Wahn besessen sei, überall Feinde und Gegner des Führers zu sehen und zu suchen, um ihre Führerliebe beweisen zu können. »Das ist ja alles gut und schön«, sagte Kreisinger, »aber darüber kann ich kein Gutachten einholen. Anzeichen von Geistesstörung der Zeugin kann ich aus ihren Aussagen und auch aus denen der Heimleiterin nicht ableiten. Soll ich folgern, nur weil das alte Fräulein so übermäßig stark an dem Führer hänge, sie sei verrückt? Sie mag schrullig sein – das sind viele Muttchen, aber offenbare Geistesschwäche oder Geisteskrankheit ist doch hier nicht erkennbar, da müßten Sie gewichtige Tatsachen anführen können.«

Die Anforderung eines Gutachtens über den Geisteszustand der alten Kinderfrau war Kreisinger nicht abzuringen. »Sie wollen also Anklage erheben?« fragte ich. »Wollen, wollen? Ich muß Anklage erheben«, sagte er gereizt. »Sie können ja beim erkennenden Gericht Antrag auf ärztliche Untersuchung der Zeugin stellen – ich werde keinen Einspruch erheben«, fügte er hinzu. »Mehr kann ich nicht tun.« Ich ließ mir durch den Kopf gehen, auf welche Weise wenigstens Zeit zu gewinnen sei und wie man eine Verteidigungsposition schaffen könne. So bat ich darum, daß man vor Anklageerhebung noch vom Chefarzt des Lazaretts ein Leumundszeugnis über Carlos dienstliche Führung und insbesondere über seine politische Zuverlässigkeit einhole und auch darüber, ob ihm die belastenden Äußerungen über den Führer überhaupt zuzutrauen seien. Der Chefarzt kenne seinen Mitarbeiter Carlo immerhin schon drei Jahre aus täglichem, dienstlichem und privatem Umgang. Ich wußte, daß Carlo ein recht gutes Verhältnis zu ihm hatte, weshalb ich damit kein Risiko einging. Kreisinger schaute mich fragend an: »Ein Gefälligkeitszeugnis meinen Sie?« Ich antwortete: »Es mag Ihnen so erscheinen, aber angesichts der zur Debatte stehenden Anklagepunkte muß ich darauf bedacht sein, zur vollständigen Beurteilung meines Mandanten alle Mittel auszuschöpfen. Eine Beurteilung zur Person eines Beschuldigten durch seine Vorgesetzten findet sich in fast allen Strafakten der Wehrmachtsjustiz – hier fehlt sie bisher.« »Nun, gut«, sagte Kreisinger, »ich werde sie noch einholen, mehr kann ich aber nun wirklich nicht tun.«

Ich verabschiedete mich.

Das Jahr 1943 ging zur Neige, an allen Fronten häuften sich die schweren Rückschläge. Auf Berlin gingen im November und Dezember schwere Luftangriffe nieder, die ausgebrannte Ruinenstadt verlor mehr und mehr ihr Gesicht. Wir alle warteten auf das Ende des Krieges.

Wir warteten aber auch auf den Fortgang des Strafverfahrens. Merkwürdigerweise legte Carlo in jenen Monaten bei unseren Zusammenkünften, die jetzt – nachdem ich im November 1943 völlig ausgebombt worden war und in einer Notwohnung in Zehlendorf Unterkunft gefunden hatte – auch häufiger in seiner eigenen Wohnung stattfanden, in diesem Januar und Februar des Jahres 1944 Sorglosigkeit und manchmal fast Heiterkeit an den Tag, wenn wir auf das schwebende Verfahren zu sprechen kamen. Ich fragte ihn wiederholt, ob das Ersuchen Kreisingers bei seinem Chefarzt eingegangen sei und ob er erfahren habe, welche Beurteilung man abgegeben habe.

Carlo zuckte leichthin mit den Schultern. »Ich habe keine Ahnung, ich muß eine gute Gelegenheit abpassen, mit dem Chef zu sprechen.« Als ich einmal fragte, ob ich seinen Chefarzt nicht anrufen sollte, sagte er: »Um Gottes willen nicht, der will nicht gedrängelt werden.« Aber auch ich hatte ja eigentlich kein Interesse, den Fortgang der Sache zu beschleunigen. Mir fiel nur auf, daß Carlos Frau einen immer nervöseren Eindruck machte. Das konnte aber auf die fortdauernden Luftangriffe, die nun auch zunehmend bei Tage stattfanden, zurückzuführen sein.

Es muß Ende Februar oder Anfang März 1944 gewesen sein, als mich Kreisinger anrief und mich zu sich bat. »Eine sehr ernste Angelegenheit«, sagte er am Telefon nur knapp. »Kommen Sie bitte morgen.« Am nächsten Tage war ich pünktlich zur Stelle. Kreisinger war sehr aufgeregt. »Die Akten in der Strafsache gegen Dr. Peltz sind verschwunden«, sagte er erregt. »Ich bin in höchster Verlegenheit. Ende Dezember« – er nahm ein Blatt zur Hand und zeigte mit dem Finger drauf – »ja, am 20. 12. 1943 ausweislich dieses Retents (wenn Akten versandt werden, muß die absendende Behörde ein Erinnerungsblatt mit Vermerken über Art und Absendedatum des versandten Originals anlegen) ist die Akte an den Chefarzt des Lazaretts in Berlin-Lichtenberg unter Einschreiben abgegangen, Wiedervorlage war für 15. 1. 44 eingetragen. Es ist zweimal an

Rücksendung erinnert worden ohne Erfolg. Am 16. 2. habe ich den Chefarzt angerufen – er hat erklärt, keine Akte über Dr. Peltz erhalten zu haben, er wisse von nichts. Gestern habe ich seine eidesstattliche dienstliche Versicherung erhalten, daß auch nach gewissenhafter Nachforschung in seiner Dienststelle kein positives Ergebnis über den Verbleib der Akte mitgeteilt werden könne. Ich habe nun Nachforschungen bei der Post in die Wege geleitet. Aber jetzt muß ich dem Chefrichter des Zentralgerichts Meldung machen, eine höchst unerfreuliche Geschichte. Wissen Sie, wo die Akte geblieben sein könnte? Ich will Ihnen nur sagen, daß der Verdacht auch auf Ihren Mandanten fällt – cui bono? Sie wissen doch!«

Ich lehnte einen so ungeheuerlichen Verdacht entschieden ab und verwies auf die ausschließlich verantwortliche Post, die bei Einschreibsendungen doch die namentliche Empfangsquittung vorlegen müsse, aus der sich der Empfänger der Sendung unzweifelhaft ergebe. Kreisinger sagte, bei telefonischer Erkundigung habe die Post ihm gesagt, daß die Empfangsquittung vorliege, der Stempel des Lazaretts auf ihr enthalten sei, die Unterschrift aber nur aus einem schrägen Strich bestehe, der unleserlich sei. Er habe jetzt den Postzusteller, den Chefarzt und das vierköpfige Personal der Schreibstube des Lazaretts zur Vernehmung bestellt, um Klarheit zu schaffen, wer damals die Sendung entgegengenommen habe und für die Weiterleitung an den Chefarzt verantwortlich gewesen sei. Notfalls müsse die Strafakte rekonstruiert werden. Dann müßten auch die Zeugen in Darmstadt eben nochmals vernommen werden.

Ich bedauerte höflich das Mißgeschick, verließ aber sehr erleichtert das Gerichtsgebäude. Wer auch immer für den Verlust der Akten verantwortlich sein mochte, er sei gesegnet, dachte ich bei mir.

Am Abend dieses Tages sagte ich mich bei Carlo und seiner Frau an. Ich war überzeugt, ihnen mit der Mitteilung über das Verschwinden der Strafakten eine freudige Überraschung zu bereiten. Der Über-

160

raschte war ich aber selber, als sie mir schon bei der Begrüßung sagten: »Heute abend feiern wir. Die Akten sind nicht mehr da!« Auf meine Frage, woher sie das wüßten, sagten sie mir: »Wir wissen es vom Chefarzt, das ganze Lazarett steht kopf, in der Schreibstube beschuldigt einer den anderen, aber die Akten sind und bleiben weg.« »Ja«, sagte ich, »schon gut, aber das gibt eine neue Untersuchung.« Dann schilderte ich meinen Besuch bei Kreisinger, und daß er alles daransetzen wolle, das Verschwinden der Akte aufzuklären, die ausweislich der Empfangsquittung das Lazarett ja erreicht habe. »Ja, und ausgerechnet am Heiligen Abend 1943, und da war der Chefarzt auf Weihnachtsurlaub. Ein Schreibhengst in der Geschäftsstelle hat die Sendung angenommen und dem Chefarzt ungeöffnet auf den Schreibtisch gelegt.« »Und der hat sie nicht vorgefunden?« fragte ich. »Nein«, sagten beide wie aus einem Munde. »Er kam erst am zweiten Weihnachtsfeiertag wieder ins Lazarett, und da war nichts da.« Ich fragte, wie lange sie denn das schon wüßten, worauf sie ungerührt zugaben, schon seit dem Tage informiert gewesen zu sein, an dem Kreisinger an die Rückgabe der Akte erinnert und das große Gesuche in der Schreibstube begonnen habe. Mehr erfuhr ich nicht, verspürte aber ein zweifelhaftes Gefühl im Magen. Als ich mich verabschiedete, drückte ich die Besorgnis aus, daß der Chefarzt in erhebliche Schwierigkeiten geraten könne. »Um den brauchen Sie sich nicht zu sorgen«, meinte Frau Peltz, »der ist auf dem Posten, und man kann ihm ja auch nichts nachweisen.« In seinem Geschäftszimmer sei er selten, da er sich meist um die Patienten kümmere; wer wisse, wer in diesen Wochen nicht alles in seinem Zimmer gewesen sei. Der Abend bei dem Doktor-Ehepaar war sehr fröhlich verlaufen, aber ich war unruhig, wie es weitergehen würde.

Über Carlo erfuhr ich von allen Recherchen Kreisingers. Die Vernehmungen blieben jedoch ohne Ergebnis. Ein Schreibstuben-Gefreiter entsann sich der Zustellung der Aktensendung, deren Empfang er wegen Abwesenheit des Adressaten unterschrieben habe.

Es sei keine Verschluß-Sache gewesen, deshalb habe er sie dem Chefarzt auf den Schreibtisch gelegt; mehr wisse er nicht. Der Chefarzt hatte erklärt, die Sendung niemals gesehen zu haben und erst durch die Erinnerungsschreiben und Anrufe des Oberkriegsgerichtsrats von der ganzen Sache erfahren zu haben. Daß gegen seinen Unterarzt Dr. Peltz ein Ermittlungsverfahren anhängig sei, habe ihm dieser allerdings schon vorher gemeldet. Im übrigen sei sein Geschäftszimmer tagsüber unverschlossen, weil während seiner Abwesenheit im Revierdienst genügend dienstliche Anlässe bestünden, sein Zimmer zu betreten. Noch nie sei ihm irgend etwas abhanden gekommen.

Das alles las ich wenig später in einer neu angelegten Akte nach; Kreisinger hatte mich abermals zu sich bestellt. Es war jetzt schon Frühsommer 1944 geworden. Kreisinger sagte, daß er die drei Zeugen in Darmstadt, deren Anschriften er sich vom Darmstädter Rechtshilferichter besorgt hatte, erneut vernehmen lassen werde und diesmal auch auf deren Beeidigung dringen müsse, um weitere Verzögerungen zu vermeiden, wofür er ausdrückliche Anweisung seines vorgesetzten Oberreichskriegsanwalts habe. Nur mit Mühe habe er erreichen können, daß ihm die weitere Bearbeitung des Verfahrens nicht entzogen und einem anderen Anklagesachbearbeiter übertragen worden sei. Ich zeigte dafür dankbares Verständnis und bedauerte die ihm entstandenen Mißhelligkeiten. Kreisinger hatte die Akten nun gleich mit einem Doppelstück anlegen lassen und das eine mit seinem abermaligen Vernehmungsersuchen nach Darmstadt gesandt.

Auf die Ladung des Amtsgerichts Darmstadt zum neuen Vernehmungstermin der Zeugen wartete ich jedoch mehrere Wochen, bis eines Tages endlich eine Terminladung einging. Kurze Zeit später wurde sie telegrafisch wieder abgesagt, ohne daß ein Grund mitgeteilt wurde. Einige Monate später, es war jetzt Spätsommer 1944, das Attentat vom 20. Juli hatte stattgefunden, und die Invasionsfront in Nordfrankreich stand vor dem Zusammenbruch, rief mich Kreisinger an. Er sagte am Telefon nur: »Kommen Sie zu mir, die Schlacht ist zu Ende.«

Kreisinger arbeitete jetzt im künstlich beleuchteten Keller einer halb zerstörten Schule in Charlottenburg, sein früheres Dienstgebäude war ausgebombt worden, aber alle Akten hatte man leider noch retten können. Kreisinger gab mir nach kurzer Begrüßung die aus Darmstadt zurückgekommenen Strafakten. »Lesen Sie selbst. Ihr Mandant hat Glück gehabt.«

Das Amtsgericht Darmstadt berichtete, daß die Vernehmung des Kinderfräuleins nicht mehr möglich sei, da sie nach einem Schlaganfall mit Sprachlähmung im Krankenhaus liege. Nach dem ärztlichen Bericht sei mit einer Wiederherstellung und einer Vernehmungsfähigkeit der Patientin nicht mehr zu rechnen. Der Zeuge Kreisleiter wiederum sei inzwischen zum Wehrdienst einberufen worden und ebenfalls nicht mehr verfügbar. Man teilte vorsorglich seine Feldpostnummer mit. Unter diesen Umständen habe das Gericht von einer neuen Vernehmung der Heimleiterin vorerst abgesehen und reiche die Akten zur ggf. weiteren Veranlassung zurück.

»Und was nun weiter?« fragte ich höflich, meine Erleichterung nur wenig verbergend. »Der Fall scheint mir nach der gegenwärtigen Beweisnot doch einstellungsreif.« Kreisinger sah mich müde und elend an: »Wird wohl so sein, Herr Rechtsanwalt. Ich gratuliere, mit dem Kreisleiter allein kann ich keine Anklage auf die Beine stellen. Ach, die ganze Geschichte war ja von Anfang an fatal.« Dem stimmte ich aufrichtig zu. »Aber sagen Sie ja Ihrem redseligen Mandanten, daß er aus dieser Sache seine Lehre zieht. Der Krieg ist noch nicht zu Ende.« Ich verabschiedete mich beruhigt. »Vielen Dank, Heil Hitler, Herr Oberkriegsgerichtsrat.« »Heil Hitler«, murmelte er nur vor sich hin. Mir war ein Stein vom Herzen.

Der Einstellungsbescheid der Anklagebehörde beim Zentralgericht des Heeres in der Strafsache Dr. Peltz war kurz und bündig. Wenige Tage später feierten wir das Ende der Angelegenheit mit allem an Gerichten und Getränken, was wir hatten auftreiben können. An diesem Abend wurde aus der alten Bekanntschaft eine Duzfreundschaft.

Das alte Kinderfräulein verstarb noch im gleichen Jahr, was Carlo durch die Leiterin des Katholischen Altersheims erfuhr. Seine Reaktion war nicht sehr christlich.

Mitte April 1945 verließ das Ehepaar Berlin; das Lazarett war in Richtung Westen verlegt worden. Schon im Juni 1945 eröffnete Dr. Peltz in Bad Nauheim eine neue Praxis, sein Onkel war Vorsitzender der hessischen Ärztekammer. Seine Klientel bestand vorwiegend aus Frauen amerikanischer Besatzungsoffiziere und -soldaten, seine Frau mit ihrem perfekten Englisch betrieb eine erfolgreiche Werbung, indem sie Partys aller Art gab.

Im Herbst 1945 besuchte ich sie in Nauheim auf der Durchreise nach Frankfurt. Wir feierten ein fröhliches Wiedersehen. »Und nun«, sagte Frau Peltz, »lieber Freund, sollst du auch erfahren, wo die Strafakten damals geblieben sind. Am zweiten Weihnachtsfeiertag 1943 klingelte es abends bei uns. Carlo war gerade in eine Kneipe gegangen, um noch Zigaretten zu holen. Da stand sein Chefarzt in der Tür mit Aktenmappe, in Zivil. Ich sagte: ›Ach, wie nett, welche Überraschung, kommen Sie herein. Mein Mann muß gleich wiederkommen, er holt nur Zigaretten.‹ – ›Um so besser‹, sagte er, ›ich möchte Ihnen auch nur ein kleines Weihnachtsgeschenk bringen. Ihr Mann braucht davon nichts zu wissen.‹ Da holte er noch im Flur aus seiner Aktenmappe in einem großen Kuvert die Strafakte heraus und gab sie mir mit den Worten: ›Ich lasse mir doch nicht durch eine Verrückte meinen besten Kameraden und Arzt unters Fallbeil bringen. Sorgen Sie, daß die Akte verschwindet.‹ Ich war völlig kopflos vor Angst und Freude gleichzeitig, rannte in unser Wohnzimmer und warf die Akte samt Umschlag in den prasselnden Kamin. In diesem Moment hörte ich Carlo mit unserem Dackel. Wir saßen dann noch zusammen und tranken Cognak, erzählten dies und das, Carlo druckste herum und sagte dann: ›Gut, daß Sie hier sind, Herr Kollege, ich möchte Ihnen sagen, daß in meiner dummen Geschichte der Staatsanwalt ein Leumunds- und Führungszeugnis bei Ihnen einholen wird. Mein Anwalt hat mir dazu geraten. Ich hoffe, daß es in politischer Hinsicht gut ausfällt.‹ ›Worauf Sie sich verlassen können‹, sagte der Chefarzt gleichmütig, rieb sich die Hände und hielt sie in den Kamin. ›Schön warm hier bei Ihnen‹, sagte er weiter, ging dann aber bald wieder. Beim Abschied zwischen Tür und Angel, Carlo war schon im Flur, flüsterte er mir zu: ›Auf keinen Fall darf Ihr Mann etwas erfahren. Das wissen nur wir beide!‹ Ich nickte nur, ich konnte nichts mehr sagen. Als Carlo wieder hereinkam, sagte er: ›Na, das hat ja ganz gut gepaßt, daß Dr. X. gerade kam, da konnte ich ihm ja meine Sache unter die Weste schieben. Ist doch ein Prachtmensch, der Chef!‹ – ›Ja, das ist er wirklich!‹ sagte ich aufrichtig.«

»Wann hat denn Carlo nun von seinem Glück erfahren? fragte ich. »Ach, wissen Sie«, sagte Frau Peltz, »ich konnte es doch nicht bei mir behalten, bei seinem Geburtstag im März 44 habe ich es ihm dann gesagt. Zu zweit trug sich das Geheimnis besser.« Und Carlo sagte: »Mit dem Chefarzt habe ich nie ein Wort gesprochen. Erst nach der Kapitulation habe ich ihm gedankt. Er wollte davon aber nichts wissen und sagte nur: ›Jede Inquisition braucht Scheiterhaufen, aber mit dem haben auch wir gearbeitet, und erfolgreich.‹«

Carlo und seine Frau siedelten in den fünfziger Jahren nach Kanada über und leben dort hoffentlich noch glücklich und zufrieden.

Ich selber hatte Berlin Mitte April 1945 ebenfalls verlassen und war auf beträchtlichen Umwegen in den Harz gekommen, wohin ich meine Familie in mein Elternhaus evakuiert hatte. Erst im September 1945 gelang es mir, wieder nach Berlin zu kommen. Mein letztes Büro in der Kaiserallee/Ecke Güntzelstraße war am 30. April noch kurz vor der Kapitulation durch eine

Stalinorgel in einen Haufen Schutt verwandelt worden. Eines Tages besuchte ich eine Bekannte in der Nähe der Güntzelstraße. Ich wußte, daß Oberstaatsanwalt Kreisinger in diesem Hause gewohnt hatte, als ich Berlin verließ. Kurz vorher hatte ich ihn an der Bushaltestelle an der Ecke der Kaiserallee getroffen und mit ihm einige Worte gewechselt.

Ich fragte meine Bekannte nach Kreisinger. Ihr Bericht war erschütternd. Gleich nach der Kapitulation waren marodierende Plündererbanden in den Häusern umhergezogen und hatten sich den Portier im Gartenhaus vorgenommen. Unter Drohungen hatten sie ihn nach ehemaligen Nazis im Hause gefragt, nicht wissend, daß der Hauswart selber Blockwart gewesen war. Um von sich abzulenken, hatte er Kreisinger als Kriegsrichter angegeben, der wohl genug Todesurteile auf dem Gewissen habe. Die Meute war zwei Treppen hinauf in Kreisingers Wohnung gestürmt, hatte den alten Mann herausgeholt und ihn die Treppe heruntergezerrt und schließlich an der Straßenlaterne vor seinem eigenen Hause aufgehängt. Meiner Bekannten klangen immer noch die gellenden Schreie seiner Frau in den Ohren. Wenige Wochen später sei sie in einer Heilanstalt gestorben.

Überleben in Torgau

Im Herbst 1944 ließ sich müde und deprimiert ein älterer Kollege aus Magdeburg in den Sessel meines Sprechzimmers fallen. Er machte einen mitgenommenen, ja geradezu fassungslosen Eindruck. »Das war meine erste und letzte Verteidigung«, sagte er, ohne nach irgendeinem gesprächsweisen Auftakt zu suchen. »Ich hätte Sie gleich bitten sollen, den Fall zu übernehmen. Aber Dr. Schremm ist ein alter Freund von mir, und er bestand unglücklicherweise darauf, daß ich ihn verteidigte. Guter Gott, wir kennen uns seit Kindheitstagen! Ich habe ihm gleich gesagt, daß ich seit meiner Ausbildungszeit noch nie als Verteidiger aufgetreten bin. Und nun gleich vor dem Zentralgericht des Heeres. Wissen Sie, das ist ja unglaublich, wie hier mit Angeklagten umgesprungen wird. Das hat doch mit Recht und Gerechtigkeit nicht mehr das geringste zu schaffen.«

Justizrat Paulsen war von seinem jüngeren Freund Dr. Schremm – der im zivilen Leben medizinischer Direktor einer Landesheilanstalt gewesen war und jetzt im Wehrdienst als Oberstabsarzt der Reserve seit Mitte 1941 Chef eines zwischen Warschau und Berlin hin und her fahrenden Lazarettzuges seinen Dienst tat – aus dem Wehrmachtsgefängnis Berlin-Spandau schriftlich um anwaltliche Hilfe gebeten worden. Dr. Schremm war seit Anfang 1944 seines Postens enthoben und verhaftet worden mit der Anschuldigung, sich im Zusammenwirken mit dem Zahlmeister König vom Lazarettzug fortgesetzter Untreue, Unterschlagung und darüber hinaus der Wehrkraftzersetzung schuldig gemacht zu haben. Er habe sich nicht eingenommene Mahlzeiten in Geld entschädigen lassen und außerdem vom Zahlmeister zehn Flaschen Rotwein und zwei Akkordeons aus Spendenbeständen des Lazarettzuges rechtswidrig angeeignet. Wegen dieser Delikte war Dr. Schremm im

März 1944 von einem Feldgericht in Warschau zu anderthalb Jahren Gefängnis und Degradierung zum Sanitätssoldaten verurteilt worden. Der oberste Gerichtsherr – in diesem Fall Generaloberst Keitel in Vertretung des Führers – hatte das Urteil jedoch als zu milde im Bestätigungsverfahren aufgehoben und eine neue Hauptverhandlung vor dem Zentralgericht des Heeres in Berlin angeordnet mit der Weisung an den Vertreter der Anklage, gegen die Angeklagten eine hohe Zuchthausstrafe zu beantragen. Das war im Mai 1944 gewesen. Der Anklagevertreter hatte gegen Dr. Schremm bei der gerade erst beim Zentralgericht des Heeres geführten Verhandlung – es war Ende September 1944 – zehn Jahre Zuchthaus beantragt, und das Gericht war unglaublicherweise diesem Strafmaß in seinem Urteil gefolgt. »Was kann man nur tun, um Himmels willen?« fragte der Justizrat immer wieder wie von Sinnen, nachdem er seinen Bericht über das Verfahren und seine Vorgeschichte abgeschlossen hatte. »Sie, verehrter Herr Kollege, haben da mehr Erfahrung. Sie müssen die Sache in die Hand nehmen. Das ist ja alles unvorstellbar, ich war vor Gericht wie gelähmt.«

Dann erzählte er, daß der Zahlmeister König im gleichen Verfahren wegen ungleich schwererer Veruntreuungshandlungen vom Feldgericht in Warschau zunächst mit fünf Jahren Zuchthaus und Degradierung bedacht worden war, aber auch dieses Urteil aufgehoben und zum Zentralgericht verwiesen worden war, wo im abgetrennten Verfahren König antragsgemäß zum Tode verurteilt worden war. Diese Nachricht vom Todesurteil gegen seinen Untergebenen, die monatelange entnervende Untersuchungshaft und dann die eigene Verurteilung zu zehn Jahren Zuchthaus hätten Dr. Schremm, der bis dahin seine Haltung und Fassung einigermaßen bewahrt gehabt habe, in einen Zustand völliger Apathie geraten lassen.

Die Unterhaltung führte zur Übernahme des Mandats und, am nächsten Tage, zur persönlichen Bekanntschaft mit Dr. Schremm, dem der Justizrat noch am Abend unserer Unterredung im Untersuchungsgefängnis Spandau meine Bereitschaft mitgeteilt hatte, ihm zur Seite zu stehen. Dr. Paulsen fuhr – wie er mir sagte, »als gebrochener Mann« – nach Magdeburg zurück. Besondere Hoffnungen konnte ich ihm kaum machen, die »Rechtsprechung«, also die rigorose Anwendung der kriegsbedingten verschärften Strafgesetze hatte sich seit Beginn der Invasion und den Geschehnissen des 20. Juli 1944 entscheidend zum Nachteil der Angeklagten verändert. Todesurteile waren zur billigen Ware geworden, auf Menschenleben wurde keine Rücksicht mehr genommen.

Immerhin konnte wie so oft auch im Falle des Dr. Schremm auf den Faktor Zeit gesetzt werden, wenn es nur gelang, das Verfahren zu verzögern. Die vom Zentralgericht verhängte Zuchthausstrafe bedurfte der Bestätigung des Gerichtsherrn, und das war neuerdings für alle Verfahren vor dem Zentralgericht des Heeres Heinrich Himmler, der Reichsführer SS. Nach dem Attentat vom 20. Juli war er Oberbefehlshaber des Ersatzheeres geworden, nachdem sein Vorgänger, Generaloberst Fromm, selber in Haft genommen worden war. Hohe Generale waren dem Führer nun gänzlich suspekt, in der Endphase des Krieges vertraute er mit wenigen Ausnahmen nur noch der SS; Himmler in seinem Machthunger hatte es nun geschafft, auch noch militärischer Oberbefehlshaber zu werden. Von Himmler eher war schon gar keine Milde oder Gnade zu erwarten. Aber allen Einsichtigen war nach dem stürmischen Vorwärtsdrängen der Alliierten im Westen und bei dem raschen Vordringen der Roten Armee im Osten klar, daß das Regime Hitlers seinem Ende entgegenging. Nur wer der Legende von Hitlers kriegsentscheidender Geheimwaffe verfallen war, konnte noch Illusionen hegen.

Dr. Schremm war als Neurologe und Psychiater ein typischer Vertreter seines Fachs, dem praktischen Leben reichlich abgekehrt, recht langsam und pedantisch, dazu religiös stark gebunden und ein ausgesprochener

Einzelgänger, der die Stille der Natur liebte und in ihr seine schwache Gesundheit pflegte. Zudem war er chronisch magenleidend, daher abstinent hinsichtlich von Alkohol und Nikotin, auf eine strenge Diät angewiesen und ein gewissenhafter Vegetarier. Das war auch der Grund, daß er während seines Dienstes im Lazarettzug viele Mahlzeiten ausließ und sich von allerlei Rohkost ernährte, die er sich außerdienstlich besorgte oder besorgen ließ. Über die nicht eingenommenen Mahlzeiten führte er pedantisch Buch. Seine Sparsamkeit, die von einem gutentwickelten Erwerbssinn gesteigert werden mochte, veranlaßte ihn unseligerweise zu einer Frage an den ihm unterstellten Zahlmeister König, dem er – unkundig aller Verwaltungsgeschäfte und abhold jeglichen bürokratischen Betriebs – blindlings vertraute. Die Erkundigung betraf die Möglichkeit – einschließlich der rechtlichen Zulässigkeit –, ihm die nicht eingenommenen Mahlzeiten, für welche je nach Kopfbetrag-Umlage die dem Lazarettzug zugewiesenen Verpflegungsgelder berechnet wurden, die der Zahlmeister anforderte und einnahm, in Barauszahlung zu vergüten. »Aber ja«, meinte der subalterne Zahlmeister, der seine Machtstellung gern durch Gefälligkeit gegenüber dem verwaltungsfremden Chef verbesserte. So geschah es denn, daß Dr. Schremm Barbeträge von König ausgezahlt erhielt für nicht eingenommene Verpflegung, worüber Dr. Schremm ordnungsgemäß quittierte im besten Glauben, daß dies rechtens sei. Ob König, der besser wissen mußte, daß solche Ersatzvergütungen nach den Vorschriften unzulässig waren, dies wirklich nicht gewußt hatte – er behauptete es bis zuletzt –, oder ob er wegen eigener Verfehlungen einen Mitschuldigen in der Person seines Chefs in seine Dinge verstricken wollte – was Dr. Schremm später folgerte –, das konnte nie aufgeklärt werden. Als ich den Fall übernahm, war das Todesurteil an dem Zahlmeister König im Gefängnishof Plötzensee bereits vollstreckt.

Nach dem Aktenstudium beider Verfahren muß es so gewesen sein, daß der Zahlmeister seine Vertrauensstellung zu Unterschlagungen, Schwarzhandel und Schiebungen benutzte – seine Mittelsmänner saßen im undurchschaubaren Warschauer Untergrund –, bis man seinen Geschäften auf die Spur kam. Nach außen spielte er den strengen Beamten und gegenüber seinem Chefarzt den diensteifrigen Biedermann. Er verstand es ausgezeichnet, die Vertrauensseligkeit des ihm vorgesetzten Sonderlings auszunutzen, auch dessen charakterliche Schwäche, dem Pfennig nachzujagen. Die psychologische Erklärung hierfür mochte – wie das oft beobachtet wird – in den Lebensumständen seiner Jugend liegen. Dr. Schremm hatte als Halbwaise, der älteste unter noch vier Geschwistern, eine harte und knappe Jugend gehabt, bis er schließlich eine Freistelle in Schule und Internat erhalten hatte. Bevor er sein Studium beendete, starb auch seine Mutter vorzeitig, die eine schlecht verdienende Bibliothekarin gewesen war. Nun mußte er noch für die beiden jüngsten Geschwister mit aufkommen. Deshalb hatte er sich erst spät verheiraten können, war aber zu einer Liebesehe mit einer armen Pastorentochter gekommen. Aus dieser Ehe stammten drei Kinder, damals zwölf, vierzehn und sechzehn Jahre. Seine Familie liebte er innig und schämte sich auf unsinnige Weise, nun im Gefängnis zu sitzen; deshalb lehnte er auch jeden Besuch seiner Frau ab.

Die Beträge für nicht eingenommene Mahlzeiten, die Dr. Schremm als Untreue und als Tatbestand vorsätzlicher Wehrkraftzersetzung angelastet wurden, summierten sich auf etwas über 600,– RM, die ihm nach und nach in zwei Jahren ausbezahlt worden waren. Mit der Unterschlagung von zehn Flaschen Rotwein und zwei Akkordeons, die ihm vorgeworfen wurde, verhielt es sich so: Als sich Dr. Schremm 1943 für zwei Wochen Weihnachtsurlaub zu Hause in der Dienstwohnung seiner Landesheilanstalt befand, erschien dort einen Tag vor Heiligabend ein Landser, der aus Dr. Schremms Lazarettzug kam und Genesungsurlaub hatte. Er brachte mit besten Weihnachtsgrüßen von Zahlmeister König die Rotweinflaschen und die beiden Akkordeons. Im Begleitschreiben Königs stand, daß die Gegenstände aus Spenden der Wehrmachts-Wunschkonzerte des Rundfunks stammten. Der Lazarettzug habe neben anderen Sachen 100 Flaschen Rotwein und fünf Akkordeons erhalten. Die Kostprobe vom Rotwein – wenn er, Dr. Schremm, auch Abstinenzler sei – möge vielleicht seine Familie, Freunde oder Patienten erfreuen, und die Akkordeons seien, da er ja leider sehr geräuschempfindlich sei, zur Unterhaltung in der Heilanstalt gedacht. Dr. Schremm hatte diesen Brief zufällig aufgehoben. Er befand sich in den Akten, und sein Inhalt – etwas dreist und anzüglich – verriet noch eine weitere kleine Schwäche des Chefarztes: Er war unmusikalisch und übermäßig geräuschempfindlich. Aus diesem Grunde hatte er in seinem Lazarettzug die Benutzung irgendwelcher Musikinstrumente strikt untersagt und dies damit begründet, daß im Zug oft auch Schwerkranke mitgeführt würden, für die alle Geräuschbelästigungen unzumutbar und schädlich seien. Die Insassen des Zuges, vielfach auch Leichtverwundete oder Genesende, hielten sich aber selten an das Verbot und hatten einen besonderen Wachdienst aufgebaut, wenn sich der »Alte« zur Visite anschickte. Zahlmeister König schickte deshalb von dem neu hereingebrochenen Akkordeonsegen zwei an den Chef nach Hause – sei es, um ihn zu frozzeln, sei es, um den Insassen der Landesheilanstalt, wie König in der Hauptverhandlung angab, wirklich eine Freude zu machen.

Dr. Schremm war von dieser Weihnachtssendung wenig erbaut gewesen. Er hatte dem Landser gedankt und ihm zwei Flaschen Rotwein geschenkt. Dann aber hatte er sich mit seiner Frau beraten, die ihn inständig bat, dem ältesten Sohn, der im Gegensatz zum Vater recht musikalisch war, ein Akkordeon auf den Weihnachtstisch zu legen – er könne es ja auch für Heimabende der Hitlerjugend gut verwenden; das sei doch die Vorstufe zur Wehrmacht, und somit sei die Spende sozusagen zweckgebunden verwendet. Diese kriegslistige Begründung hatte Dr. Schremm über-

172

zeugt, das andere Akkordeon war jedoch der Landesheilanstalt Weihnachten übergeben worden, wo es bei der Weihnachtsfeier sogleich eingeweiht worden war, zur allgemeinen Erhöhung der Festfreude.

Von den noch verbliebenen acht Flaschen Burgunder wurden bei einem festlichen Abend im Hause des Doktors mit Freunden und Kollegen drei Flaschen getrunken – Dr. Schremm trank dabei wie immer seinen Pfefferminztee. Zwei Flaschen schenkte er zu Weihnachen seinem ärztlichen Vertreter in der Heilanstalt, und drei Flaschen blieben im Vorratskeller, wo sie nach Dr. Schremms Verhaftung von Polizisten gefunden und »sichergestellt« wurden, wie der Polizeibericht verlautete. Als Schremm dann vom Weihnachtsurlaub Anfang 1944 in seinen Lazarettzug zurückkehrte, sagte er noch beiläufig zu seinem Zahlmeister: »Ihre Weihnachtsüberraschung hat mich in Verlegenheit gebracht. Ausgerechnet mir schicken Sie zwei Akkordeons und zehn Flaschen Rotwein, wo Sie doch genau wissen, daß ich Musik nicht leiden kann und Abstinenzler bin! Was sollte das?« König hatte aber mit Biedermanns-Miene gesagt: »Aber, Herr Chefarzt, ich dachte mir, daß Ihre Patienten Weihnachten damit eine Freude hätten, und Sie deshalb auch!« »Ja, ja«, sagte Dr. Schremm, »es ist schon gut, hoffentlich gibt's keine Scherereien!«

Diese Hoffnung trog. Ende Januar 1944 wurde Zahlmeister König in Warschau von der Feldpolizei verhaftet und in das dortige Wehrmachtsgefängnis verbracht, wo ihm ein Kriegsgerichtsrat eine Liste schwerer Verfehlungen vorlas. Dr. Schremm wurde hiervon dienstlich unterrichtet und zwei Wochen später zu den eigenmächtigen Geschäften seines Zahlmeisters und zu den Vorwürfen, die dann zum Gegenstand seines Verfahrens wurden, gerichtlich vernommen. Irgendein Schwarzhändler der Warschauer Szene, dem man auf die Schliche gekommen war, hatte nach seiner Verhaftung gegen den Zahlmeister König ausgepackt. Das führte zu einer Überprüfung aller seiner Dienstgeschäfte, und dabei war man auf allen möglichen Unrat gestoßen. König wiederum hatte die Gründe für die Barauszahlungen an den Chefarzt anzugeben und den Verbleib der reichhaltigen Sachspenden aus dem Aufkommen der Wehrmachts-Wunschkonzerte nachzuweisen. So kam es, daß auch Dr. Schremm, der dienstlich die Aufsichtspflicht über den Zahlmeister hatte, in den Sumpf des Zahlmeisters hineingeriet.

Das Urteil des Feldgerichtes Warschau vom März 1944 gegen Dr. Schremm war mit eineinhalb Jahren Gefängnis und der Degradierung zum einfachen Soldaten schon unter normalen Verhältnissen eine harte Strafe, wenn man in Betracht zog, daß Dr. Schremm mit der Auferlegung einer Freiheitsstrafe von über einem Jahr nach dem geltenden Beamtengesetz auch seine zivile Berufsstellung als Medizinaldirektor und Leiter seiner Landesheilanstalt automatisch verlor. Das nachfolgende Urteil des Disziplinargerichtes, mit dem er seiner Stellung und seiner Beamteneigenschaft für verlustig erklärt werden würde, wäre nur noch eine Formsache gewesen. Aber da noch kein rechtskräftiges Urteil vorlag, war auch noch kein Disziplinarverfahren anhängig gemacht worden, wofür in der Heimat ohnehin andere Instanzen zuständig waren.

Die Verweigerung einer Bestätigung des Warschauer Feldgerichtsurteils, seine Aufhebung durch Generalfeldmarschall Keitel und die Verweisung des Verfahrens an das Zentralgericht des Heeres hätten meinem Magdeburger Kollegen schon deutlich machen sollen, daß hier ein Exempel statuiert werden sollte. Eine vernünftige Abwägung der Strafzumessungsgründe, also der Schwere der Schuld und der Bedeutung des angerichteten Schadens, die hier beide nicht als besonders wichtig anzusehen waren, war dem Gerichtsherrn als gänzlich unwichtig erschienen. Die von Keitel verlangte »hohe Zuchthausstrafe«, die der Anklagevertreter in der zweiten Verhandlung weisungsgemäß beantragte, legte die Willkür bloß, die 1944 auch gegen Wehrmachtsangehörige geübt wurde. Dennoch war es kaum zu fassen, daß das Zentralgericht des Heeres für relativ unbedeutende Delikte gegen einen verdienten

174

Chefarzt eine Zuchthausstrafe von zehn Jahren verhängt hatte.

Mit meinem bewährten Berater in heiklen politischen Prozessen, dem Generalrichter Rosencrantz, konnte ich die Taktik für die weitere Behandlung dieses äußerst schwierigen Falles nicht mehr besprechen; er war über Nacht von der Bildfläche verschwunden. (Erst nach dem Kriege traf ich ihn in Hildesheim wieder, wo er mir erzählte, daß er nach dem Scheitern des Attentats als Mitwisser sofort untergetaucht war, um als Forstarbeiter unter falschem Namen bis Kriegsende in der Lüneburger Heide zu leben.)

Da nun ein erneutes Bestätigungsverfahren an den Oberbefehlshaber des Ersatzheeres, Himmler, in Gang gesetzt werden mußte, um das Urteil zur Rechtskraft zu bringen, erbat ich beim Zentralgericht wegen Arbeitsüberlastung zunächst Fristverlängerung um zwei Wochen zur Einreichung einer Gegenvorstellung. Der Anklagevertreter rief mich an und sagte mir, daß er höchstens eine Woche verlängern könne, da von oben allgemeine Verfahrensbeschleunigung angeordnet worden sei. Ich machte geltend, daß ich gerade eine mehrere Tage in Anspruch nehmende Hauptverhandlung als Verteidiger wahrzunehmen gehabt hätte und eine so knappe Frist nicht einhalten könne. Wir rangelten eine Weile herum und einigten uns auf zehn Tage. Am zehnten Tage rief ich an und sagte der Geschäftsstelle, mein Schriftsatz sei am nächsten Tage da. Der Beamte sagte mir, der bearbeitende Kriegsgerichtsrat Deissner habe drei Tage Sonderurlaub wegen Bombenschadens; die Sache eile deshalb nicht mehr so sehr. Also hatte ich noch einmal vier Tage herausgeschunden.

Schließlich brachte ich meinen Schriftsatz selbst in die Geschäftsstelle des Zentralgerichtes, um mit dem angenehmen Geschäftsstellen-Inspektor zu sprechen. Diese Inspektoren waren, wenn überhaupt ansprechbar, oft sehr nützlich bei gewünschten Terminverschiebungen. Bei diesem Besuch hörte ich, daß

Kriegsgerichtsrat Deissner drei Tage Nachurlaub erhalten habe. Als der Beamte mir sagte: »Darüber wern'se ja nich' traurig sein, was, Herr Rechtsanwalt?«, bejahte ich das aufrichtig, fügte aber hinzu, daß mir der Bombenschaden des Richters sehr leid tue. »Na, ham' wa ja woll schon alle jehabt, nu ist der ooch mal dran«, war sein ungerührter Kommentar. Und als er beim Abschied sagte: »Eilig hat's wohl keener mehr, wenn's nicht jrade Bomben hagelt«, hatte ich den Eindruck, daß dieser Mann sein Geschäft auch nicht mit Leidenschaft betrieb und den Krieg wohl reichlich satt hatte, wie Millionen anderer Volksgenossen auch.

Erfreulicherweise hörte ich dann vom Fortgang der Sache mehrere Wochen nichts, sogar Weihnachten verstrich, und das Jahr 1945 begann, für das nach dem Scheitern der Ardennen-Offensive und dem Vorrücken der Alliierten in Ost und West das Kriegsende mehr und mehr in greifbare Nähe rückte. Dr. Schremm versuchte ich – wie vielen meiner in Haft sitzenden Mandanten – Mut zu machen; wann immer ich ihn besuchte, berichtete ich vom Vormarsch der Gegner. Nachrichten über die Lage draußen, die den Inhaftierten vollkommen vorenthalten wurden, waren bei solchen Besuchen stets das wichtigste. Im übrigen hatte sich Dr. Schremm seelisch wieder einigermaßen gefaßt und war, obwohl schreckenerregend abgemagert, durch den Trost der Bibel gestärkt, die ihm schwere und schwache Stunden überwinden half.

Mitte Januar 1945 rief mich Kriegsgerichtsrat Deissner an und bat mich zu sich. Ich war darauf gefaßt, daß er mir Himmlers Bestätigung des absurden Urteils und die Ablehnung des vorsorglich eingereichten Gnadengesuchs in schonender Form erst einmal mündlich mitteilen wollte. Aber nach knapper Begrüßung eröffnete er mir: »Herr Rechtsanwalt, das Urteil ist vom O. d. E. (dem Oberbefehlshaber des Ersatzheeres) aufgehoben worden...« Ich glaubte, mich freuen zu können, aber er hob die Hand, »...mit der Weisung, eine abermalige neue Hauptverhandlung vor dem Zentralgericht in anderweitiger richterlicher Besetzung anzusetzen…« Ich wollte ihm ins Wort fallen, aber er fuhr fort, »mit der Weisung« – der Gerichtsrat hob jetzt die Stimme –, »gegen den Angeklagten Dr. Schremm die Todesstrafe zu beantragen.« Der Kriegsgerichtsrat machte eine Pause, wie um Luft zu holen. Ich bat um Raucherlaubnis. Als ich mir nervös eine Zigarette herausgefingert hatte, sagte ich: »Ist denn so etwas möglich – von anderthalb Jahren Gefängnis über zehn Jahre Zuchthaus zur Todesstrafe. Alles für dasselbe Delikt?« Der Kriegsgerichtsrat sagte müde: »Hören Sie«, und dann las er mir vor, was im Schriftsatz der Dienststelle des O. d. E. stand.

»Der Antrag auf Verhängung der Todesstrafe muß deshalb gestellt werden, weil die Vorfälle, welche Gegenstand des Verfahrens gegen Zahlmeister König und Oberstabsarzt Dr. Schremm gewesen sind, neuerdings vom britischen Feindsender BBC in seiner deutschsprachigen Ausstrahlung des sogenannten Soldatensenders Calais zur Hetze über Korruptionsfälle in der deutschen Wehrmacht, besonders in der Etappe, gemacht worden sind. Da zu befürchten ist, daß die strafbaren Handlungen des Dr. Schremm wegen deren Verbreitung durch den feindlichen Sender besonders nachhaltige Wirkungen auf den Wehrwillen der Wehrmacht und der Bevölkerung im Kampf um den Endsieg ausüben können, ist zur Abschreckung und Signalwirkung die Höchststrafe erforderlich. Saboteure und Verräter wie Dr. Schremm haben ihr Leben verwirkt. Ich befehle deshalb besondere Beschleunigung in der Durchführung des Verfahrens und erwarte Meldung und Rückübersendung der Akten zur Urteilsbestätigung binnen zwei Wochen.«

Das war eine Sprache, der man anmerkte, daß Himmler in seinem Stabe wohl gar keine juristisch vorgebildeten Berater mehr zur Bearbeitung von Bestätigungsverfahren um sich hatte. Ich fragte den Kriegsgerichtsrat, der einen ganz vernünftigen Eindruck machte, ganz offen: »Werden Sie tatsächlich die Todesstrafe beantragen?« Er zuckte nur die Achseln. »Lieber Herr Rechtsanwalt, was kann ich denn anderes tun. Weisung ist hier gleich militärischem Befehl, das wissen Sie doch. Soll ich Gehorsamsverweigerung begehen, und dann selbst vor das Kriegsgericht kommen?« Wir schwiegen beide. Dann fragte ich: »Wann soll der Termin steigen? Wissen Sie, wer den Vorsitz haben wird?« Er antwortete fast gleichgültig: »Termin ist am 3. Februar (das waren noch zehn Tage), den Vorsitz wird Kriegsgerichtsrat Altmann führen – falls nichts dazwischenkommt. Das weiß man ja nie genau.«

Ich hatte den Namen Altmann noch nie gehört und erkundigte mich nach ihm. Er sei erst seit zwei Monaten hier als Kriegsrichter, nachdem er in Rußland schwer verwundet worden sei und dann lange im Lazarett gelegen habe. Als ich mich erkundigte, ob er schon die Akten kenne und ob der Kriegsgerichtsrat es für zweckmäßig halte, Altmann vor der Verhandlung aufzusuchen, sagte er zum ersten: »Die Akten gehen heute auf seinen Tisch«, und zum zweiten zuckte er die Achseln: »Das muß ich Ihnen überlassen.« Damit schieden wir recht frostig voneinander.

Bei Kriegsgerichtsrat Altmann bemühte ich mich telephonisch um ein Gespräch. Er lehnte kurz angebunden ab und schützte Arbeitsüberlastung vor. Schließlich bekam ich ihn so weit, daß er sich bereit erkärte, mich unmittelbar vor dem Termin am 3. 2. in seinem Dienstzimmer zu empfangen. In der Geschäftsstelle hatte ich zuvor von dem umgänglichen Inspektor, mit dem ich schon im Oktober gesprochen hatte, erfahren, daß Kriegsrichter Altmann im Zivilberuf Leiter eines Finanzamtes im Odergebiet gewesen sei und im allgemeinen als freundlicher Mann gelte, mit dem man reden könne. Das gab mir gewisse Hoffnungen.

Nun mußte ich meinen Mandanten auf das Kommende vorbereiten. Es würde schwer sein, ihm klarzumachen, daß er wegen einer Sendung des englischen »Soldatensenders Calais«, für die er ja nicht im geringsten verantwortlich war, in des Teufels Küche geraten war, nämlich auf Himmlers Schreibtisch. Das aber mußte ihm beigebracht werden, schon um ihm die Illusion zu nehmen, daß die neue Verhandlung etwa eine Milderung der Zuchthausstrafe vom Oktober 1944 abgeben werde. Als ich ihm nun nach gut zehn Wochen mitgeteilt hatte, daß das Urteil aufgehoben worden und für den 3. Februar 1945 eine neue Verhandlung angesetzt sei, unterbrach er mich, sprang auf und ergriff meine Hände: »Ich wußte es, ich wußte es! Gott hat meine Gebete erhört!« Es war erschütternd, wie dieser glaubensstarke Mann dann in die Tiefen der Verzweiflung stürzte. Schließlich ergriff ich seinen Arm und redete auf ihn ein: »Sie dürfen nicht aufgeben. Denken Sie an Ihre Familie! Das Urteil ist noch nicht gesprochen, und auch dann gibt es immer noch Möglichkeiten, vielleicht das Schlimmste abzuwenden. Wie immer auch das nächste Urteil ausfällt, es gibt ja noch ein Bestätigungsverfahren und dann ein Gnadengesuch! Bleiben Sie stark! Vielleicht geht der Krieg ganz schnell zu Ende!«

Am 3. Februar 1945 war ich um 9.30 Uhr im Dienstzimmer des Kriegsgerichtsrates Altmann. Sein Name widersprach seiner Erscheinung. Ich traf einen jüngeren Herrn, vielleicht Ende der Dreißig, schmal, mittelgroß und mit klugen braunen Augen, ein sympathischer Typ. Der linke Arm fehlte, und seine linke Wange war durch Granatsplitterverwundungen entstellt. Nach beiderseitigem »Heil Hitler« – das seine schien recht müde zu klingen, in dieser letzten Phase des Krieges witterte man jede Nuance – bot er mir den Stuhl vor seinem Schreibtisch an. Dann kam, ach, wie oft hatte ich das schon gehört, das obligate: »Sie wünschen bitte?«

Meist hatte ich diplomatische Formeln bereit, um meine Anliegen geschickt vorzubringen: Ich tastete mich im allgemeinen gesprächsweise psychologisch vor, um erst einmal die Mentalität des Gegenübers herauszufinden. Jede falsche Wendung konnte ja im wörtlichen Sinne für meine Mandanten tödlich sein. Hier glaubte ich, da es ums Ganze ging, auch gleich aufs Ganze gehen zu sollen, auch auf die Gefahr hin, eine Abfuhr zu erhalten. Ich antwortete also auf dieses »Sie

wünschen bitte?« ohne jede Umschweife: »Keinesfalls
ein Todesurteil gegen einen verdienten Arzt und Fami-
lienvater wegen einer Bagatelle, nur weil sie von einem
Feindsender aufgebauscht worden ist!«

Gespannt wartete ich auf die Reaktion. Er
stützte seinen Kopf auf den rechten Arm, den Ellbogen
auf dem Schreibtisch, und beugte sich weit vor, wobei
er mich fixierte und langsam sagte: »Plädieren können
Sie nachher in der Verhandlung, oder wollen Sie mich
beeinflussen?« Ich versicherte ihm, daß mir jede Beeinflussung fernläge. Kaum hatte ich das gesagt, fragte
er: »Sie wollen wohl, daß ich schnellstens wieder an die
Ostfront geschickt werde? Einen Arm habe ich ja noch.
Wissen Sie denn nicht, was hier im Zentralgericht los
ist?« Ich gab mich naiv und sagte: »Hier bemühen sich
doch Kriegsrichter, den guten Ruf der Militärjustiz
hochzuhalten. Vom Volksgerichtshof erwartet niemand
mehr etwas, da ist man Schreckensurteile gewohnt.«
Altmann sagte, gar nicht aufgebracht, nur müde: »Pap-
perlapapp, Herr Rechtsanwalt, tun Sie Ihre Pflicht, ich
tue die meine, ob Himmlers Gestapo, ob Volksgerichtshof, ob Zentralgericht, das ist doch jetzt alles derselbe Brei.« Er machte eine Gebärde des Ekels, stand
auf und sagte: »Wir sehen uns in zwanzig Minuten wieder.« Damit war die Unterredung – spärlich genug – zu
Ende. Aber ich hatte doch das Gefühl gehabt, daß sich
dieser fronterfahrene Offizier, im Beruf Verwaltungs-
jurist, hier als »Blutrichter« völlig deplaciert vorkam.
Nach dem Gesetz war der Richter unabhängig, auch jeder Kriegsrichter, ob Jurist oder Laie – aber würden
drei Männer, die sich zudem kaum kannten, den Mut
haben, dem nachdrücklichen Verlangen Himmlers auf
Verhängung der Todesstrafe zu widerstehen? Das war
die allein entscheidende Frage.

Die erneute Hauptverhandlung verlief zügig. Zeugen
gab es nicht, der Angeklagte war geständig und voller
Reue, übrigens sehr korrekt im Auftreten und voller
Haltung im Angesicht der Todesstrafe. Der Kriegsgerichtsrat Altmann gab sich geschäftsmäßig, blieb höf-

lich, verlas die vorinstanzlichen Urteile mit eintöniger Stimme und fragte seine beiden Beisitzer, links von ihm ein weißhaariger Oberst, rechts von ihm ein Stabsarzt, ob sie noch Fragen hätten. Beide verneinten; ich glaubte, ihren mitleidigen Blicken auf den Angeklagten entnehmen zu können, daß ihnen ihre Mitwirkung in dieser Tragödie peinlich war. Als der Vorsitzende auf die Taten des beteiligten Zahlmeisters König zu sprechen kam, fragte der beisitzende Oberst: »Warum ist denn König nicht als Zeuge hier?« Altmann antwortete wie gelangweilt: »Weil er schon im Oktober 1944 zum Tode verurteilt wurde und das Urteil bereits vollstreckt ist!« Der Oberst sagte unwillkürlich »Oh«, erschreckt oder mitleidig, das war schwer auszumachen. Dann biß er sich auf die Lippen und schwieg. Ich registrierte das als einen Pluspunkt. Nachdem der Anklagevertreter seine Pflichtübung abgeleistet und Dr. Schremm als Schwerverbrecher, Volksschädling und Saboteur der Wehrkraft des schwer um den Endsieg ringenden deutschen Volkes und seines ihm vom Allmächtigen gesandten Führers geschildert hatte, forderte er »gemäß der Weisung meines obersten Gerichtsherrn« – wie er außerhalb des sonstigen Brauches formulierte – vom Gericht die Todesstrafe.

»Der Verteidiger hat das Wort« oder »Das Wort hat der Verteidiger« oder ganz einfach »Bitte, Herr Verteidiger« – schon aus der Formulierung und dem Tonfall dieser wenigen Wörter, wie sie gesetzt und gesprochen werden, hört der erfahrene Verteidiger etwas von der Persönlichkeit des Gerichtsvorsitzenden heraus, ob er dem Plädoyer mit Gleichgültigkeit oder mit Interesse, mitunter auch voller Spannung entgegensieht. Der geübte Verteidiger bemerkt auch sehr schnell, ob der Vorsitzende – oder nur sein Berichterstatter – aktenkundig ist, oder ob er die Verhandlung aus Nachlässigkeit oder mit Absicht ohne Aktenkenntnis führt, wie dies von manchen und oft gar nicht schlechten Richtern gehalten wird, um dem Angeklagten, den er in der Hauptverhandlung erstmalig von Angesicht zu sehen bekommt, nicht mit Voreingenommenheiten oder Vorurteilen gegenüberzutreten.

In diese Gedanken fiel die Stimme des Vorsitzenden: »Bitte, Herr Rechtsanwalt«, was ich als schlicht und angenehm empfand. Ich war gerade aufgestanden, als der durchdringende Heulton der Sirenen erklang. Tagesangriff. Die Verhandlung wurde unterbrochen, die Akten wurden eilig zusammengerafft, die Taschen ergriffen, der Saal leerte sich schnell. Ich ging zu Dr. Schremm, dem von zwei Wachtmeistern die Handfesseln wieder angelegt worden waren, was für Todeskandidaten bei Transporten Vorschrift war, dann ging es auf den Flur und die Treppen hinunter. Alles ging schnell, kein Wort fiel. Die Kellerräume waren von Uniformträgern aller Dienstgrade gefüllt. Man hörte wenig von der Flak, ich wußte, daß jede zweite Batterie aus dem Ring um Berlin auf die westliche Oderseite verlegt worden war; eine neue russische Offensive stand bevor.

Der Angriff dauerte eine knappe Stunde, das Gerichtsgebäude hatte keine Treffer erhalten, dann kam die Entwarnung. Der tödliche Alltag konnte weitergehen. Man war wieder einmal dem Tode durch den Gegner entronnen, jetzt ging es um die Abwehr des eigenen Staates. Der Tod ist fast täglicher Begleiter, wird zur Routine wie in einem großen Krankenhaus; in der Schreckensjustiz des Nazireiches sind die Verteidiger die operierenden Ärzte, die sich bemühen, ihn abzuwehren, die Richter im besten Falle Assistenzärzte.

Mit meinen Plädoyers habe ich mir immer alle Mühe gegeben, ob es sich um ein paar gestohlene Tomaten, um Vermögensdelikte oder um Gewaltakte handelte. Es ist der Vorzug des Strafverteidigers, daß er verteidigen kann, was und wen er will, aber nicht muß (ausgenommen, wenn er vom Gericht als Pflichtverteidiger beigeordnet wird, und nur dann *muß* er). Der sogenannte Wahlverteidiger (die Bezeichnung rührt daher, daß ihn der Beschuldigte auswählt als Anwalt seines Vertrauens) prüft also seinen Mandanten durch Befragung und studiert die vorhandenen Akten. Est dann entscheidet er sich, ob er das Mandat übernimmt.

Er kann die Prozeßvollmacht zurückgeben und das Mandat zu jeder Zeit niederlegen. Auch der Mandant kann sein Mandat jederzeit widerrufen und dem Verteidiger die Vollmacht entziehen. Diese freie Gestaltung des Auftragsverhältnisses macht es dem Anwalt möglich, nur solche Verteidigungen zu übernehmen, bei denen er der Überzeugung ist, Angeschuldigten zu helfen, die es verdienen, in einer selbstverschuldeten Lage oder infolge von Schuldverstrickungen äußerer Art juristischen und menschlichen Beistand zu erhalten, wenn sie mit der Strafjustiz in Konflikt und in dessen schwer übersichtliches Räderwerk geraten sind. Dabei gilt es für den Verteidiger, dem – ähnlich wie dem Arzt und Seelsorger – die menschlichen Schwächen und Charakterfehler in weitem Umfange bekannt sein müssen, den Rahmen weit zu stecken. Daß diejenigen, die den Verteidiger allzuleicht mit dem Täter identifizieren, den Sinn des Gerichtsverfahrens verkennen, wurde niemals deutlicher als in den politischen oder politisch gefärbten Strafprozessen im Dritten Reich. Denn hier war ja offensichtlich, daß die Moral und das ungeschriebene Naturrecht vorwiegend auf der Seite der Angeklagten und nicht auf der der Göttin Justitia war, die sich die Binde vor den Augen entfernt hatte und dennoch blind blieb.

Im Falle des Dr. Schremm habe ich leidenschaftlich plädiert. Ich mußte mich besonders an die rechtsunkundigen Beisitzer wenden und ihnen klarmachen, welche ungeheure Machtfülle ihnen das erbarmungslose Kriegsgesetz in die Hand gab, und daß die Ausübung der Gerechtigkeit in der Strafjustiz weitgehend darin bestehe – wenn das »schuldig« bejaht werden muß –, das Maß der Sühne richtig zu bemessen. Wie soll man denn wirklich todeswürdige Verbrechen wie mehrfachen Raubmord, Gattenmord, Brandstiftung mit Todesopfern oder im Kriegsrecht Fahnenflucht gerecht bestrafen, wenn man für die rechtmäßige oder unrechtmäßige Zueignung von einigen hundert Reichsmark, einigen Flaschen billigen Rotweins und zweier Ziehharmonikas schon den Kopf des Täters verlangt –

selbst wenn er als Offizier ehrenrührig gehandelt haben sollte? Die Propaganda von Feindsendern, die noch dazu weit mehr von den strafbaren Handlungen des Zahlmeisters König gespeist worden sei als von denen des Angeklagten – so führte ich aus – sei eine Sendung, die sogar der Anklagevertreter als »Lügenpropaganda«, also als Verbreitung unwahrer Behauptungen gekennzeichnet habe. So könne sie doch nach den einfachsten Gesetzen der Logik nicht dazu herhalten, die besondere Schädlichkeit und Verwerflichkeit der Handlungen des Angeklagten zu beweisen und die Verhängung der Todesstrafe zu begründen. Einzig und allein das Gericht sei hier für Beurteilungen zuständig, nicht der *Feindsender*. Es hieße ja geradezu, ihm Recht zu geben, wenn man sich seiner Hetze mit einem bestätigenden Urteil anschlösse. Zwei Kriegsgerichte hätten hier schon Recht gesprochen mit sehr unterschiedlichen Ergebnissen im Strafmaß. Es könne nicht nun noch ein drittes Urteil mit noch schärferer Strafe die Zerrissenheit der deutschen Militärjustiz kundtun, das wäre dann möglicherweise das nächste Thema des feindlichen Propagandasenders unter dem Titel »Uneinigkeit regiert die Stunde«. Mein Antrag lautete auf milde Freiheitsstrafe mit dem Ziele der Bewährung. Der Angeklagte sprach als letztes Wort den mir unvergeßlich im Gedächtnis haftenden Satz »Ich schließe mich meinem Verteidiger an und lege mein Schicksal in Gottes Hand, der Ihnen Ihr Urteil schreiben möge, meine Herren Richter!«

Das Gericht zog sich zur Beratung zurück. In solchen Fällen, wenn es um ein Todesurteil geht, werden Minuten zu Ewigkeiten, falls die Beratung länger als fünf Minuten dauert. Wird ein Todesurteil beschlossen, geht es meist sehr schnell. Ich schaute gespannt auf meine Armbanduhr, es dauerte schon über fünf Minuten. Nach zehn Minuten ging die Tür zum Beratungszimmer aber auf; ich sah alles verloren. Es erschien jedoch nur der Protokollführer mit dem Kopf in der Tür, und er rief den Saalwachtmeister, dem er dann etwas zuflüsterte.

Sicher soll er Kaffee aus der Kantine holen, also dauert es noch, da drinnen scheint gekämpft zu werden, bei ausgepackten Stullen und dünnem Ersatzkaffee. Dies ist die Wirklichkeit des Kampfes um Leben und Tod.

Die peinigende Stille im Raum ist nach fast einer halben Stunde zu Ende. Das Gericht betritt den Saal, alle Beteiligten stehen. Der Gerichtsvorsitzende verkündet das Urteil: »Der Angeklagte Dr. Schremm wird wegen..., wegen..., wegen..., in Tateinheit mit..., Verbrechen und Vergehen nach §§... zu einer *Zuchthausstrafe von zwölf Jahren* sowie zum Rangverlust und Degradierung in den Soldatenstand verurteilt. Die bisherige Untersuchungshaft wird angerechnet. Die Kosten des Verfahrens trägt der Angeklagte. Das Urteil erlangt Rechtskraft mit der Bestätigung des Gerichtsherrn. Die Verhandlung ist geschlossen, der Verurteilte ist abzuführen. Heil Hitler!«

Nun kam es darauf an, noch die letzte Runde zu schaffen und das abermals in Gang gesetzte Bestätigungsverfahren hinauszuzögern. Ich erbat erneut Erklärungsfrist von zwei Wochen zur Einreichung einer Gegenerklärung ab Zustellung des Urteils mit schriftlichen Gründen und zur Einreichung eines erneuten Gnadengesuches. Trotz der Beschleunigungsanweisung von oben erhielt ich die erbetenen Fristen. Ich rechnete nach. Vor Ende März würde die Stellungnahme des O. d. E. kaum zurück sein. Würde Dr. Schremm noch in irgendeinem Strafbataillon in den sicheren Tod geschickt oder würde noch einmal sein Kopf durch ein neues Urteil gefordert werden? Die westlichen Armeen rückten unaufhaltsam vor, die Rote Armee aber sehr langsam. Wieviel Zeit hatten wir noch?

Nachdem ich drei Tage später die Ausfertigung des Urteils mit Gründen erhalten hatte, riet ich Dr. Schremm, sich einfach krank zu melden. Er war schwer erkältet, sein Gewichtsverlust war bedrohlich. Im Gefängnislazarett hoffte ich auf gewissen kollegialen Schutz durch die dortigen Ärzte. Die Gefahr war in keiner Weise vorüber, aber Dr. Schremm wollte seine Lage nicht sehen. »Ich bin gerettet«, sagte er immer wieder, »ich fühle es innerlich genau. Sie haben alles Menschenmögliche getan, und Gott hat mich gesegnet. Jetzt will ich alles ertragen, was kommt.« Bei soviel Gottvertrauen widersprach ich nicht mehr, fürchtete aber sehr für Schremms weiteres Stehvermögen. Mitte Februar jedoch kam plötzlich eine Wendung: Die Insassen der überfüllten Wehrmachtsgefängnisse wurden von Berlin nach Torgau an die Elbe verlegt. Sie wurden auf dem Wasserwege über Kanäle und Flüsse in Apfeltransportkähnen – Äppelkähne sagt der Berliner – dorthin verbracht. Es dauerte fast drei Wochen, bis die Kähne über das Netz der Flüsse und Kanäle in Torgau anlangten. Einige Häftlinge, die unterwegs vor Kälte, Hunger und Entkräftung verstarben, hatte man einfach über Bord geworfen.

Dr. Schremm erzählte mir das alles, als ich ihn und einen weiteren Mandanten im Torgauer Wehrmachtsgefängnis im März und dann noch einmal Anfang April 1945 besuchte. Dr. Schremm wurde im Gefängnislazarett als Arzt beschäftigt. Am berühmten 10. April 1945, als sich die amerikanischen Truppen und die Rote Armee unweit Torgaus an der Elbe trafen, wurde er zusammen mit den anderen Gefängnisinsassen, unter denen mehr als einhundert hohe Offiziere waren, von US-Truppen befreit. Von seinem Strafverfahren hatte er bis zu diesem Tag nichts mehr gehört. Im Mai 1945 schrieb er mir einen langen Brief aus seiner Heilanstalt, in der er wieder als Direktor tätig war. Aber Mitte April hatte ich das total zerbombte und zerstörte Berlin schon verlassen. Jetzt war ich in einem kleinen Harzstädtchen Bürgermeister, wo viele Flüchtlinge, Heimkehrer und freigelassene Gefangene Hilfe benötigten.

Frontbewährung
wegen Trunkenheit

»Pfeifhähne« – so wurden die Besucher und Absolventen jener Anstalt genannt, die der Preußenkönig Friedrich Wilhelm I. als »Collegium Chirurgo-Medicorum« zur Ausbildung von Medizinern und Feldchirurgen um 1730 in Berlin gegründet hatte. Sie hieß später unter Friedrich dem Großen nach damals französischem Sprachgebrauch die »Pepinière« (zu deutsch »Pflanzschule«) und erhielt erst zu Zeiten Hitlers 1934 den Namen »Militärärztliche Akademie«. Aus ihr sind von Virchow bis zu Behring viele namhafte Ärzte hervorgegangen. Die Studierenden der Pepinière nannten sich »Pepins«, was die Berliner in »Piephähne« verballhornten. Daraus entstand das hochdeutsche Wort »Pfeifhähne« für angehende Militärärzte. Ihr Symbol war ein Hahn, dessen Krallen eine Tabakpfeife am Stiel umklammerten.

Während der Kriegsjahre von 1939 bis 1944 erhielt hier mein zehn Jahre jüngerer Bruder seine ärztliche Ausbildung; von Fronteinsätzen im Osten, einer Verwundung und zwei auswärtigen Semestern in Heidelberg und Freiburg wurde die Zeit teils angenehm, teils unangenehm unterbrochen. Im Oktober 1944 beendete er sein Staatsexamen.

Unter den Absolventen der Akademie herrschte seit jeher eine enge Verbindung, die sich oft das ganze Leben hindurch bewährte, ganz besonders in den verschiedenen Crews der einzelnen Jahrgänge. Solche Freundschaften, wie sie auch die Kadetten-Crews und die studentischen Corps und Verbindungen prägten, sind heute wohl weitgehend dem harten Druck der Berufswirklichkeit gewichen.

Im Frühjahr 1944 rief mich mein Bruder aufgeregt an. »Kümmere dich bitte möglichst schnell um einen jüngeren Kameraden, den man verhaftet hat. Wir haben keine Ahnung, was vorgefallen ist; aber er sitzt seit drei Tagen im Wehrmachtsuntersuchungsgefängnis. Er heißt Richard Peitel, ist Unterarzt, Rheinländer, und steckt mitten im Examen, von dem er schon vier Stationen mit »Sehr gut« und eine sogar mit Auszeichnung bestanden hat. Bisher hatte er eine tadellose Führung. Es muß irgend etwas Besonderes passiert sein. Von seinem Jahrgangsstabsarzt ist nichts herauszukriegen. Aber du als Anwalt wirst doch an ihn herankommen können.«

Ich machte mich auf und fand den jungen Unterarzt im Wehrmachtsuntersuchungsgefängnis in Alt-Moabit, verprügelt, zerschlagen und verschwollen vor; sein Gesicht war grün und blau, einige Vorderzähne fehlten, und der Waffenrock war zerrissen. Mit dicken Beulen an der Stirn, blutverkrusteten Händen begrüßte er mich müde; nur mit quergestelltem Kopf konnte er mich aus halbgeöffneten Augenschlitzen ansehen. »Um Gottes willen«, sagte ich, »was haben Sie denn angestellt? Ich soll Ihnen erst einmal Grüße von Ihren Kameraden bringen. Dann aber, wie kann ich Ihnen behilflich sein?« Der Unterarzt nickte, zuckte aber nur mit den Schultern und lallte: »Weiß nichts, weiß wirklich nichts.« – Nach einer Weile: »Bin wohl überfallen und furchtbar zusammengeschlagen worden.« Mit Mühe unterschrieb er eine Prozeßvollmacht. Ich sagte ihm, daß ich binnen kurzem wiederkäme.

Am nächsten Tag sah ich die Akten ein, in denen sich der Bericht eines Polizisten vom Polizeirevier Berlin-Oberschöneweide und der Bericht eines Reservehauptmanns als Führer einer Wehrmachtsstreife der Feldpolizei befanden.

Der Polizist berichtete: »Während meines Streifendienstes am 4. 4. 44 – ich hatte mich gerade von meinem Kameraden getrennt, der Dienstschluß hatte und nach Hause ging, während ich in das Revier zurückmußte – sah ich gegen 21.00 Uhr im Schein einer Laterne ungefähr zwanzig Meter von mir entfernt einen Wehrmachtsangehörigen mit gezogenem Degen hin- und hertorkelnd in der Hermannstraße auf einen Lattenzaun einschlagen, der hier das Bahngrundstück von der Straße abgrenzt. In der ganzen Gegend flogen Holzsplitter herum. Als ich näher kam, rief der junge Offizier – da er einen Degen trug, konnte ich auf diesen Rang schließen – beim weiteren Einhauen auf den Lattenzaun: »Ihr verfluchten Türken, Ihr – Ihr Heiden – Euch will ich zeigen, was los ist! Zurück Ihr Heiden, jetzt gibt's Saures!«

Da ich annahm, daß der Offizier unter Alkoholeinfluß stand, ging ich auf ihn zu mit den Worten: »Unterlassen Sie bitte diesen Lärm und stecken Sie Ihren Degen ein. Sie können sich doch als Offizier nicht so aufführen!« Kaum hatte ich dies gesagt und wollte ihn gerade am Arm nehmen, um ihn zu beruhigen und zur Raison zu bringen, fuhr er auf mich mit erhobenem Degen los und schrie: »Was willst du, du bist auch so ein Türke. Dir werde ich was versetzen, du dämlicher Mameluck!« Dabei holte er aus, ich sprang zurück und duckte mich weg, um nicht getroffen zu werden, aber der Hieb traf noch meinen Tschako, der auf die Straße kollerte. Der Offizier lärmte weiter und ging torkelnd mit halbgeöffnetem Waffenrock Richtung S-Bahnhof. Zum Glück war kein Mensch auf der Straße. Ich folgte ihm in weitem Abstand, ließ ihn aber nicht aus den Augen. Er sah sich öfters um, plötzlich fing er an zu laufen. Er durchlief die Bahnunterführung und wandte sich dann statt rechts zum Bahnhofsplatz nach links in die Annastraße. Dort verschwand er in einem Haus, in dem die Haustür noch offen war. Ein Hausbewohner führte seinen Hund gerade auf die Straße.

Da ich zur Personalfeststellung und Festnahme von Wehrmachtspersonen nicht befugt bin, aber tätlich angegriffen wurde, habe ich von einer Telefonzelle, die von dem Hause Annastraße 4 nur zehn Meter entfernt ist, mein Revier angerufen und um Entsendung einer Wehrmachtsstreife gebeten. Nach ungefähr fünfzehn Minuten ist dann auch ein Kübelwagen mit vier Feldpolizisten gekommen. Ich habe dem Streifenführer Meldung gemacht und Bericht erstattet. Gegen den Offizier stelle ich vorsorglich Strafantrag wegen Beleidigung und gefährlicher Körperverletzung.«

Der Bericht des Hauptmanns der Wehrmachtsstreife war kürzer: »Am Abend des 4. 4. 44 gegen 22.00 Uhr erreichte mich auf Streifenfahrt im Bezirk Köpenick der Funkruf des Polizeireviers Oberschöneweide, daß im Hause Annastraße 4 ein junger Offizier verschwunden sei, der kurz vorher in der Hermannstraße laut randaliert und einen Polizeibeamten mit seinem Degen bedroht habe, als er zur Ruhe ermahnt wurde. Das Haus Annastraße 4 wurde zum Teil mit Hilfe der Bewohner, zum Teil gegen ihren Protest – ein großer Teil schlief schon – systematisch vom Keller bis zum obersten Stockwerk durchsucht. Im vierten Stock wurde im Wohnzimmer der Witwe Emmel der Beschuldigte, der auf einem Sofa fest schlief und sich mit seinem Waffenrock zugedeckt hatte, festgenommen und – da er völlig schlaftrunken und kaum redefähig war – auf Grund seines ihm abgenommenen Soldbuches als der Unterarzt Richard Peitel von der MA, Berlin NO Invalidenstraße, identifiziert. Als der Beschuldigte abgeführt wurde, begann er wirre Reden, rief im Flur des vierten Stockes mehrmals laut um Hilfe und versuchte, sich aus den Haltegriffen der beiden Feldpolizisten zu befreien. Es kam hierbei zu einem Gerangel, bei dem der Beschuldigte zusammen mit den Feldpolizisten zehn Treppenstufen der obersten Treppe herabstürzte. Das Treppengeländer ging dabei zu Bruch. Da wegen der Durchsuchungen und des Lärms fast alle Hausbewohner im Treppenhaus zuammenliefen, erregte das Verhalten des Beschuldigten besonderes Aufsehen. Das gewalttätige Widerstandsverhalten des Festgenommenen konnte erst im Dienstfahrzeug gebrochen werden.«

Der letzte Satz des Berichts war offensichtlich vorsorglich beigefügt worden, um von vornherein die dem Festgenommenen zugefügten Mißhandlungen zu rechtfertigen. Die Beulen mochten wohl tatsächlich vom Treppensturz herrühren; die Vorderzähne aber waren ihm mit einem Koppelschloß ausgeschlagen worden, als er gefesselt im Streifenwagen saß. Daran konnte sich der junge Peitel mit Bestimmtheit erinnern, weil er dabei wieder wachgeworden war. Alles übrige aber war vollkommen im Nebel versunken. Ihm war der Film völlig gerissen.

Von Interesse war noch die Aussage der vierundsechzigjährigen alleinstehenden Witwe Alma Emmel, Rentnerin, Annastraße 4 IV, wohnhaft in Oberschöneweide. Sie lautete: »Am fraglichen Abend habe ich in meiner Küche – es ging auf 22.00 Uhr – noch einiges abgewaschen, als es plötzlich heftig an meiner Wohnungstür klopfte; gleichzeitig schellte auch die Türklingel. Ich dachte erst, es werde die Nachbarin sein, deren Mann krank ist. Als ich durch den Sehschlitz guckte, sah ich aber einen Soldaten, der ängstlich um sich sah. Da mein Sohn – er ist Unteroffizier – im Felde ist, dachte ich, vielleicht solle er mir eine Nachricht bringen. So öffnete ich vorsichtig. Der Soldat sagte aber nur unruhig, fast weinerlich: ›Ach, gnädige Frau, lassen Sie mich doch einen Augenblick in Ihre Wohnung, ich werde verfolgt, lauter Türken verfolgen mich!‹ Ehe ich mich versah, war er auch schon eingetreten. Er sah sehr elend und ganz verängstigt aus. ›Kann ich austreten?‹ fragte er. Ich zeigte ihm die Toilette. Als er wieder herauskam – ich stand in der Tür zu meinem Wohnzimmer – sagte er: ›Guter Gott, liebe Oma, ich bin so kaputt, kann ich vielleicht ein bißchen schlafen?‹ Dabei taumelte er so, daß er sich am Türrahmen festhalten mußte. Ich wunderte mich, daß er keinen Mantel trug, es war draußen ziemlich kalt. Sein Rock stand sogar offen. Er legte seinen Degen ab, warf ihn dann einfach in die Ecke, eine Mütze hatte er gar nicht dabei. Da er mir leid tat, sagte ich ihm: ›Na, dann legen Sie sich man ein bißchen auf das Sofa.‹ Als er den Rock abgelegt und ihn über den Stuhl gelegt hatte, fiel er wie ein Mehlsack darauf und schlief sofort ein. Ich nahm den Uniformrock und deckte ihn zu. Ungefähr zehn Minuten später hörte ich es im ganzen Hause rumoren, dann klingelte es auch schon wieder bei mir. Es war eine Wehrmachtsstreife. Die haben dann mit dem Eindringling nicht viel Federlesens gemacht. Der war ja auch gar nicht richtig bei sich. Törichterweise hat er sich gewehrt, wobei er mit zwei Soldaten die Treppe hinabstürzte. Aber es ist wohl keiner ernsthaft verletzt worden. Mehr kann ich zur Sache nicht angeben.«

Als ich Peitel wieder aufsuchte, hatte er wenigstens die Augen wieder offen, und auch das Gesicht war etwas abgeschwollen. Ich las ihm die Aktenauszüge vor. Er schüttelte verständnislos den Kopf. »Was haben Sie denn am Tag vorher gemacht? Wie kamen Sie abends überhaupt nach Oberschöneweide?« fragte ich, um den Vorgang zu rekonstruieren. »Tagsüber hatte ich«, erzählte er, »mündliche Prüfung für innere Medizin bei Professor Koch in der Charité. Ich war morgens schon um 6.00 Uhr auf, obwohl ich schlecht geschlafen hatte. Die letzten Nächte hatte ich fast immer gepaukt. Um 8.30 Uhr begann die Prüfung, wir waren eine Vierer-Gruppe, gegen 11.30 Uhr waren wir durch. Ein Wiederholer, wir anderen bestanden, ich mit »Sehr gut«. Und das will was heißen bei Koch! Ich rief meine Freundin Anneliese an, die auch Medizin studiert. Sie wohnt in Oberschöneweide. Wir verabredeten uns für 13.30 Uhr in der Weinstube »Borchardt« in der Französischen Straße. Kameraden hatten mir gesagt, daß es da noch Rotwein gäbe. Vorher war ich rasch noch mal auf meinem Bau, da habe ich mit zwei Kameraden einen selbstgebrannten Schnaps getrunken. Dann holte ich Anneliese am S-Bahnhof Friedrichstraße ab, und wir gingen zu Borchardt. Dort trank ich zwei Pokale Rotwein, es war algerischer Rotwein, schmeckte nicht besonders. Es gab pro Kopf nur zwei Gläser; da Anneliese nur ein Glas trank, habe ich dann noch ihr zweites Glas getrunken.« »Haben Sie denn gar nichts gegessen?« fragte ich dazwischen. Dazu berichtete er, daß es ohne Marken bei Borchardt nichts zu essen gäbe, aber er habe ein Stück Kuchen gegessen, das seine Freundin mitgebracht hatte. Dann seien sie noch bis gegen 17.00 Uhr in der Weinstube geblieben und schließlich über den Schloßplatz Richtung Alexanderplatz gegangen. Unterwegs seien sie am Roten Rathaus vorbeigekommen, und da habe er seine Freundin überredet, noch in den Ratskeller zu gehen, wo es stets »Heißgetränke« gab. Sie seien etwa zwei Stunden geblieben, hättten wohl noch zwei Gläser getrunken und seien schließlich überstürzt aufgebrochen, da seine Freundin plötzlich merkte, daß der letzte Zug in einer Viertelstunde ging. So seien sie nahezu gelaufen, wobei er sogar noch seinen Mantel vergessen habe. Mein junger Schützling wußte noch, daß ihm im Zug gar nicht gut gewesen war; als er aber das Fenster öffnen wollte, hätten die Mitfahrer protestiert. Als sie im Bahnhof Oberschöneweide ausgestiegen seien, war es ihm an der frischen Luft etwas besser gegangen. Plötzlich hätte er entdeckt, daß seine Freundin verschwunden und er ganz allein war. Und von da ab wisse er gar nichts mehr – bis er zu sich kam, als er fürchterlich verprügelt wurde. Das sei im Wagen der Wehrmachtsstreife gewesen.

Nun, der Fall war juristisch nicht allzu schwierig. Mit Hilfe eines Sachverständigen-Gutachtens mußte der Nachweis versucht werden, daß die von Peitel erfüllten Straftatbestände – es kamen versuchte schwere Körperverletzung (gegenüber dem Polizisten), Nötigung, Widerstand und nochmals Körperverletzung (gegenüber der Wehrmachtsstreife) in Frage – im Zustand einer vorübergehenden Störung der Geistestätigkeit begangen wurden, die so total war, daß eine strafrechtliche Verantwortlichkeit nicht gegeben war. Solcher Nachweis schließt mit der Anwendung des § 51 Strafgesetzbuch eine Strafe aus. Allerdings konnte die Verteidigung nicht auf die Folgen eines übermäßigen Alkoholgenusses gestützt werden. Was der körperlich gesunde Beschuldigte an diesem Tage an Alkohol zu sich genommen hatte, war für einen dreiundzwanzigjährigen Studenten kein sehr bedeutendes Quantum; im Verlaufe von 12.00 Uhr mittags bis zur Tatzeit gegen 21.00 Uhr, also in neun Stunden, insgesamt ein einziger Kornbranntwein und ein dreiviertel Liter Rotwein (die Heißgetränke enthielten keinen Alkohol), das konnte keine sogenannte »Volltrunkenheit« bewirkt haben, die die Handlungs- und Verantwortungsfähigkeit des Beschuldigten ausgeschlossen hätte. Im übrigen gab es einen Führerbefehl, wonach für Offiziere, die in Trunkenheit gesetzwidrige Handlungen begingen, keine Strafausschließungsgründe oder strafmildernde Umstände angewendet werden durften. Immerhin war der Beschuldigte aber noch kein Offizier, sondern Unterarzt im Fähnrichsrang.

Mit Erfolgsaussicht konnte hier nur das Vorhandensein des sogenannten »pathologischen Rausches« geltend gemacht werden, der über § 51 StGB zur Straffreiheit führt. Ihn glaubhaft zu machen, brauchten wir aber das Gutachten eines neurologischen oder psychiatrischen Sachverständigen. Vorläufig konnte ich mich mit der Behauptung begnügen, daß hier ein pathologischer Rauschzustand, das heißt ein krankhafter Rausch mit absoluter Ausschaltung der freien Willensbestimmung, vorgelegen habe. Ob diese Annahme zutreffend war, mußte der Gerichtsmediziner nach entsprechender Untersuchung der objektiven und subjektiven Tatumstände entscheiden. Dies war die einzige Chance für meinen jungen Schützling.

So beantragte ich eine Untersuchung durch den Sachverständigen Professor Müller-Heß, den Direktor des Gerichtsärztlichen Instituts der Berliner Universität. Müller-Heß war eine erste Kapazität, außerdem wußte ich, daß er Nazigegner war. Meinen Mandanten beruhigte ich einstweilen mit der Aussicht auf ein günstiges Ergebnis des Gutachtens. Seine Freundin bat ich um eine Rücksprache in meiner Sprechstunde. Verständlicherweise war sie sehr betroffen von dem unglückseligen Ausgang des heiteren Beisammenseins; selten sei ihr Freund so glücklich und gelöst gewesen wie nach dem bestandenen Examen. Ob er nach ihrer Meinung betrunken gewesen sei, fragte ich, und wieviel er im allgemeinen vertrage. Nein, keinesfalls sei er betrunken gewesen, er vertrage nicht allzuviel, sei immer ziemlich schnell angeheitert, bleibe aber stets friedlich. Ob sie sich denken könne, wie er plötzlich auf den Gedanken gekommen sei, sich gegen

Türken verteidigen zu müssen. »Das muß mit seinem Unterbewußtsein zu tun gehabt haben. Ich hatte ihm gerade erzählt, daß ich ein Buch über Juan d'Austria, den unehelichen Sohn Kaiser Karl V., und seinen Sieg über die Türken in der Seeschlacht von Lepanto gelesen hatte. Mein Freund ist auf geradezu lächerliche Weise gegen alles Türkische voreingenommen; den Türkenbesieger Prinz Eugen v. Savoyen hat er zu seinem Idol gemacht.« Ich diktierte alles meiner Sekretärin und benannte die Freundin des Unterarztes als Zeugin. Ihre Aussage mußte auch für Professor Müller-Heß von Wert sein. So schien alles auf dem besten Wege.

Statt der Mitteilung, daß der Beschuldigte einem Sachverständigen überstellt worden sei, erhielt ich jedoch schon am nächsten Tag die Anklageschrift per Eilboten und zugleich die Terminladung zur Hauptverhandlung, die kurzfristig anberaumt worden war. Der Polizeibeamte, der Streifenführer, der Jahrgangsstabsarzt des Angeklagten, die Witwe Emmel und Anneliese waren als Zeugen geladen, aber kein medizinischer Sachverständiger.

Umgehend ließ ich mich bei dem Vorsitzenden des Kriegsgerichts melden, der die Verhandlung zu führen hatte. Es war der im Justizdienst ergraute Amtsrichter Brauer, ein langjähriger Richter in einer Mietabteilung des Amtsgerichts Berlin-Mitte, vor dem ich mitunter in den Mietprozessen vor dem Kriege verhandelt hatte. Die Uniform, die der alte Herr seit seiner Einberufung zur Militärjustiz zu tragen hatte, hatte aus dem gemütlichen und jovialen Mann eine Respektsperson gemacht, die bemüht war, sich in Szene zu setzen – eine gefährliche Persönlichkeitsveränderung, die wir Verteidiger häufig bei uns aus der Vorkriegszeit bekannten Zivilrichtern beobachteten. Wenn sie Militärstrafrichter geworden waren, gebärdeten sie sich martialischer als langgediente Strafrichter.

Nach dem Austausch von Bagatell-Erinnerungen aus der Friedenszeit bat ich den Kriegsgerichtsrat um Auskunft, weshalb er meinem Antrag auf gerichtsärztliche Untersuchung des Angeklagten nicht entsprochen habe. Geschwollen redete er darum herum. Zunächst wolle er sich in der Hauptverhandlung selber einmal ein Bild machen; ich könne ja meinen Antrag in der Verhandlung wiederholen. Bei Alkoholtätern halte er von Sachverständigen nicht allzuviel, und überhaupt dürfe er bei Offizieren nach einem Führerbefehl – »Ja, den kenne ich«, sagte ich dazwischen – alkoholische Beeinflussung ohnehin nicht berücksichtigen. Der Angeklagte sei ja noch sehr jung, die Strafe werde nicht hoch ausfallen, aber einen Denkzettel müsse er natürlich haben, wenn er diensttuende Polizisten mit Türken verwechsle.

Gegen solche Ansichten argumentierte ich energisch, hob hervor, daß mein Mandant noch nicht Offizier, sondern als Unterarzt Fahnenjunker sei und vor allem, daß hier allem Anschein nach ein pathologischer Rauschzustand vorgelegen habe, der bei gerichtsärztlicher Bestätigung gemäß § 51 StGB zum Freispruch führen müsse. Es gehe hier um die Existenz; wenn mein Mandant nicht freigesprochen werde, müsse er zwangsläufig aus der Militärärztlichen Akademie ausgeschlossen werden, was darauf hinauslaufe, daß er sein Staatsexamen trotz sechsjährigen erfolgreichen Studiums nicht beenden könne und sofort an die Front versetzt werde. Aber der alte Kriegsrichter blieb halsstarrig und ließ keinen medizinischen Sachverständigen laden.

Die Verhandlung lief wie vom Vorsitzenden vorgesehen ab. Mein Haftentlassungsantrag war »wegen der Schwere der Verfehlung und deshalb anzunehmenden Fluchtverdachts« abgelehnt worden, und so wurde der Angeklagte bleich und verstört aus der Untersuchungshaft vorgeführt. Zur Sache konnte er gar nichts bekunden, da er, wie er angab, überhaupt keine Erinnerung an die Vorgänge hatte. Die beiden Zeugen, der Polizeiwachtmeister und der Hauptmann, wiederholten, was sie in ihren Berichten niedergelegt hatten. Die Zeugin Frau Emmel – zum ersten Mal in ihrem Leben vor Gericht und noch dazu vor einem Kriegsgericht

– war des Mitleids voll für den jungen Angeklagten und sagte bezeichnenderweise, was ich im Protokoll festhalten ließ, er sei ihr wie »ein Schlafwandler und Träumer« vorgekommen. Die Frage des Anklagevertreters, ob er nach Alkohol gerochen habe, verneinten alle Tatzeugen. Der Jahrgangsstabsarzt bekundete die bisher gute Führung und die allgemein gut bewerteten Studiumsleistungen des Angeklagten, hielt ihn aber für einen labilen, noch nicht ausgereiften Menschen. Vor den Plädoyers stellte ich nochmals dringend den Beweisantrag auf Vernehmung eines Sachverständigen. Das Gericht lehnte ihn als nicht erforderlich ab.

Der Anklagevertreter sah die Tatbestandsmerkmale des Widerstands gegen die Staatsgewalt in Idealkonkurrenz mit militärischem Ungehorsam sowie eine versuchte gefährliche Körperverletzung und Polizisten-Beleidigung als erwiesen an. Bezüglich des subjektiven Tatbestandes bemerkte er, daß der Angeklagte nach eigener Bekundung keine solchen Alkoholmengen genossen habe, daß man auf einen Zustand von vorübergehender Geistesstörung schließen müsse. Eine Anwendung des § 51 Abs. 1 oder 2 StGB sei deshalb und im übrigen auch wegen des Führererlasses nicht anzuwenden. Für den Fall, daß das Gericht aber doch einen Rauschzustand als gegeben annehme, sei der Angeklagte nach § 333a StGB als Rauschtäter zu bestrafen. Der Vertreter der Anklage beantragte eine Freiheitsstrafe von acht Monaten Gefängnis, Aberkennung des militärischen Ranges, Aussetzung der Strafvollstreckung bis nach Kriegsende und sofortige Abkommandierung zur Bewährung als Soldat zu einer Fronteinheit.

Ich legte zum wiederholten Male dar, daß für die Bewertung des subjektiven Tatbestandes hier ganz besondere Umstände zu berücksichtigen seien. Der Mandant habe den ganzen Tag über nach schlechtem Schlaf und allgemeiner Übernächtigung nur zwei Margarinebrote und ein Stück Kuchen gegessen. Die Konzentration für die Prüfung am Vormittag habe der Angeklagte noch mit zwei Aufputsch-Tabletten gefördert, die Anspannung sei dann einer Reaktion der Freude und Entspannung gewichen. In dieser Stimmung habe er einen Branntwein und in zeitlichem Abstand von drei Stunden drei Pokale Wein einer mäßigen algerischen Sorte getrunken. Diese Flüssigkeitsmenge sei noch durch ein Heißgetränk, das chemische Produkte enthalten habe, vermehrt worden. Das spätere Verhalten des Angeklagten sei derart abnorm gewesen, daß es ausschließlich von einem medizinischen Fachmann aufgehellt und erklärt werden könne. Es sei mir unerfindlich, aus welchen Gründen das Gericht die gebotene Aufklärung ablehne. Es gehe doch hier um das Schicksal eines begabten Studenten, dessen Existenz man nicht wegen einer Dummheit, die er keinesfalls vorsätzlich begangen habe, zerstören dürfe; darauf laufe jede Freiheitsstrafe aber hinaus. Ich beantragte erneut die Einholung eines Sachverständigen-Gutachtens und die Vertagung der Verhandlung, hilfsweise aber Freispruch wegen Vorliegens der Voraussetzungen des § 51 StGB. Das Kriegsgericht, neben dem Vorsitzenden mit einem Hautpmann und einem Fahnenjunker besetzt, erkannte nach Beratung »Im Namen des Volkes« für Recht:

»Der Angeklagte Unterarzt Richard Peitel wird wegen Widerstands, Ungehorsams, versuchter gefährlicher Körperverletzung, Beleidigung und Sachbeschädigung zu sechs Monaten Gefängnis und Rangverlust verurteilt. Die Vollstreckung der Freiheitsstrafe wird zum Zwecke der Frontbewährung bis Kriegsende ausgesetzt. Der Haftbefehl wird aufgehoben. Der Angeklagte trägt die Verfahrenskosten.«

Der Kriegsgerichtsrat begründete das Urteil sehr obenhin. Die Erfüllung der objektiven Tatbestandsmerkmale für Anwendung der einschlägigen Strafbestimmungen seien nach den übereinstimmenden Aussagen der Augenzeugen erfüllt. Auch das subjektive Tatbestandsmerkmal vorsätzlichen Verhaltens bei Begehung der Straftaten könne nicht deshalb in Zweifel gezogen werden, weil der Angeklagte drei Glas Rotwein getrunken habe. Nach aller Lebenserfahrung könne er davon nicht sinnlos betrunken gewesen sein, so daß die Anwendung des § 51 StGB ebensowenig in Frage gekommen sei wie etwa eine Rauschtat nach § 333a StGB. Das Verhalten des Angeklagten sei unerhört disziplinlos gewesen. Da er aber bisher eine gute Führung gezeigt habe, sei eine Gefängnisstrafe von sechs Monaten als angemessen und ausreichend angesehen worden. Der Rangverlust habe ausgesprochen werden müssen, da es undenkbar sei, daß ein Angehöriger der Wehrmacht, der sich wie der Angeklagte verhalten habe, jemals einen höheren Rang als den eines Soldaten bekleiden könne. Die Verhandlung wurde geschlossen, gelangweilt sagte der Vorsitzende zum diensthabenden Obergefreiten: »Rufen Sie die nächste Sache auf!«

Mein Mandant wurde zwar nicht wieder in die Zelle abeführt, sondern konnte mit seinem Jahrgangsstabsarzt in die Militärärztliche Akademie zurückkehren. Dort hatte er aber nur seine Sachen zu packen, durfte sich noch von den gerade anwesenden Kameraden verabschieden, und dann wurde ihm ein Marschbefehl in ein Frontlazarett bei Trier ausgehändigt. Nachmittags war er noch kurz bei mir. Am selben Abend mußte er schon den Nachtzug in den Westen nehmen, so rasch konnte die Militärbürokratie auch in Bagatellfällen handeln.

Mein junger Schützling war ganz und gar niedergeschlagen. Ich erklärte ihm jedoch, daß ich das Fehlurteil des Kriegsgerichts keineswegs hinnehmen und im Bestätigungsverfahren um seine Aufhebung kämpfen würde. Sollte das Urteil wider Erwarten bestätigt werden, würde ich sofort einen Antrag auf Wiederaufnahme des Verfahrens stellen. Es fehle dem Urteil jegliche einleuchtende Begründung, warum er sich völlig anormal und sogar abnorm aufgeführt hatte; die Annahme eines vorsätzlichen Verhaltens seitens des Gerichts sei geradezu töricht. Jeder medizinische Sachverständige würde dafür schuldausschließende Gründe darlegen können. Das Gericht habe die gebotene

Sachaufklärung fahrlässig unterlassen. Mit diesem Trost fuhr mein Mandant einem zunächst ungewissen Schicksal entgegen.

In den nächsten Tagen fertigte ich eine recht offensive Eingabe für das Bestätigungsverfahren mit dem Antrag, das Urteil aufzuheben und das Verfahren zur erneuten Verhandlung an ein anderes Kriegsgericht mit der Maßgabe zurückzuverweisen, daß vorher eine gerichtsärztliche Untersuchung des Verurteilten zwecks Einholung eines entsprechenden Sachverständigen-Gutachtens zu veranlassen sei. Um den Erfolg dieser Eingabe noch besser abzusichern, von der ich gleichzeitig Abschrift an den befehlshabenden Generalarzt der Militärärztlichen Akademie übermittelte, besuchte ich Generalrichter Rosencrantz, der die Entscheidungen des Gerichtsherrn – in Berlin war dies der Stadtkommandant General v. Hase – vorzubereiten hatte.

Bei Rosencrantz hatte ich mehr Glück als bei dem ihm unterstellten subalternen Kriegsgerichtsrat. Rosencrantz hatte die Akten nebst Urteil und auch meinen Widerspruch im Bestätigungsverfahren schon studiert, als ich ihn aufsuchte. Er klemmte sein Monokel ein und sagte in seiner ostpreußisch-berlinisch akzentuierten Ausdrucksweise: »Da hat der jute Brauer vor Angst mal wieder daneben jeschossen! Erstens betrifft der berihmte Führererlaß nur besoffene Offiziere, und Ihrer war noch jar keener, und zweitens is' Ihr Paracelsus ja schon so verdroschen worden, daß et eijentlich jeniecht! Der muß ja außer Rand und Band jewesen sein, wie der sich betragen hat! Das soll der Müller-Heß mal jenau aufklären. Ich werde Ihrem Antrag entsprechen.«

Für mich war das Musik, die ich gern hörte. Als ich mich bedankte, brachte ich gleich noch eine weitere Bitte vor. »Herr Generalrichter, mein Mandant ist von der Militärärztlichen Akademie mit einem Marschbefehl als Sanitätssoldat in ein Frontlazarett bei Trier versetzt worden. Könnten Sie bitte veranlassen, daß der Befehlshaber der Akademie darauf hingewiesen wird, daß das Urteil vorerst nicht rechtskräftig ist und das Verfahren wiederaufgenommen wird? Mir liegt daran, das der Beschuldigte so schnell wie möglich unter Beibehaltung seines Ranges als Unterarzt für die Disposition des gerichtsärztlichen Sachverständigen nach Berlin zurückversetzt wird. Außerdem steht er mitten im Staatsexamen.« Auch dazu bekam ich nur ein: »Wird jemacht, Herr Rechtsanwalt« zu hören, und daran schloß sich ein privates Gespräch an. Wir Strafverteidiger und vor allem viele unserer Mandanten haben diesem hervorragenden Manne, der gemeinschaftlich mit General v. Hase in der Stille wirksam und erfolgreich gegen die Willkürjustiz kämpfte, viel zu verdanken.

Damit waren die Weichen gestellt. Peitel wurde sofort zurückbeordert und in die Psychiatrische Abteilung eines Berliner Wehrmachtslazaretts verlegt, in der er sechs Wochen lang dem mit Erstellung eines Gutachtens beauftragten Sachverständigen Professor Dr. Müller-Heß zur Verfügung stand. Nebenbei versah er ärztliche Hilfsdienste und wurde von den diensttuenden Ärzten als junger Kollege behandelt, dem man Sympathie entgegenbrachte.

Für einen der letzten Tage des Juni 1944 wurde dann der neue Hauptverhandlungstermin anberaumt. Das Sachverständigen-Gutachten las ich mit großem Interesse. Für den »Exzitationszustand«, in dem der Beschuldigte die verschiedenen Straftaten begangen hatte, nannte der Sachverständige das verhängnisvolle Zusammenwirken mehrerer physischer und psychischer Umstände als ursächlich: zum einen den Genuß verhältnismäßig geringer Alkoholmengen, die von einem ausgehungerten Magen übermäßig schnell in Blutbahn und Gehirn aufgenommen worden seien, zum anderen die nervlichen Erregungszustände des Tattages. Die durch Angst und Aufregung gesteigerte Konzentration des Morgens sei am Nachmittag völliger Entspannung und Gelöstheit gewichen, die – durch Reizwirkungen des genossenen Alkohols auf die Wirkungen der beiden eingenommenen Pervitintabletten gesteigert – zu einem sogenannten »pathologischen Rauschzustand« geführt hätten, in dem der Beschuldigte die normalen Steuerungs- und Hemmungsfunktionen eingebüßt hätte, mit denen alle Willens- und Handlungsabläufe kontrolliert würden. Vielmehr seien aus seinem Unterbewußtsein Wahnvorstellungen freigesetzt worden, die rein mechanisch zu anormalen Handlungen geführt hätten. Nach alledem folgerte der Sachverständige mit an Sicherheit grenzender Wahrscheinlichkeit, daß eine vorübergehende Störung der Geistestätigkeit vorgelegen habe, der seine freie Willensbestimmung bei den ihm zur Last gelegten Taten ausgeschlossen habe.

Danach konnte in der Verhandlung nichts mehr schief gehen. Auf Antrag der Anklagevertretung hatte das Gericht gar keinen Zeugen mehr geladen, sondern ausschließlich den Sachverständigen.

Professor Müller-Heß sah überhaupt nicht wie ein Professor aus; von untersetzter Statur mit einem Embonpoint, rundem Schädel mit Bürstenschnitt, starken schwarzen Augenbrauen, fleischiger Stupsnase, auf der eine goldgefaßte Brille saß, hätte man alles eher in ihm vermutet als einen berühmten Mediziner. Einzig seine pädagogisch geübte, eindringliche und überzeugende Sprache wies den Gelehrten aus, einen forensisch erfahrenen Mann, dem nichts Menschliches fremd war.

Nach Verlesung des voraufgegangenen Urteils und der Anordnung des Gerichtsherrn auf erneute Verhandlung erhielt Müller-Heß sogleich das Wort von dem vorsitzenden Kriegsgerichtsrat, der wohl schon bei Übernahme dieses Amtes gewußt hat, daß er nur einen Freispruch zu verkünden haben werde. Müller-Heß hielt ein ausgezeichnetes Kolleg über die Wesensmerkmale des pathologischen Rauschzustandes.

Als der Sachverständige geendet hatte, fragte der Vorsitzende seine Beisitzer, den Anklagevertreter und den Verteidiger: »Noch irgendwelche Fragen an den Herrn Sachverständigen?« Aber keiner hatte Fragen, alles war plötzlich sonnenklar. Ein berühmter deutscher Professor hatte gesprochen.

Der Anklagevertreter und der Verteidiger beantragten – was selten vorkommt – beide Freispruch auf Kosten der Staatskasse wegen erwiesener Unschuld des Angeklagten. Das Kriegsgericht entschied also und bezog sich bei seiner mündlichen Begründung im wesentlichen auf die Ausführungen des Sachverständigen, nach welchen ein schuldhaftes Handeln des Angeklagten im strafrechtlichen Sinne nicht festzustellen war. Der Freispruch wurde vom Gerichtsherrn umgehend bestätigt.

Mein junger Unterarzt konnte sein Studium fortsetzen und sein Staatsexamen noch vor Kriegsende mit Glanz bestehen. Im Kameradenkreise der militärärztlichen Akademie gab es eine ausgedehnte Feier im »Meyer-Stübchen« in der Invalidenstraße, an der ich mit Vergnügen teilnahm.

Begegnungen
mit Roland Freisler

Im Laufe des ersten Kriegsjahres erreichte mich im Frühjahr 1940 über einen befreundeten Berliner Kollegen das Schreiben eines seiner Studienfreunde, der inzwischen als Anwalt in Breslau juristischer Berater und Vertrauensanwalt des Erzbischofs Kardinal Bertram und seines Generalvikariates war. Mein Bekannter teilte mir mit, daß der Kardinal und seine Mitarbeiter in höchster Sorge um das Befinden vieler polnischer Geistlicher und Lehrer seien, die von der Gestapo im Generalgouvernement verhaftet worden seien. Da es bisher trotz aller Bemühungen nicht gelungen sei, über den Aufenthalt und das Ergehen der Verhafteten etwas zu erfahren, suchte man einen Berliner Anwalt, der bereit sei, an oberster Polizeistelle Nachforschungen anzustellen, um wenigstens die Verhafteten seelsorgerisch betreuen zu können, wenn es schon nicht möglich sei, die Freilassung der Unglücklichen zu bewirken. Mein Freund, der gerade in das OKW dienstverpflichtet worden war, um dort die Herausgabe von Feldgesangbüchern zu besorgen, bat mich – da ich in Schutzhaftsachen schon tätig gewesen war –, dabei nach Möglichkeit behilflich zu sein.

Ich setzte mich mit dem Breslauer Anwalt direkt in Verbindung, erbat Vollmachten des Erzbischöflichen Generalvikars und eventuell vorhandener Angehöriger der Verhafteten, ferner eine Namensliste mit der Angabe näherer Umstände der Verhaftungen. Ich erfuhr, daß es sich um viele Hunderte, wenn nicht Tausende von Fällen handelte. Nicht nur polnische Geistliche und Lehrer, sondern polnische Intellektuelle aus allen denkbaren freien Berufen – Anwälte, Ärzte, Apotheker, Wissenschaftler und höhere Angestellte – waren im gesamten Gebiet der Gouvernements in Razzien verhaftet und an unbekannte Orte verbracht worden. Zunächst wurde mir eine Liste mit rund fünfundzwanzig Adressen gesandt, die sämtlich angesehene Bürger aus Kattowitz, Oppeln und Umgebung betrafen. Bis dahin pflegte ich gern die unmittelbaren Wege zu gehen, und so begab ich mich in das Reichssicherheitshauptamt in der Prinz-Albrecht-Straße, wo ich in der Auskunft erfuhr, daß Schutzhaftsachen in besetzten Gebieten nicht dort, sondern in einem Filialgebäude in einer ehemaligen Lichterfelder Kaserne der früheren Kadettenanstalt bearbeitet würden. Als ich am Nachmittag dort vorsprach, traf ich auf einem Flur einen SS-Mann unterer Charge, der einen Aktenwagen schob; zu meiner Überraschung erkannte ich in ihm den ehemaligen Kellner Fritz Bunzlau aus einem meinem Elternhaus nahegelegenen Hotel. In der Zeit der Arbeitslosigkeit hatte er 1932 seine Stellung verloren, war wie so viele dann als Arbeitsloser zur NSDAP gegangen und schließlich in die SS eingetreten. Ich kannte ihn als harmlosen Gesellen. Man sah Bunzlau an, daß er sich freute, mich wiederzusehen. Ich lud ihn zu einem Bier in die Kantine ein. Eingehend unterhielten wir uns über alte Zeiten und seine Erlebnisse während der letzten zehn Jahre. Endlich fragte er mich nach dem Grund meines Besuches in der Dienststelle. Ich berichtete von meinem Auftrag und schmeichelte seiner Eitelkeit, indem ich ihn bat, mir doch behilflich zu sein; sicher habe er manchen Einblick und auch Einfluß. Das hörte Bunzlau gern. Er nannte mir die zuständige Abteilung und gab eine Charakterisierung der dortigen Sachbearbeiter. Ihm schrieb ich zehn Namen von verhafteten Priestern auf und bat ihn, mir doch die Häftlingsnummern und die Lager herauszusuchen. Wie er berichtet hatte, arbeitete er in der Registratur, wo sich die Lagerkarteien befanden. Er versprach, die gewünschten Angaben möglichst bald selber in mein Büro zu bringen. Als er einige Tage später tatsächlich kam, empfing ich ihn mit Kaffee und Kuchen, mit Schnaps und Zigaretten und gab ihm auch noch eine Flasche Korn mit auf den Weg, wobei ich ihm nochmals zehn Namen mitgab. Wieder erhielt ich ein paar Tage später die Häftlingsnummern und die Lagerorte. Aber mein Gewährsmann bat – doch plötzlich ängstlich geworden –, all das streng vertraulich zu behandeln. Ich sagte ihm das zu und habe das Versprechen eingehalten. Die erhaltenen Nummern und Lagernamen der Unglücklichen gingen an den Anwalt in Breslau. In verteilten Rollen machten wir nun laufend Eingaben an das Reichssicherheitshauptamt, baten um Angabe der Haftgründe, legten Beschwerden ein, erbaten Post- und Besuchserlaubnis für die Angehörigen und Amtsbrüder. Wie ich aus Breslau erfuhr, war der Generalvikar inzwischen im KZ-Lager Sosnowitz gewesen, hatte bei dem Kommandaten direkt vorgesprochen und tatsächlich auch kurze Sprecherlaubnis mit zwei der verhafteten Priester erhalten, von denen er Nachrichten über das Schicksal vieler anderer im gleichen Lager einsitzenden Häftlinge erhielt. Inzwischen rollte bei mir eine Postlawine von Hunderten Briefen täglich an, in denen verzweifelte polnische Familien Hilfe erbaten; der Mann, der Vater, der Sohn oder der Bruder waren verschwunden. Dem Breslauer Kollegen erging es ebenso. Endlich mußte ich einen Assessor als Hilfsarbeiter in meinem Büro aufnehmen, damit wenigstens die Post beantwortet werden konnte.

Einige Zeit später erhielt ich den Anruf eines Sachbearbeiters des Reichssicherheitshauptamtes, der mich in höflichem Ton um Unterredung bat. Bunzlau hatte mir gesagt, dieser Sachbearbeiter, Obersturmführer Dr. König, sei aalglatt und gefährlich, nach außen freundlich, aber falsch. Dr. König eröffnete mir, daß meine anwaltlichen Bemühungen fehl am Platze und erfolglos sein würden. Ich bat in gespielter Naivität um Aufklärung, was daran unzulässig sei; schließlich wollte ich wissen, ob ich schriftliche Bescheide erwarten dürfe, da es auch bei höheren Polizeibehörden wohl üblich sei, Eingaben und Anträge zu bescheiden. König bedauerte, mir nichts anderes sagen zu können; alle staatspolizeilichen Angelegenheiten der besetzten Gebiete unterlägen im Sicherheitsinteresse des Reiches strikter Geheimhaltung. Dann gab er mir zu meinem eigenen Besten den Rat, mir nicht die Finger zu verbrennen; ich solle mich vielmehr aus diesen Dingen ganz heraushalten. Weitere Eingaben zugunsten der verhafteten Polen seien unerwünscht. Meinen Hinweis, daß ich meine Tätigkeit im Rahmen von Vorschriften der gültigen Strafprozeßordnung ausübe, da sich laut Gesetz »jeder Beschuldigte in jeder Lage des Verfahrens eines Verteidigers bedienen kann«, schnitt der Obersturmführer damit ab, daß dies nicht für Schutzhaftverfahren zutreffe. Auf meine Frage hin, wo ich diese Bestimmung einsehen könne, brach er abrupt ab und erklärte die Besprechung für beendet. Die Anordnung läge ihm von kompetenter Stelle vor; das müsse auch mir genügen. Er warne mich, noch weiterhin Polen oder Ausländer überhaupt zu vertreten, die sich in Gewahrsam des RSHA befänden. Ich replizierte mit der Ankündigung, daß ich mich bei der für mich kompetenten Stelle, nämlich beim Reichsjustizministerium, erkundigen werde, ob die Bestimmungen der Strafprozeßordnung abgeändert oder außer Kraft gesetzt worden seien. Ich müsse darauf bestehen, daß meine Eingaben schriftlich beschieden würden.

Auf dem Nachhauseweg hatte ich das Gefühl, daß wir auf bedrohlichem Wege waren; die Aktivitäten des Breslauer Erzbischofs schienen dem RSHA höchst unerwünscht zu sein. Wenige Tage später wurde ich durch einen Anruf aus dem Reichsjustizministerium gebeten, einer Einladung des Herrn Staatssekretärs Dr. Freisler zu einer persönlichen Unterredung zu folgen. Auf meine Frage, in welcher Angelegenheit man mich zu sprechen wünsche, wurde mir gesagt, es läge eine Beschwerde des Reichssicherheitshauptamtes über mich vor, und es läge sehr in meinem eigenen Interesse, der Einladung unverzüglich zu entsprechen.

Als ich am folgenden Tage das Dienstzimmer des Staatssekretärs im Hause des Reichs- und Preußischen Justizministeriums in der Wilhelmstraße 65 – gegenüber dem Palais des Reichspräsidenten, dem früheren Palais Schleinitz – betrat, verharrte ich nach dem Heil-Hitler-Gruß des persönlichen Referenten Freislers, der mich bei der Anmeldung abgeholt hatte – er trug SS-Uniform, der Staatssekretär Zivil –, eine ganze Zeit vor dem Schreibtisch Freislers, der in das Studium von Akten vertieft war. Meinen Gruß hatte er ohne aufzublicken nur mit einem Gemurmel erwidert. Vor uns standen zwei Stühle. Als ich gerade im Begriff war, mir einen Stuhl zurechtzurücken, mit mit dem üblichen »Sie gestatten wohl« Platz zu nehmen, kam die Aufforderung, mich zu setzen. Endlich lehnte sich Freisler in seinem großen Lehnsessel zurück, schlug die Akte zu und schaute mich mit kalten Augen durchdringend an. Es entwickelte sich folgender Dialog, den ich bis zu meinem Lebensende wörtlich im Gedächtnis haben werde:

Freisler: »Sie sind Herr Rechtsanwalt Dietrich Güstrow in Berlin-Wilmersdorf?« (Das Wort »Rechtsanwalt« sprach er sehr betont und gedehnt aus.)

Ich: »Jawohl, Herr Staatssekretär.«

Er: »Sie vertreten als deutscher Anwalt Polen, Tschechen und Juden?«

Ich: »Jawohl, Herr Staatssekretär.«

Er: »Wissen Sie nicht, daß es eines deutschen Anwalts unwürdig ist, angebliche Interessen von Untermenschen zu vertreten?«

Ich: »Ich vertrete ausländische Staatsangehörige, über deren menschliche Qualitäten ich mir bisher kein fundiertes Urteil bilden konnte.«

Er: »Wir sind im Kriege gegen eine Welt von Feinden! Und Sie, Herr Anwalt, vertreten Angehörige von Feindstaaten und noch dazu jüdische Staatsfeinde!«

Ich: »Ich weiß nicht, seit wann das verboten ist. Strafverteidiger werden doch sogar Schwerverbrechern beigeordnet.«

Er: »Reden Sie nicht herum! Sie wissen, es geht nicht um Pflichtverteidigungen. Ich spreche davon, daß Sie es fertigbekommen, feindliche Ausländer, Juden und andere Schädlinge von sich aus zu vertreten. Empfinden Sie nicht, daß das eines deutschen Rechts-

	wahrers unwürdig ist?«
Ich:	»Herr Staatssekretär, die gültige deutsche Strafprozeßordnung erlaubt jedem Beschuldigten ohne Einschränkung, sich in jeder Lage eines Verfahrens eines Verteidigers zu bedienen. Ich verhalte mich nach geltenden Gesetzen.«
Er:	»Sooo? Der Herr Buchstabenjurist! Ich warne Sie (mit erhobener Stimme nochmals), ich warne Sie ausdrücklich! Das Reichssicherheitshauptamt führt hier bei mir Beschwerde über Ihr Verhalten (er schlug auf die vor ihm liegende Akte). Sie scheinen nicht begreifen zu wollen, daß es Ihnen sehr schlecht bekommen kann, wenn Sie solche unangebrachten Interventionen nicht ab sofort unterlassen.«
Ich:	»Ich danke Herrn Staatssekretär für diese Hinweise. Darf ich den Inhalt der Beschwerde des Reichssicherheitshauptamtes über mich zur Kenntnis erhalten?«
Er:	»Gar nichts dürfen Sie. Alle Sicherheitssachen laufen nur intern unter den Behörden, die es angeht. Es genügt Ihnen wohl, wenn ich Sie mit dem Eingang der Beschwerde bekanntmache.«
Ich:	»Wie Sie meinen, Herr Staatssekretär. Ich muß mich jedoch verwahren, etwa ungesetzlicher Handlungen verdächtigt zu werden…«
Er:	»Herr Kollege, es gibt im Großdeutschen Reich auch ungeschriebene Gesetze, die ein deutscher Anwalt genau kennen und beachten sollte. Wer das nicht tut und sich würdelos betätigt, für den ist kein Platz in der Anwaltschaft. Haben Sie mich verstanden?«
Ich:	»Jawohl, Herr Staatssekretär, Ihre Eröffnungen sind ja deutlich genug. Aber man sollte das allen Anwälten auch bekannt ma-

chen. Wenn Ausländer und Juden in Deutschland anwaltlich nicht mehr vertreten werden dürfen, worüber ich noch keine Bestimmung gelesen habe, sollte man entsprechende Verbote erlassen.«

Er: »Ich benötige keine Rechtsbelehrungen. Meine Zeit ist übrigens bemessen. Ich erwarte von Ihnen eine positivere Einstellung zu unserem Staatswesen und absolute Zurückhaltung in der Vertretung von Ausländern und schon gar keine Interessenvertretung von Juden. Haben Sie mich nun endgültig verstanden?«

Ich: »Ich habe alles sehr genau verstanden, Heil Hitler, Herr Staatssekretär!«

Damit erhob ich mich, der Staatssekretär übrigens auch. Wir reckten unsere Arme in den Höhe. Der Referent klappte mit den Hacken. Ich ging mit etwas wackeligen Knien hinaus und weiter wie in Trance die Wilhelmstraße bis zur U-Bahn-Station »Kaiserhof«. Dort setzte ich mich erst einmal auf eine Bank. Die Zigarette tat mir wohl. Aber die Drohung saß mir in allen Gliedern. Ungefähr zwei Wochen nach dieser Unterredung kam allen Rechtsanwälten im Großdeutschen Reich folgende Anordnung des Reichs- und Preußischen Justizministers auf den Tisch:

»Im Einvernehmen mit dem Präsidenten der Reichs-Rechtsanwaltskammer ordne ich an, daß die im Reichsgebiet zugelassenen Rechtsanwälte zur Vertretung von ausländischen Staatsangehörigen, Staatenlosen, Juden und Mischlingen (im Sinne der Nürnberger Rassengesetze) die Genehmigung des zuständigen Gaurechtsamtes der NSDAP und der örtlich zuständigen Rechtsanwaltskammer einzuholen haben. In der Stellung entsprechender Anträge ist tunliche Zurückhaltung zu üben. Für Rechtskonsulenten gilt die Anordnung entsprechend.«

Der Reichs- und Preußische Justizminister
i. A. Unterschrift

210

Im Herbst 1941 – der Rußlandfeldzug hatte erfolgreiche Kesselschlachten und große Geländegewinne gebracht, dann aber war die Offensive plötzlich auf der ganzen Frontlänge liegen geblieben – erhielt ich mit einem Feldpostbrief einen Verteidigungsauftrag, der einigermaßen ungewöhnliche Begleitumstände aufwies.

Der Absender Walter Gentzel stand als P. K.-Kriegsberichterstatter im Osten und schrieb, daß er zur mündlichen Information keinen Urlaub erhalten habe. Seinem Brief lag die ihm zugegangene Anklageschrift bei. Mit einer ganzen Reihe anderer Angeklagter war er gemeinschaftlich vor dem Sondergericht in Danzig angeklagt, Unterschlagungen im Oktober 1939 in Bromberg (Bromberg war bis September 1939 polnisches Hoheitsgebiet und wurde nach dem Polenkrieg wieder dem Deutschen Reich einverleibt, zu dem es bis 1919 gehört hatte) begangen zu haben. In dem Brief des P. K.-Mannes gab er die ihm zur Last gelegten Handlungen, die die Entwendung verschiedener Gebrauchsgegenstände betraf, teils zu, teils bestritt er sie. Unter Antritt von Zeugenbeweisen legte er jedoch Belastungsmaterial gegen einen viel genannten jungen Ministerialdirigenten im Propagandaministerium vor. Es handelte sich um den Sprecher der Reichsregierung vor der Auslandspresse, der das Liebkind des Reichspropagandaministers Goebbels war.

Gegenstand der Anklagen gegen nicht weniger als fünfzehn Angeklagte waren Vorgänge, die mit dem Verhalten politischer Amtsträger in Staat und NSDAP nach der Besetzung Brombergs und der Einrichtung einer deutschen Verwaltung dort zu tun hatten. Den Angeschuldigten wurde vorgeworfen, daß sie – in der Anklage listenmäßig aufgeführte – Wertsachen und Gebrauchsgegenstände aus Privatwohnungen und Amtsräumen in Bromberg entwendet und sich rechtswidrig angeeignet hätten. An der Spitze der Angeklagten stand ein SS-Sonderführer und ehemaliger Kreisleiter der NSDAP, dann folgten viele weitere NSDAP-Amtsträger größeren und kleineren Kalibers, fast am Ende war mein Mandant verzeichnet, der als

Korrespondent einer Berliner Zeitung sich zwei Wochen in Bromberg aufgehalten und aus der ihm zugewiesenen Wohnung des früheren polnischen Intendanten des Bromberger Stadttheaters einen Tennisschläger mit vier Bällen, zwei Vasen, drei Bücher und ein Kaffeegeschirr – jedenfalls alles Gegenstände in geringfügigem Wert – habe mitgehen lassen. Mein Mandant bestritt nicht, einen Tennisschläger mitgenommen zu haben, da ihm sein eigener in Berlin gestohlen worden sei und er im Kriege keinen Ersatz habe auftreiben können, bestritt aber alle weiteren Delikte; es handle sich um einen Racheakt einer als Zeugin gehörten polnischen Aufwartefrau, von der er in Unfrieden geschieden sei, als er Bromberg wieder verlassen hatte. Die Beschuldigungen gegen die übrigen Angeklagten, von denen sich die ersten fünf in Untersuchungshaft befanden, waren weitaus schwerwiegender, da Art und Wert der verschwundenen Gegenstände ins Gewicht fiel. Es ging um Gemälde, Teppiche, Möbel, Schmuckstücke, wertvolle Gardinen, mehrere Koffer und wertvolle Garderobe.

Mein Mandant schrieb mir, daß er den Ministerialdirigenten als Hauptangeklagten in der Anklageschrift vermisse. Dieser hohe SS-Führer habe aus dem Bromberger Stadtmuseum kistenweise Gemälde, Teppiche, Gobelins, Vasen und Waffensammlungen in seine Wannsee-Villa auf Schwanenwerder verlagert und mehrere wertvolle Stücke an befreundete Personen, die mit Namen und Adresse angegeben waren, gewinnbringend veräußert. Wenn mein Mandant wegen der Mitnahme eines Tennisschlägers, den er als herrenloses Gut betrachtet habe, vor ein Sondergericht gestellt werden solle, werde er entsprechend »auspacken« und dafür sorgen, daß eine ganze Reihe höherer Amtsträger und Parteigenossen, zu denen er sich nicht zähle, zur Verantwortung gezogen würde.

Die Vertretung dieses Falles war delikat, aber interessant wegen des möglichen Nachweises, daß hier in der Strafverfolgung mit zweierlei Maß gemessen wurde. Allerdings war nicht sicher, daß der Strafverfolgungsbehörde überhaupt zur Kenntnis gekommen war, daß hier Belastungsmaterial gegen höhergestellte Personen vorlag, die sich seinerzeit in Bromberg als Vertreter des Reiches und seiner Organisationen dienstlich aufgehalten hatten.

Da der Anklagevertreter und auch der Vorsitzende des Sondergerichts in Danzig saßen und ich in Berlin, andererseits die Zeit zur Äußerung auf die Anklage wegen Fristablaufs drängte, hielt ich es für ratsam – zumal der Ministerialdirigent zu den Nazi-Oberpriestern gehörte –, an oberster Stelle, nämlich direkt im Reichsjustizministerium zu sondieren, ob dort Näheres über das Verfahren bekannt war, und wer die Ermittlungen in dieser Affäre geführt hatte. Ich wandte mich an den mir näher bekannten Staatsanwalt Ochs, mit dem man vertraulich sprechen konnte. Ich kannte ihn als in das Ministerium abgeordneten Sachbearbeiter für Sondergerichtsverfahren und machte ihn mit den Informationen meines Mandanten vertraut. Er erzählte mir, daß er neuerdings persönlicher Referent des Staatssekretärs Freisler geworden sei, in der Sache nachforschen und mich alsbald benachrichtigen würde. Schon wenige Tage später erhielt ich seinen Anruf mit der Bitte, noch am gleichen Tage, spätestens am nächsten Vormittag ins Ministerium zu kommen, da der Staatssekretär mich in dieser Sache selbst dringend sprechen wolle.

Der Aufforderung folgte ich nach meinen Erfahrungen aus dem ersten Gespräch mit Freisler vom Jahr zuvor mit recht gemischten Gefühlen, immerhin aber mit mehr Neugier als damals, da ich nicht genau wußte, was er von mir wollte. Jetzt lag der Fall anders: Ich konnte seiner Reaktion mit ziemlicher Gelassenheit entgegensehen und war nur gespannt, was er zu meinen Informationen zu sagen haben würde. Dem Gespräch wohnte Staatsanwalt Ochs bei. Freisler erhob sich beim Betreten seines Zimmers sogleich, kam mir mit »Heil Hitler« entgegen und forderte zum Platznehmen in der Clubgarnitur am hohen Fenster zum Garten auf. Als erstes fragte er: »Kann ich den Brief Ihres Mandanten lesen?« Ich reichte ihm wortlos dessen Brief. Er las ihn, die Brille aufsetzend, recht genau. Die Akten des Sondergerichtsverfahrens – ein Kurier mußte sie aus Danzig wohl schleunigst herbeigeschafft haben – lagen auf seinem Schreibtisch. Sein Referent reichte sie ihm auf seine Bitte. Er schlug einige Seiten nach, in denen Fundstreifen eingelegt waren. Dann knallte er sie wütend auf den Tisch und sagte: »Eine schöne Schweinerei. Die Herren Beutemacher!« Zu mir gewandt alsdann: »Unternehmen Sie bitte zunächst gar nichts, Herr Rechtsanwalt. Sie vertreten einen kleinen Fisch, der sich aber ein Verdienst erworben hat. Ich bin Ihnen dankbar, daß Sie sich damit gleich an die richtige Schmiede begeben haben. Warten Sie bitte eine Woche ab, Sie werden dann von uns hören. Bitte überlassen Sie Herrn Ochs eine Abschrift vom Schreiben Ihres Mandanten. Heil Hitler!« Das alles war ziemlich rasch gegangen. Ochs sagte mir auf dem Flur, es werde jetzt im »Pro-Mi« (Propaganda-Ministerium) einen Mordswirbel geben, die Justiz stehe mit Goebbels schon lange auf Kriegsfuß. Ich solle wegen meines Mandanten unbesorgt sein.

Schon nach einer Woche erhielt ich Durchschrift einer Anweisung des Reichsjustizministers an den zuständigen Generalstaatsanwalt, die Abtrennung des Verfahrens gegen meinen Mandanten beim Sondergericht zu beantragen und zugleich um dessen Zustimmung zur Einstellung des Verfahrens wegen Geringfügigkeit nachzusuchen. Staatsanwalt Ochs rief mich an und fragte, ob ich zufrieden sei. Gut würde es sein, wenn mein Mandant zur Entrichtung einer Buße von 100,– RM an das Winterhilfswerk bereit sei, das würde die Einstellung des Verfahrens sicher erleichtern. Ich sagte sofort zu. »Und was ist mit dem Herrn Ministerialdirigent«, fragte ich, »wird er auch angeklagt?« »Wo denken Sie hin?« sagte Her Ochs, »nein, nein – Sie lesen darüber bald Näheres in der Zeitung.« In den Zeitungen las ich zwei Wochen später, daß der Ministerialdirigent, dessen Name als Beauftragter für die »Wollspende-Aktion«, zu der auf dem Höhepunkt des Kältewinters vor Moskau plötzlich aufgerufen worden war, durch Rundfunksendungen in aller Munde war, sich plötzlich freiwillig zum Fronteinsatz in Nordafrika gemeldet habe. Er wurde dort als Offizier im Stabe Rommels eingesetzt.

Als ich ein paar Wochen später Staatsanwalt Ochs nochmals traf, erzählte er mir, daß Freisler sich mit dem Beweismaterial gegen den Ministerialdirigenten bei Goebbels eingefunden hatte, um ihm die bevorstehende Verhaftung eines seiner engsten Mitarbeiter anzukündigen. Goebbels habe aber kurzentschlossen den Führer eingeschaltet, und dieser habe die sofortige Versetzung des Pressesprechers zum Stabe Rommels verfügt, um dem Regime einen Skandal zu ersparen. Staatsräson vor Gerechtigkeit im Stile von »Kabinettsjustiz«, die Entziehung eines Straftäters vor der ordentlichen Gerichtsbarkeit durch obrigkeitlichen Eingriff, das war hier ungeniert praktiziert worden.

1942 war ich mit anderen Kollegen Wahlverteidiger in einem Hochverratsprozeß gegen acht Angeklagte, die sich, sämtlich Kommunisten, konspirativ durch Versammlungen, den Druck und die Verteilung von Flugblättern staatsfeindlichen und wehrkraftzersetzenden Inhalts in hochverräterischen Unternehmungen betätigt hatten. Die Schuldbeweise waren ziemlich erdrückend, die Flugblätter lagen vor, und einige der Angeklagten hatten Geständnisse abgelegt. Mein Mandant war ein junger Buchdrucker namens Thiessen, dessen Eltern mich mit seiner Verteidigung beauftragt hatten. Er selbst – ein Mann von etwa dreißig Jahren, jung verheiratet – wußte genau, daß ein Todesurteil nicht abzuwenden war. Die Konspirationen hatten in der Atelierwohnung einer Tänzerin in Berlin-Charlottenburg stattgefunden, die von Berlin nach Posen an das dortige Stadttheater als Primaballerina engagiert worden war und ein Alibi geltend machte unter Hinweis darauf, daß sie ihrem Freund, einem mitangeklagten Bildhauer, die Wohnungsschlüssel ihrer Berliner Wohnung zurückgelassen habe. Sie hatte keine Ahnung gehabt, daß in ihrer

Wohnung politische Zusammenkünfte stattgefunden hatten. Da ihr Freund, um sie zu decken, diese Einlassung unterstützte (in Wirklichkeit hatte sie, ehe sie nach Posen ging, an mehreren konspirativen Treffen als Gastgeberin teilgenommen), konnte in der mündlichen Verhandlung kein schlüssiger Schuldbeweis gegen sie erbracht werden.

Die Verhandlung verlief unter Freislers Vorsitz kalt und schnell. Die angeklagten Mitglieder dieser kommunistischen Zelle gehörten zur sogenannten »Roten Kapelle«, von der ich damals zum ersten Mal erfuhr; höhere Reichsbeamte und Offiziere im Reichsluftfahrtministerium waren in die Sache verwickelt. Die Beweise für das strafbare Verhalten waren eindeutig. Mein Mandant erschien leichenblaß, mit einem dicken Halsverband in der Verhandlung. Er hatte einen Selbstmordversuch unternommen und sich mit einer Glasscherbe die Halsadern geöffnet. Die Nacht-Runde hatte ihn bei Beginn der Ausblutung gefunden, der Gefängnisarzt hatte notdürftig genäht und verbunden. Als er zusammen mit seinen acht Gefährten zum Tode durch das Fallbeil verurteilt worden war, die mitangeklagte Tänzerin als letzte Angeklagte aber mangels Beweisen freigesprochen wurde und erlöst von ihrer Spannung zwischen Leben und Tod ohnmächtig zusammenbrach, rief er mit schneidender Stimme durch den Saal: »Herr Wachtmeister, bitte ein Glas Wasser für die Dame!«

Diese Kaltblütigkeit und vollkommene Beherrschung der ergreifenden Situation durch einen gerade zum Tode Verurteilten, der wohl unbewußt in ebenso kaltem Tonfall sprach, mit der die Todesurteile soeben verkündet worden waren, ging meinen Mitverteidigern und mir durch Mark und Bein. Freisler schloß die Sitzung mit der Feststellung, »Das Urteil ist rechtskräftig«, und eilte mit seinen Kollegen davon, ohne die Verurteilten und die bewußtlose Angeklagte noch eines Blickes zu würdigen. Die sofort eingereichten Gnadengesuche wurden sogleich abgelehnt, die Vollstreckung der Todesurteile fand schon zwei Tage später statt.

216

Solche Selbstbeherrschung zum Tode Verurteilter habe ich bei politischen Überzeugungstätern öfter erlebt. Deutlich erinnere ich mich noch an Josef Placzak aus Pilsen, einen Ingenieur bei den dortigen Skoda-Werken, der mit Werkskollegen und ehemaligen tschechischen Generalstabsoffizieren eine Widerstandsgruppe gebildet hatte, die mehrere erfolgreiche Sabotageakte verübt hatte. Als Placzak in Berlin in Haft einsaß, bat mich seine Ehefrau um anwaltlichen Beistand. Sie hatte keine Besuchserlaubnis erhalten, und ihr Mann war von aller Welt abgeschnitten. Ich konnte Placzak auch nur durch mehrere Besuche in der Haftzelle und dann in der Verhandlung menschlich beistehen. Er wußte, daß er sich an Unternehmungen beteiligt hatte, auf die die Todesstrafe stand. Dieses Risiko war ihm immer deutlich gewesen, und er war als Patriot bereit, für seine Handlungen mit dem Leben zu bezahlen.

Als in dem Verfahren vor dem Volksgericht gegen ihn und seine Mittäter, zwei Ingenieure und drei frühere Offiziere, den Angeklagten der Reihe nach das Schlußwort gegeben wurde, erklärte der Erstbefragte auf tschechisch klar und laut, sich seinen Kameraden in der Anklagebank zuwendend: »Liebe Brüder, steht auf und ruft mit mir ›Wir leben und wir sterben für unser Vaterland, Gott wird uns gnädig sein!‹« Die Mitangeklagten erhoben sich spontan und riefen: »Hoch lebe unser Vaterland.« Als der Dolmetscher übersetzen wollte, winkte der Vorsitzende – es war nicht Freisler, sondern ein anderer Senatspräsident – kurz ab: »Ist nicht nötig, wir haben verstanden.«

Nur schriftlich hatte ich mit Freisler noch einmal zu tun. Ich hatte die Wahlverteidigung des Oberstleutnants Dr. Ertl übernommen, der bis zum 20. Juli 1944 einer der beiden Adjutanten des Stadtkommandanten von Berlin, General v. Hase, gewesen war. Ertl war Junggeselle und als österreichischer K. K.-Offizier junger Kriegsteilnehmer des Ersten Weltkrieges gewesen, nachher im kleinen österreichischen Bundesheer verblieben und 1938 nach Einverleibung Österreichs in die Deutsche

Wehrmacht übernommen worden, in der er auf Grund seiner Verwundungen am Ende des Krieges im Stabsdienst verwendet wurde. Er war mit dem Arztehepaar Peltz befreundet, von dem ich bereits berichtet habe. Peltzens hatten herausgefunden, daß er nach seiner Verhaftung wenige Tage nach dem 20. Juli irgendwo in Berlin in einem Gestapo-Keller saß. Wir Verteidiger hatten bei allen Gestapo-Häftlingen, die mit dem 20. Juli zu tun hatten, keinerlei Zutritt. Die Verteidiger durften sich in diesen Fällen erst melden, wenn die Verhafteten von der Gestapo dem Reichsanwalt beim Volksgerichtshof in Untersuchungshaft überstellt worden waren.

Um wenigstens Kontakt mit Ertl aufzunehmen, der nun schon seit vier Wochen von der Außenwelt abgeschlossen war, war ich auf den Gedanken verfallen, als Notarvertreter unbedingt seine Unterschrift unter eine Vollmacht beglaubigen zu müssen. Ertl war Vormund über ein in Wien lebendes Mündel, das Vermögen besaß. Ich gab vor, daß er mir vor seiner Verhaftung Anweisung erteilt habe – ich kannte ihn in Wirklichkeit gar nicht –, die Bank, in der die Wertpapiere des Mündels aufbewahrt waren, zur Zeichnung von 3000,– RM Kriegsanleihe aus dem Erlös verkaufter Wertpapiere zu ermächtigen. Mit dieser selber ausgestellten Vollmacht ging ich zum Reichssicherheitshauptamt in der Prinz-Albrecht-Straße, wo ich erst einmal von einem zum anderen Sachbearbeiter weitergereicht wurde. Schließlich landete ich bei einem höheren Beamten, der mir in Aussicht stellte, die Unterschriftsbeglaubigung von dem Häftling einholen zu dürfen.

Wenige Tage später erhielt ich telephonischen Bescheid, mich am folgenden Tag im Hause Französische Straße No. 137 um 11.00 Uhr vormittags bei Kriminalinspektor Balle einzufinden. Ich war pünktlich zur Stelle. Das Haus, in den Obergeschossen von Luftangriffen zertrümmert, beherbergte noch bis zum letzten Kriegsjahr die berühmte Weinstube Borchardt, in der um die Jahrhundertwende die gefürchtete »Graue Eminenz«, Geheimrat Holstein vom Auswärtigen Amt, seinen täglichen Lunch einzunehmen pflegte und dabei das nach ihm genannte Schnitzel (mit Setzei, Sardellen und Tomaten garniert) als Lieblingsgericht verzehrte. Auch jetzt noch wurde der Restaurant-Betrieb aufrechterhalten; die Lagerräume und einige Zimmer wurden aber als Gestapo-Büros genutzt. Der Kriminalinspektor, bei dem ich mich meldete, war durchaus höflich und entgegenkommend. Er prüfte meine Papiere und sagte: »Ach, Herr Rechtsanwalt, am besten gehen wir dann gleich herunter. Wenn ich den Doktor heraufholen lasse, bekommt er wohl möglich einen Heidenschrecken, weil er annimmt, es gehe wieder zur Vernehmung.« Soviel Zartgefühl hatte ich noch nie erlebt. Ich ging hinter dem Beamten her, über einen geräumigen Hof, dann eine Kellertreppe tief herab. Unten künstliches Licht, eine SS-Wache trat aus einem Verschlag, in dem sich Tisch und Stühle befanden. Mein Kripomann sagte: »Hol mir mal den Ertl her!« Der Wachmann verschwand hinter einer Eisentür, die in den großen Weinkeller der Weinstube »Borchardt« führte. Wo früher Zehntausende von Flaschen gelagert waren, hatte man jetzt Notzellen aufgemauert; längst waren alle Gefängnisse der Reichshauptstadt überfüllt. Nach wenigen Minuten erschien der Wachmann mit Dr. Ertl. Sein Anblick war erschütternd. Sein Anzug war zerknittert, das Hemd stand offen, die Haare hingen ihm ins Gesicht, das unrasiert war. Ertl machte einen scheuen, verstörten Eindruck und sah sehr elend aus – sehr elend, aber auch in dieser trüben Situation ganz und gar ein Herr.

Der Beamte sagte: »Der Herr Notar hier will Ihre Vollmacht haben für die Kriegsanleihe, die Sie zeichnen wollen. Ihre Unterschrift muß beglaubigt werden. Sie haben hier nichts zu sprechen, nur Ihren Namen zu schreiben.« Zu mir gewandt sagte er dann nur knapp: »Bitte.« Dr. Ertl. blickte mich zunächst überrascht an, begriff aber sofort. Ich sprach sehr schnell auf ihn ein und tat, als ob wir uns schon lange kannten: »Heil Hitler, Herr Oberstleutnant. Ich bedauere aufrichtig, daß wir uns hier wieder treffen müssen, Sie haben der Wiener Bank Ihres Mündels den Auftrag gegeben, die Wertpapiere zu verkaufen. Ich benötige dazu jedoch eine notarielle Vollmacht, die Bank besteht darauf. Herr Dr. Peltz (ich nannte den Namen des ihm befreundeten Arztes) hat deshalb mit mir telephoniert und mich gebeten, alles in die Hand zu nehmen. Übrigens läßt er Ihnen Grüße ausrichten…« In diesem Moment unterbrach mich der Beamte kalt: »Lassen Sie bitte alle Grüße weg. Dr. Ertl soll hier nur unterschreiben, weiter nichts!« Als der Name des befreundeten Arztes fiel, leuchteten die Augen des Gefangenen kurz auf; er hatte jetzt verstanden, daß er nicht verlassen war. Als er unterschrieben hatte, ging der Kripo-Inspektor zur Tür, öffnete sie und rief den Wachmann. Diesen Augenblick konnte ich unbeobachtet benutzen, in deutlicher Mimik den Finger auf meinen Mund zu legen und Ertl zuzuflüstern: »Nichts sagen.« Er nickte, drehte sich zur Seite und ging schleppenden Fußes zur Tür. Ich sagte: »Heil Hitler, Herr Doktor.« Grußlos ging er wieder ab. Als ich mit dem Beamten zurückging, fragte ich wie beiläufig: »Wie lange wird denn Oberstleutnant Ertl hier noch sitzen?« Der Beamte erwiderte: »Bis er das Maul aufmacht, diese Brüder sind ja alle verstockt bis zum TZ!« Mehr war nicht herauszubekommen.

Aber wir hatten jetzt wenigstens Kontakt mit Ertl, wußten, wer der Sachbearbeiter seiner Akte war, und hatten herausgefunden, daß dieser nicht unfreundliche Kriminalinspektor bei »Borchardt« in der Französischen Straße saß. So machte sich die mutige und charmante Frau Peltz nach einigen Tagen auf und ging mit der Frage zum Inspektor, ob sie bei ihm einige Eßwaren zur Weiterleitung an Dr. Ertl abgeben könnte. Sie hatte gleich einige Lebensmittel mitgenommen, von denen er einige zur Weiterleitung übernahm. Es ergab sich dabei zwanglos, daß auch etwas »für die SS-Kameraden im Büro« abfiel. Zigaretten, Schnaps und Fleischwaren waren die Zauberschlüssel im letzten harten Kriegswinter, auch bei manchen Kriminalbeamten und Gefängniswachtmeistern.

Im Herbst 1944 besuchte mich ein ehemaliger Schulfreund, der als Offizier im Osten stand, auf der Durchreise nach dem Heimaturlaub. Er wohnte zwei Nächte bei mir und sagte am zweiten Tage, er müsse noch zu einem Bundesbruder namens Hellmann, der nach schweren Verwundungen jetzt wehrdienstunfähig sei und daher als Staatsanwalt zum Ober-Reichsanwalt des Volksgerichtshofes abkommandiert sei; unter der dortigen Tätigkeit leide er geradezu. Ich dachte sofort an Dr. Ertl und bat meinen Freund, seinem Bundesbruder doch von mir und meiner Arbeit zu erzählen; wenn es möglich sei, möchte er doch herausfinden, ob sich ein Gespräch arrangieren ließe. Wir drei waren Burschenschafter. Die Burschenschaften waren seit 1936 offiziell zwar zwangsweise aufgelöst, aber die Lebensfreundschaften blieben ja – vielleicht gerade weil sie offiziell verboten waren – um so stärker erhalten. Auch diesmal bewährte sich der alte Zusammenhang. Hellmann ließ mir ausrichten, daß er mich gern »irgendwo in der Stadt« treffen würde. Wir trafen uns dann ein paar Tage später am Bahnhof Zoo und gingen vorsichtshalber im Tiergarten spazieren. Ich berichtete von Dr. Ertls Haft und bat ihn, mir doch Bescheid zu geben, sobald seine Akte beim Oberreichsanwalt auftauche. Die Gestapo dürfte ihre Ermittlungen bald abgeschlossen haben und den Fall dann ans Volksgericht weiterleiten. Besonders dankbar wäre ich, wenn er mir einen Wink geben könnte, wie er das Ermittlungsergebnis beurteile. Hellmann sagte mir eine vertrauliche Information zu. Tatsächlich vergingen nur zwei oder drei Wochen, als er mich anrief und ganz knapp sagte: »Die Akte ist da.« Das hieß, daß Dr. Ertl nunmehr als Untersuchungsgefangener in das Untersuchungsgefängnis des Volksgerichtshofes in der Lehrter Straße überführt worden sein mußte. Nun mußte ich schriftlich Vollmacht von Dr. Ertl einholen und Sprecherlaubnis beantragen; vorher konnte ich ihn nicht aufsuchen. Die Vollmacht erhielt ich durch Vermittlung der Gefängnisverwaltung relativ schnell. Als ich sie jedoch mit der vorgeschriebenen Meldung als Wahlverteidiger und dem Antrag auf Erteilung der Sprecherlaubnis einreichte, kam folgender Bescheid:

»In der Strafsache Dr. E. wird auf Ihren Antrag vom... mitgeteilt, daß ihm nicht entsprochen werden kann. Aus Gründen der Staatssicherheit ist das Tätigwerden von Wahlverteidigern in denjenigen Verfahren, die wegen Beteiligung am Attentat vom 20. 7. 44 durchgeführt werden, auf ausdrückliche Anordnung des Führers und Reichskanzlers ausgeschlossen. Sie bleibt von Amts wegen beigeordneten Verteidigern vorbehalten, die hinreichende politische Zuverlässigkeit besitzen.

Ich füge eine Liste der für diese Verfahren zugelassenen Pflichtverteidiger bei und stelle anheim, sich wegen der Übernahme der Verteidigung des Beschuldigten mit einem der Genannten in Verbindung zu setzen. Andernfalls wird bei Eröffnung des Hauptverfahrens dem Angeklagten ein Verteidiger von Amts wegen beigeordnet.

Heil Hitler!
Dr. Freisler
Präsident des Volksgerichtshofs

So konnte ich Dr. Ertl nicht als Verteidiger beistehen; ich gab das Mandat an einen Kollegen ab, der mir als Vorstandsmitglied der Berliner Anwaltskammer bekannt war. Er gehörte zu den Auserwählten, die als Pflichtverteidiger zugelassen waren. Dennoch konnte ich für Dr. Ertl noch etwas ausrichten. Als ich dem jungen Staatsanwalt Hellmann von dem Ablehnungsbescheid erzählte, sagte er mir: »Das wundert mich überhaupt nicht. In alle Sachen, die mit dem 20. Juli zu tun haben, läßt Freisler nur noch alte Pgs ran. Übrigens hat sich Ihr Mandant bei allen Vernehmungen sehr gut gehalten. Freisler hat den Eindruck, daß es sich nur um einen kleinen Mittäter handle.« Ich fragte, wann mit dem Verhandlungstermin wohl zu rechnen wäre. Hellmann sagte, mit den Brauen zuckend: »Sobald wohl nicht.

Wissen Sie, da stehen vorher noch eine Menge dickere Sachen an.«

Das Jahr 1944 ging zu Ende, 1945 war angebrochen. Freisler war am 5. Februar bei einem Bombenangriff umgekommen. Ich hörte von meinem Kollegen, daß immer noch kein Termin anberaumt sei, was die beste Nachricht war: Nur Zeit gewinnen, das Kriegsende stand ja bevor.

Erst längere Zeit nach dem Kriege hörte ich bei einem Besuch des Ärztehepaares Peltz, das von Berlin nach Bad Nauheim umgesiedelt war, wie es Dr. Ertl ergangen war. Der Hauptverhandlungstermin gegen ihn vor dem Volksgerichtshof hatte erst Mitte April 1945 in Potsdam stattgefunden, wohin das Gericht seine Tätigkeit nach der Bombenzerstörung seines letzten Berliner Sitzes am Leipziger Platz verlegt hatte.

Dr. Ertl kam wegen Beihilfe zur Vorbereitung zum Hochverrat mit drei Jahren Zuchthaus davon – ein überraschend mildes Urteil! Er hatte bis zuletzt standfest geschwiegen und immer wieder darauf verwiesen, daß er dienstlich nur mit Angelegenheiten des Protokolls und der Verbindung zu anderen militärischen Dienststellen in- und außerhalb Berlins zu tun gehabt hätte, niemals mit irgendwelchen Befehlsübermittlungen des Stadtkommandanten. Für diese sei ein anderer Adjutant zuständig gewesen. Da der Vorwurf des Hochverrats gegen General v. Hase aber in der Mitwisserschaft des geplanten Attentats und in seiner Mitwirkung bei der »Walküre«-Aktion gipfelte (Befehl an das Berliner Wachbataillon, die Ministerien zu besetzen und Dr. Goebbels zu verhaften), hätte das Gericht beweisen müssen, daß Oberstleutnant Ertl daran durch irgendwelche Handlungen in Wort oder Tat beteiligt gewesen war. Das gelang nur unvollkommen; aus den Vernehmungen des Generals v. Hase, der als eines der ersten Opfer des fehlgeschlagenen Attentats schon Anfang August 1944 hingerichtet worden war, hatte sich nur vage ergeben, daß seine beiden Adjutanten von der Doppelbedeutung des »Walküre«-Befehls gewußt hätten. Andere Belastungszeugen waren nicht vorhanden.

So war Ertl einigermaßen glimpflich davongekommen. Aus dem Gefängnis Berlin-Lehrter Straße war er bei Kriegsende befreit worden und dann nach Wien zurückgegangen.

Mehrere Jahre nach dem Kriege erfuhr ich zufällig, daß jener junge Staatsanwalt Hellmann, der inzwischen als Richter in einer niedersächsischen Stadt tätig geworden war, die Eröffnung des Verfahrens gegen Dr. Ertl und damit die Anberaumung der Hauptverhandlung vor dem Volksgerichtshof dadurch verzögert hatte, daß er dessen Akte aus allen jeweils vorgelegten Aktenstapeln mehrfach von oben nach unten bugsierte, so daß sie im Geschäftsgang immer wieder verschoben wurde. Als Freisler dann tot war, war auch die Hauptgefahr für Todesurteile gegen Attentats-Helfer des 20. Juli vorüber. Dies war nicht der einzige Fall, in dem sogar Staatsanwälte behilflich waren, die Willkürjustiz zu vereiteln oder ihr mindestens ein Bein zu stellen. Auch das muß um der Wahrheit willen festgehalten werden.

Abschuß
vor dem Feldgericht

Spätestens mit dem Jahre 1943 ging die deutsche Luftherrschaft über dem Reich endgültig verloren. Mit dem Wanken der Fronten setzte Hitler auf Schlacht- und Bombenflugzeuge; den Himmel über Deutschland sollte die Flak sichern. Die vorhandenen Jagdflugzeuge wurden zuerst für den Endkampf eingesetzt, um Frontdurchbrüche abzuriegeln und eigenen Angriffen Schutz zu geben. Immer geringer wurde die Zahl jener Jagdstaffeln, die den deutschen Luftraum sichern sollten.

Eine solche Staffel lag im Frühjahr 1944 auf einem Flugplatz bei Wien. Der Führer dieser Staffel war ein schneidiger Major von achtundzwanzig Jahren, der sich im Laufe des Krieges bewährt hatte und rasch befördert worden war, ausgezeichnet mit dem EK II, dem EK I und dem Deutschen Kreuz in Gold. Was noch fehlte, war das Ritterkreuz, das die meisten seiner Staffelführerkameraden sich schon erworben hatten. Major Stahl war brennend ehrgeizig und forderte – allerdings stets von der eigenen Einsatzbereitschaft ausgehend – auch von seinen Staffelkameraden unermüdlichen Kampfgeist, um die Abschußzahlen der Staffel möglichst zu steigern. Je schneller dies geschah, um so mehr rückte auch das Ritterkreuz in greifbare Nähe, wobei die eigene Abschußleistung natürlich im Vordergrund stand. Aber auch die Gesamtsiege zählten.

In seiner Einheit befand sich ein vierundvierzigjähriger Hauptmann der Luftwaffe, Walter Seifert, der schon der Jahre und Erfahrung wegen bedächtiger und vorsichtiger war als sein draufgängerischer Staffelführer. Seifert war als Achtzehnjähriger noch im letzten Jahr des Ersten Weltkrieges zum Kriegsdienst eingezogen worden, hatte nach einem Fronteinsatz im Westen wegen einer Beinverwundung eine Schulung als Flugzeugbeobachter erhalten und war in der Fliegertruppe gerade zum Einsatz gekommen, als der Krieg im November 1918 zu Ende ging. Seifert blieb jedoch bei der Truppe und trat 1919 in das Freikorps des Generals v. Maercker über, das bis 1920 bei Unruhen in Halle und im Ruhrgebiet kommunistische Aufstände niederschlug. 1920, nach dem Kapp-Putsch, wurden die Freikorps, die für die junge Republik von Weimar die von rechts wie von links gefährdete innere Ordnung gesichert und oftmals sogar wiederhergestellt hatten, aufgelöst, wobei Seifert in die neugebildete Reichswehr mit der Verpflichtung einer zwölfjährigen Dienstzeit übernommen wurde. Als diese Zeit zu Ende war, trat er 1932 in seiner Heimatstadt in die Hamburger SPD ein und in den Dienst der Schutzpolizei, in der er zum Leutnant befördert wurde. Da es nach der Machtübernahme 1933 der neuerrichteten Luftwaffe an erfahrenen Ausbildungsoffizieren mangelte und er dort bessere Beförderungsmöglichkeiten sah, trat Seifert 1936 als Oberleutnant zur Luftwaffe über. Bald nach Kriegsausbruch wurde er zum Hauptmann befördert und mit vierzig Jahren noch als Jagdflieger ausgebildet, nachdem die Luftwaffe bei der Luftschlacht um England im Herbst 1940 überaus starke Verluste an fliegendem Personal erlitten hatte.

Im Jahre 1944 gehörte Seifert – er hatte bei Kriegsbeginn eine weit jüngere Frau aus Berlin geheiratet und im Sommer 1943 seine Eltern bei den Luftangriffen auf Hamburg verloren – nicht mehr zu den begeisterten Soldaten und auch nicht zu den fanatischen Gläubigen, die unbeirrt an das Feldherrengenie des Führers und an den Endsieg glaubten. Er schätzte die Lage realistisch und also fast hoffnungslos ein. So gehörte er auch nicht zu denen, die sich freiwillig zu Einsätzen gegen feindliche Bomberpulks meldeten. Er kämpfte bei befohlenen Einsätzen und er flog, wenn Einflüge gemeldet und die Staffeln alarmiert wurden. Mit seinen Abschüssen allerdings lag er in der Staffel am niedrigsten und hatte nicht einmal die innerhalb eines bestimmten Zeitraumes vorgeschriebenen Pflichteinsätze geflogen. All dies brachte den jungen Staffelführer auf, dessen Versuche, Hauptmann Seifert als den Senior der Staffel zu größerem Kampfgeist zu bewegen, keinen sichtbaren Erfolg hatten. Es mag sein, daß der weitaus jüngere Major gegenüber dem soviel älteren Kameraden nicht den richtigen Ton traf; es kann auch mitgespielt haben, daß der an der Waterkant aufgewachsene Hauptmann dickschädelig war – jedenfalls entwickelte sich allmählich eine regelrechte Frontstellung zwischen den beiden, die bald auch die Staffel spaltete.

Ende April 1944 lag eines Abends, als die Maschinen vom Einsatz zurückkamen, Gewitterspannung in der Luft. Die Staffel konnte den Abschuß eines feindlichen Flugzeuges melden, und der glückliche Schütze sollte noch im Kasino gefeiert werden. Hauptmann Seifert hatte tags zuvor den Besuch seiner Frau erhalten und war für die Besuchsdauer von drei Tagen vom Dienst befreit worden; so hatte er den Einsatz dieses Tages nicht mitgeflogen. Er saß mit seiner Frau und einem von ihm eingeladenen Kameraden, Oberleutnant Teuber, der in Wien stationiert war und ebenfalls gerade Besuch von seiner Frau hatte, beim gemeinsamen Abendbrot im Kasino des Fliegerhorstes, als unter Vorantritt des Staffelführers die übrigen Kameraden in das Kasino einfielen, um noch zu feiern. Major Stahl trat an den Tisch der Speisenden, ließ sich von Hauptmann Seifert den Damen vorstellen, sprach ein Willkommen aus und bat, nach beendeter Mahlzeit doch an den Tisch der feiernden Offizierskameraden zu kommen. Hauptmann Seifert dankte für die Einladung, der er leider nicht folgen könne, da er sich schon mit dem Ehepaar Teuber verabredet habe, weshalb er Verständnis erbitte, wenn man der Aufforderung nicht folge. Der Major sagte: »Na, überlegen Sie sich's mal«, und, zu Seifert gewandt: »Schade, daß Sie heute nicht dabei waren, der Abschuß hätte Ihnen gut zu Gesicht gestanden! Servus denn, hoffentlich bis nachher!« Damit ging der Major.

Seifert ärgerte sich über diese Anzapfung, zumal sie in Gegenwart seiner Frau und seiner Gäste geschehen war. Die Stimmung war dahin, und mißmutig trank er schon beim Abendbrot drei Viertelpokale Burgenländer Roten. Dann gingen alle zu viert in sein Quartier und zusammen trank man noch einige Gläser, wobei das Gespräch bald auf die schlechte Kriegslage kam, über die alle einer Meinung waren. Nach ungefähr zwei Stunden klopfte es an der Tür und auf das »Herein« stand der Leutnant Wilke in der Tür mit den Worten: »Entschuldigen, Herr Hauptmann, mich schickt der Herr Major, Sie möchten bitte zu ihm kommen, Sie und Ihre Gäste.« Hauptmann Seifert darauf: »Ist das ein Befehl oder eine Bitte? Über mich kann der Major befehlen, aber nicht über meine Gäste!« Der Leutnant sagte verlegen: »Ich weiß es nicht, es klang zwar sehr dienstlich, aber es ist wohl eine Bitte.«

Oberleutnant Teuber redete gut zu: »Mensch, komm, mach keinen Ärger! Laß uns eine Viertelstunde rübergehen, du hast dem Abschuß noch gar keine Ovation dargebracht!« Auch die Frauen waren dieser Meinung, und so ging Seifert, wenn auch widerwillig, mit. »Aber höchstens für fünfzehn Minuten, das Jungvolk habe ich doch täglich um mich.«

Das alles erzählte mir Frau Seifert in Berlin Anfang Juni 1944. Sie war mit der Bitte gekommen, ihren im Wehrmachtsgefängnis in Hannover einsitzenden Ehemann in einem anhängigen Strafverfahren wegen Wehrkraftzersetzung zu verteidigen. »Das hat ihm dieser Schuft eingebrockt«, sagte die vor Erregung kochende Frau. Sie war eine temperamentvolle Berlinerin, übrigens ausgesprochen hübsch. Ihre kleinen Hände ballten sich zu Fäusten.

»Ein aufgeblasener Kerl! Was hat dieser junge Fax, der nichts als sein Ritterkreuz im Kopf hat, für eine Ahnung vom Staffel-Führen? Immer feste druff, das ist alles, aber damit haben wir schon einen Krieg verloren.« Es gelang kaum, sie zu beruhigen. Meine Sekretärin, die alle sachlichen Informationen ins Stenogramm aufnahm, schaute auf ihre Armbanduhr und machte dann eine Kopfbewegung zum Wartezimmer hin. Ja, ich wußte, daß da noch viele saßen, aber die arme Frau hier mußte erst alles loswerden, ich kannte das.

Langsam wich die Erregung der Angst. Unter Tränen und mit vielen Unterbrechungen erzählte sie. »Also wir kamen in das Kasino zurück, inzwischen war es wohl 23.00 Uhr, da kommt der Major schon auf mich zu, leicht torkelnd mit ziemlich glasigen Augen – Frauen haben ja einen Instinkt, eine innere Alarmglocke gegenüber alkoholisierten Männern –, grinst mich an und fragt mich: ›Wollen wir ein bißchen tanzen? Wir haben exzellente Platten.‹ Ich sagte: ›Fragen Sie bitte meinen Mann, er hat das zu entscheiden.‹ ›Ja, natürlich, Gnädigste‹, sagte er – wenn ich solche Anrede höre, weiß ich schon genug – dann wendete er sich an meinen Mann und bat ganz formell um den ersten Tanz. Mein Mann, der nicht gern tanzt, aber leicht eifersüchtig wird, erwiderte nur: ›Bitte, Herr Major, mit Vergnügen!‹ Und wir tanzten, auch der Oberleutnant Teuber mit seiner Frau. Während des Tanzes versuchte der Major, sich plump-vertraulich in Szene zu setzen. Erst kamen übertriebene Komplimente, wie man sie sich in einer Offiziers-Messe vorstellt, schließlich flüsterte er mir den Plattentext ins Ohr ›Hörst du mein heimliches Rufen?‹ Das war mir zu viel und ich habe gesagt: ›Hören Sie, ich bin hier, um meinen Mann zu besuchen – damit das ganz klar ist. Wenn Sie nicht gleich damit aufhören, lasse ich Sie ganz offen vor allen stehen!‹ Schweigend tanzten wir zu Ende und gingen dann wieder an den Tisch, wo es inzwischen fröhlicher zuging. Mein Mann fragte: ›Hat's Spaß gemacht?‹, und ich antwortete: ›Großen!‹ – so laut, daß der Major es hören mußte. Der wollte jetzt ablenken, rief die Ordonnanz und bestellte für alle ›Schampus‹. ›Aber kein Glas für Hauptmann Seifert, der verträgt ja mit seinem Magen keine Kohlensäure. Geben Sie dem Hauptmann einen doppelten Cognac.‹ Schon wieder eine Anspielung. Wir tranken eine ganze Menge Champagner, mein Mann mindestens drei große Cognac. Plötzlich sagte der Major etwas lallend in die fröhliche Runde hinein: ›Kame-

rad Seifert, trinken Sie sich mal Mut an. Beim nächsten
Einsatz sollten Sie endlich einmal einen Abschuß haben! Sie sind wirklich verdammt weit zurück!‹ Jäh verstummte das Gespräch. das war eine offene Provokation gewesen. Alle blickten auf meinen Mann. Hochrot
vor Zorn fragte er, und unnatürlich laut: ›Sind wir jetzt
im Dienst oder feiern wir?‹ Der Major: ›Wir sind immer
im Dienst, solange wir für den Endsieg kämpfen!‹ Darauf mein Mann: ›Nee, ich zumindest habe zur Zeit Urlaub. Übrigens habe ich mich schon einmal zu Ende ge-
siegt, Herr Major! 1918 nämlich.‹ Der Major sprang auf
und fragte schneidend: ›Herr Hauptmann Seifert, zweifeln Sie am Endsieg? Ich verlange sofortige Antwort!‹
Alles war starr, die beiden Männer standen sich hoch-
aufgerichtet gegenüber. Ich versuchte, abzulenken.
›Meine Herren, wir wollten doch fröhlich zusammen
sein.‹ Der Major winkte kühl ab. ›Ich verlange Ihre
Antwort, Herr Hauptmann!‹ Da sagte mein Mann – mir
wurde richtig heiß, weil ich wußte, daß er einen Siede-
punkt erreicht hatte – ganz langsam: ›Herr Major, fahren Sie mal durch Hamburg, und dann reden Sie vom
Endsieg!‹ Jetzt konnte ich nicht mehr an mich halten
und sagte betont ironisch: ›Ja, Herr Major, und von da
fahren Sie nach Berlin, dann nach Köln und schließlich
durch ein paar Großstädte, da sehen Sie den Endsieg
direkt vor sich!‹ ›Bravo‹, rief Frau Teuber laut dazwischen. Oberleutnant Teuber machte einen letzten Versuch, die Situation noch zu retten. ›Herr Major‹, sagte
er wie einlenkend, ›wir haben wohl alle zu viel getrunken. Lassen Sie uns doch ohne Stunk Schluß machen.
Jeder von uns ist doch seinem Dienst verpflichtet, ganz
egal, was kommt.‹ Der Major war plötzlich blaß, er
stützte sich auf die Tischkante und sagte: ›Nein, meine
Herren, nein! Ich fordere Sie auf, sofort mit mir den
Raum zu verlassen. Ich sitze nicht mit Kommunisten
und Defätisten an einem Tisch!‹ Und dann ganz laut:
›Siegheil! Es lebe der Führer!‹ Der Major gab sich einen
Ruck und wankte, von zwei Leutnants mehr gestützt als
begleitet, zur Tür. Mein Mann sagte wegwerfend: ›So
ein Blödsinn.‹ Einige andere aus unserer Runde gingen

auch, andere blieben noch. Aber es kam kein Gespräch mehr zustande. Schließlich schlug ich vor, aufzubrechen. Wir brachten Oberleutnant Teuber und seine Frau zum Wagen; sie fuhren nach Wien zurück. ›Hals und Beinbruch, lieber Seifert‹, sagten sie wie immer beim Abschied unter Fliegern. Mir war elend zumute. Ich hatte Angst. ›Mach dir keine Sorgen‹, sagte mein Mann, ›das war eine besoffene Geschichte, dem jungen Mann mußte mal die Wahrheit gesagt werden. Morgen ist alles vergessen!‹

Ich blieb noch zwei Tage, am zweiten Tag brachte mein Mann mich nach Wien zum Westbahnhof. Erst im Gefängnis habe ich ihn wiedergesehen.«

Wenig später besuchte ich Hauptmann Seifert in Hannover im Untersuchungsgefängnis. Das Feldgericht der Luftwaffe hatte seine Dienststelle draußen in Hannover-Buchholz; vom Bahnhof war das eine lange Fahrt mit der Straßenbahn. Zunächst holte ich mir die Vollmacht von Seifert, dann sah ich die Akten ein und sprach mit dem die Untersuchung führenden Kriegsrichter. Vor der Rückreise besuchte ich Seifert nochmals.

Es sah nicht gut aus. Einigermaßen erstaunlich war, daß Major Stahl seinem Geschwaderchef von dem Vorfall erst mehr als zwei Wochen später Meldung gemacht hatte. Sein schriftlicher Bericht wich von der Darstellung meines Mandanten in wichtigen Punkten ab. Erstens wurde nicht gesagt, daß der Staffelchef meinen Mandanten provoziert hatte; zweitens wurde nur nebenbei erwähnt, daß »auch getrunken« worden war; und drittens behauptete der Bericht, Seifert habe erklärt, nach Hamburgs Zerstörung gäbe es keinen Endsieg mehr, und er, Seifert, glaube ebensowenig wie 1918 an einen Endsieg. Der schriftliche Bericht schloß mit der Erklärung, Hauptmann Seifert sei schon immer ein »Drückeberger« gewesen und habe die Kameradschaft in der Staffel gestört.

Hauptmann Seifert war ziemlich gefaßt und hatte sich auch in der Haft an der Kandare. »Ich muß

231

das eben ausbaden«, sagte er. »Es war der Altersunterschied… Der war immer sehr ausgeprägt zwischen uns
beiden. Dieser Typus von viel zu schnell beförderten
Offizieren liegt mir gar nicht. Das ist der Nachwuchs aus
der Hitlerjugend und den Ordensburgen. Immer »ohne
Rücksicht auf Verluste«. Das ist ganz und gar nicht
mein Fall. Ich hatte zugegebenermaßen die Kontenance
verloren; nun hat er mich in der Hand. Wahrscheinlich
wollte er mich so oder so loswerden. Die Sache selber
war nur der Anlaß. Wissen Sie, das stehe ich schon
durch. Aber kümmern Sie sich um meine Frau. Wissen
Sie bereits, daß er sie auch denunziert hat? Ich habe
jetzt sechsundzwanzig Dienstjahre beim Barras hinter
mir. Und jetzt das! Aber es sind ja so viele gefallen, da
falle ich eben auch, wenn's denn sein muß.«

Ich redete ihm zu, er solle nicht resignieren,
es sei ja nicht gleich todeswürdig, was da passiert sei.
Aber es werde sehr darauf ankommen, erst einmal die
genossenen Alkoholmengen festzustellen, den Trunkenheitsgrad des Anzeigeerstatters und auch den des
Beschuldigten. Dazu müßten wir Zeugenaussagen haben, die den Major stark in die Zange nehmen könnten
und seine Beeidigung nach Möglichkeit verhinderten.
Hauptmann Seifert schaute mich skeptisch an und
sagte: »Tun Sie alles, was möglich ist, Herr Rechtsanwalt!« Er sah dabei aus, als wollte er sagen: Ein Zau-
berkünstler bist du sicher auch nicht.

Schriftlich stellte ich dann eine Reihe von
Beweisanträgen, darunter auch auf Vernehmung der
Kasino-Ordonnanz als Zeugen über die Anzahl der
Getränke am Tatabend. Außerdem möge das Gericht
die Höhe der Abrechnung feststellen. Frau Seifert riet
ich auch, sich mit dem Oberleutnant Teuber und dessen
Frau in Verbindung zu setzen, damit Frau Teuber im
Falle einer Zeugenladung durch die Anklagevertretung
oder das Gericht ein ärztliches Attest über ihre Rei-
seunfähigkeit wegen einer bettlägerigen Erkrankung
einreiche. Frau Teuber hatte sich mit ihrem »Bravo« zu
den Bemerkungen über den Endsieg ja schon genug in
Schwierigkeiten gebracht. In den Akten stand davon

nichts, weshalb Frau Teuber bei der Hauptverhandlung besser gar nicht auftreten sollte. Es wäre am vernünftigsten, wenn Oberleutnant Teuber als Zeuge alles abzuschwächen versuche, wobei er schlechtes Erinnerungsvermögen im allgemeinen und übermäßigen Alkoholgenuß im besonderen anführen solle.

Im August 1944, an einem glutheißen Sommertage, fand die Hauptverhandlung im kleinen Saal des Kantinengebäudes des Fliegerhorstes in Gardelegen/Altmark statt. Das Attentat vom 20. Juli war noch frisch in aller Gedächtnis. Es hatte deutlich gemacht, in wie hohem Maße der Widerstand gegen Hitler und seine dilettantische Kriegsführung auch in führenden Wehrmachtskreisen verbreitet war. für alle politischen Angeklagten war das aber ein sehr ungünstiger Umstand, es kam auch in Bagatellfällen jetzt zu Höchststrafen und Todesurteilen, die ihresgleichen suchten. Ich war mit Frau Seifert schon am Tage zuvor sicherheitshalber von Berlin bis Stendal gefahren, wo ich bei Bekannten wohnen konnte, während sie ein Hotelzimmer ergattert hatte. Bei dem unregelmäßigen Zugverkehr wäre es zu riskant gewesen, erst am frühen Morgen des Termintages in Berlin abzufahren. Die meisten Züge hatten stundenlange Verspätungen. Von Stendal nahmen wir den ersten Personenzug nach Gardelegen, zum Flughafen ein Taxi, das wir in Gardelegen erst mit Hilfe der Polizei mobilisieren mußten. Rechtzeitig vor Beginn der Verhandlung trafen wir ein.
    Als ich auf dem Terminzettel las, daß die Verhandlung vor dem Feldgericht der Luftwaffe z. b. V. (»Zur besonderen Verwendung« hieß das, wir Verteidiger sagten: »Zur beschissensten Verurteilung«) stattfinde, wurde mir mulmig. Das war das fliegende Feldgericht für die politischen Fälle, das zum Zwecke harter einheitlicher Rechtsprechung von Hitler und Göring Anfang 1944 eingerichtet worden war. Die Kriegsrichter Brenkenstein und Langner hatten sich bereits einen Ruf erworben, ihre rücksichtslose Unbarmherzigkeit war schnell bekannt geworden.

Beide amtierten ausgerechnet auch im Falle Seifert in Gardelegen. Langner, Anfang Vierzig, blond und hager, trug im Revers das goldene Parteiabzeichen; diesmal machte er den Ankläger. Der äußerlich etwas umgänglichere, aber ebenso harte und gnadenlose Brenkenstein war Vorsitzender; als Beisitzer amtierten zwei Luftwaffenoffiziere vom Horst in Gardelegen, ein älterer Major und ein Hauptmann. Als Zeugen traten auf zur Eidesbelehrung Major Stahl, der Staffelführer, dessen Gesicht mir schon beim ersten Anblick ebensowenig wie meinem Mandanten gefiel; schneidig knallte er die Hacken zusammen und streckte seine Rechte steil zur Decke; dann Oberleutnant Teuber, der für seine nicht erschienene vorgeladene Ehefrau ein ärztliches Attest überreichte, das mit Stirnrunzeln vom Gericht überflogen wurde; dann noch zwei Leutnants; ein weiterer Angehöriger der Staffel war inzwischen gefallen, ein anderer dienstlich am Erscheinen verhindert. Schließlich noch die Ehefrau Seifert, die sich nach Belehrung über ihr Aussageverweigerungsrecht aussagebereit erklärte.

Die Zeugen wurden über ihre Wahrheitspflicht und Eidespflicht und die Strafbarkeit der Verletzung dieser Pflichten belehrt und hinausgeschickt. Die Öffentlichkeit wurde ausgeschlossen, obwohl gar kein Zuhörer da war. Aber es hätte ja einer zum Zuhören kommen können. Es durfte im Interesse der Staatssicherheit um Gottes willen keiner erfahren, daß unlängst ein Hauptmann am Endsieg gezweifelt hatte.

Kriegsgerichtsrat Langner verlas die Anklage, der Vorsitzende vernahm den Angeklagten zur Person und zur Sache. Der Angeklagte nahm sich zusammen, schilderte seinen Werdegang vom Rekruten zum Offizier auf der Ochsentour in mehr als zwölf Dienstjahren, seine Interessen für die Fliegerei, die Zahl seiner Abschüsse, seine Verheiratung, alle seine Kommandos. Keine Vorstrafen, keine Disziplinarstrafen. Zu den Vorwürfen der Anklage sagte er, daß er leider keine genaue Erinnerung mehr habe, er wisse nur, daß er Streit mit Major Stahl gehabt habe. Er sei provoziert und vor den anwesenden Damen als Drückeberger hingestellt worden. Das habe ihn in Rage gebracht; vielleicht habe er in diesem Zusammenhang etwas Ausfallendes gesagt. Aber sie beide hätten ja sehr viel getrunken gehabt. Was der Major sechzehn Tage später als Meldung zu Papier gebracht hatte, habe er mit der größten Überraschung gelesen. Der Vorsitzende fragte den Angeklagten lauernd: »Sagen Sie, haben Sie auch sonst gesprächsweise Ihre Ansichten über die Kriegslage ausgetauscht?« Ich hoffte, daß der Angeklagte ausweichend antworten würde; dies war eine reine Fangfrage. Selber durfte ich das Wort nicht ergreifen, wenn der Richter direkte Fragen stellte. Der Angeklagte erklärte wahrheitsgemäß, daß dies wohl vorgekommen sei: »Natürlich spricht man im Kameradenkreise hin und wieder über den Krieg.« Der Richter hakte sofort nach: »Da hatten Sie wohl unterschiedliche Ansichten über die Aussichten, nicht wahr?« Mein Mandant antwortete bedenkenlos: »Jawohl, Herr Kriegsgerichtsrat!« Um den Angeklagten ganz aus der Reserve zu locken, sagte der Vorsitzende: »Na, das ist ja wohl auch verständlich bei dem Altersunterschied. Sie als langgedienter Soldat waren sicher zurückhaltender und skeptischer in Ihrer Beurteilung der Siegesaussichten.« Erst jetzt merkte der Hauptmann, worauf die so wohlwollend scheinende Befragung hinauslief. Ich hätte ihm am liebsten einen Stoß gegeben, aber er stand hinter mir und uns trennte ein Stuhl, und so sagte er: »Das wird wohl so gewesen sein. Mit bald Fünfzig ist man nicht mehr so stürmisch, und mit Zackigkeit ist ja auch nicht alles zu machen.« »Danke«, sagte der Vorsitzende, »Sie können sich setzen.« Die erste Runde war verlorengegangen.

Die Beweisaufnahme brachte viel Arbeit. Positiv für die Verteidigung war, daß alle Zeugen von sich aus oder auf Befragen bekundeten, daß am fraglichen Abend im Kasino von 21.00 Uhr bis um Mitternacht reichlich viel getrunken worden war – Wein, Schnäpse und Champagner in größeren Mengen. Aber kein Zeuge konnte genaue Angaben machen, wieviel er selbst oder die anderen Beteiligten konsumiert hatten. Es hatten zehn Personen an der Feier teilgenommen, von denen sechs als Zeugen zugegen waren. Der siebente Teilnehmer war der Angeklagte, Frau Teuber und zwei Leutnants waren am Erscheinen verhindert.

Die Ordonnanz sagte aus, daß er die Bestellungen im einzelnen nicht mehr rekonstruieren könne, es sei für ungefähr 200,– RM an diesem Abend bestellt worden, worunter nur fünf Essen gewesen seien, sonst nur Getränke und einige Tabakwaren; das habe er den Kassenbons entnommen. Der Champagner habe pro Flasche 12,– RM gekostet, die Viertelgläser Wein 1,– bis 1,50 RM, die Schnäpse bei 1,50 bis 2,– RM, es seien allerdings auch Flaschenweine bestellt worden, meist Ungarnweine und Burgenländer, die ziemlich schwer seien. Deren Wirkung könne er aus seiner Berufserfahrung beurteilen. Bei meiner Frage, welche Trunkenheitsgrade er bei den Beteiligten dieses Abends habe beobachten können, protestierte der Anklagevertreter gegen solche Befragung unter dem Hinweis, daß es nach einem Führerbefehl auf etwaige Trunkenheit bei Begehung strafbarer Handlungen von Offizieren gar nicht ankomme. Solcher Umstand dürfe weder als Schuldausschließungsgrund noch als Strafmilderungsgrund bewertet werden. Ich erklärte, von diesem Geheimbefehl schon in anderen Strafverfahren gegen Offiziere vernommen zu haben, aber weder den Text dieses Befehls hätte ich in Erfahrung bringen können, noch einen Erlaß, wonach der Schuldausschließungsgrund des § 51, Abs. 1 und 2 des Strafgesetzbuches aufgehoben sei. Solange die betreffenden Paragraphen des Gesetzes existierten, müsse man sich darauf auch berufen dürfen. Schließlich wurde ich aber vom Richter brüsk unterbrochen; die Frage an die Ordonnanz sei nicht zugelassen.

Daraufhin erklärte ich, daß ich zu meinem Bedauern die Verteidigung niederlegen müsse, wenn ich durch eine richterliche Maßnahme an der rechtmäßigen Ausübung meiner Verteidigung behindert werde.

Für die Schuldfrage sei es mehr als wichtig, über den Trunkenheitsgrad der Beteiligten Näheres zu erfahren – nicht nur um einen Schuldausschließungsgrund für den Beschuldigten zu prüfen, sondern auch, um Klarheit über die Erinnerungsfähigkeit des Anzeigeerstatters zu gewinnen. Jetzt wurde meine Frage zugelassen, aber der Zeuge wich aus. Er gab an, keine präzisen Aussagen mehr machen zu können, weil er viele solcher alkoholisierter Szenen miterlebt habe. Schließlich aber sagte er, was ich mir gleich notierte: »Die waren aber alle ganz schön angeschickert!« Die Ordonnanz und die beiden Leutnante, die Major Stahl beim Hinausgehen gestützt hatten, wollten sich daran und an sonstiges nicht mehr erinnern können. Die Ordonnanz sagte: »Ich habe das nicht gesehen, aber ich war ja nicht immer im Speisesaal«, und die Leutnante erklärten, sie wären selber ziemlich blau gewesen, so könnten sie dergleichen nicht mit Sicherheit unter Eid erklären.

Die Regie des Vorsitzenden lief offenkundig darauf hinaus, zunächst das Szenarium des Tatabends abzuklären und zum Schluß den Hauptbelastungszeugen Major Stahl den Paukenschlag vollführen zu lassen (oder den »Abschußtreffer« anzubringen, um in der Fliegersprache zu bleiben). Für die Verteidigung kam es aber darauf an, schon das Szenarium der angeblichen Tat als ein Gemisch von unkontrolliertem Gerede und persönlichen Spannungen auf dem Grunde alkoholischer Exzesse darzustellen. Das Zeugnis der Ehefrau des Angeklagten half mir insofern dabei, als sie die von Sprachhemmungen und schließlich mit Bewegungsstörungen gekennzeichnete Trunkenheit des Majors sehr überzeugend darstellte und hervorhob, daß dieser nicht nur nach ihrem eigenen Eindruck, sondern auch nach dem der übrigen Zeugen, was ihr Oberleutnant Teuber und dessen Frau noch am nächsten Tage bestätigt hätten, ihren Mann bewußt provoziert habe. Natürlich habe sie ihrem Mann als Ehefrau beigestanden und dem Major, dessen Aufführung sie als unmöglich empfunden habe, ihre Meinung klar gesagt.

Oberleutnant Teuber erkärte als Zeuge,

daß an jenem Abend mehr als bekömmlich durcheinander getrunken worden sei; der Major habe den Angeklagten wegen seiner fliegerischen Einsatzfreudigkeit bloßgestellt. Hauptmann Seifert habe sich zur Wehr gesetzt, und irgendwie sei es dann in Rede und Gegenrede um den Endsieg gegangen und die Zerstörung deutscher Städte. Den Wortlaut der gefallenen Äußerungen nach so langer Zeit noch anzugeben, dazu sei er wirklich nicht mehr in der Lage. Auf meine Frage, ob der Major ihm, dem Zeugen als voreingenommen gegenüber dem Angeklagten erschienen sei, sagte er: »Das kann ich nicht mit Bestimmtheit sagen, aber es schien mir so zu sein.«

Viel Klarheit hatte die Beweisaufnahme bisher nicht erbracht. Nun wurde der Zeuge Major Stahl hereingerufen. Er kam aufgereckt gehend bis zwei Schritte vor den Richtertisch und nahm dort militärische Haltung an. Der Richter sagte betont liebenswürdig: »Bitte, Herr Major, stehen Sie frei.« Der Zeuge winkelte darauf sein rechtes Bein als Spielbein ein, das linke stand weiter fest.

Nachdem die Fragen zur Person beantwortet worden waren und die pflichtgemäße Frage nach einer etwaigen Verwandtschaft oder Verschwägerung von dem Zeugen mit »Nein, keineswegs« und mit einer Miene der Geringschätzung erledigt worden war, kamen die Aussagen zur Sache. Ich war in äußerster Spannung.

Der Zeuge erklärte, daß ihm der angeklagte Hauptmann, als dieser Ende 1943 zu seiner Staffel versetzt worden sei, von Anfang an wegen seiner geringen Einsatzbereitschaft aufgefallen sei, die auch das persönliche Verhältnis getrübt habe. Wenn es sich um freiwillige Einsätze gehandelt habe, sei Seifert nie oder ganz selten dabei gewesen. Sein Lieblingsausdruck sei gewesen: »Nun mal langsam mit den jungen Pferden!« Dieser Spruch kennzeichne seine Einstellung zum Dienst; den forschen Fliegergeist, für den er, der Zeuge, vor seiner Staffel stets eingetreten sei, habe der Angeklagte nie bewiesen. Er habe sich auch häufig krank gemeldet und sei daher selbst mit seinen Pflichteinsätzen in Rückstand geraten. Im ersten Vierteljahr 1944 habe er nur ganze drei Abschüsse erzielt, gegenüber dem Staffeldurchschnitt von fünf Abschüssen pro Monat seien das zwölf abgeschossene Terrorflugzeuge weniger gewesen. Diese Dienstunwilligkeit habe zu einer Spannung geführt, die sich auch auf die übrigen Angehörigen der Staffel ausgewirkt habe.

Anläßlich des Besuches seiner Frau sei es dann bei einer Feier im Kasino zu dem Eklat gekommen, den er zum Inhalt seiner Meldung an den Geschwaderchef gemacht habe. Daß er diesen Bericht erst einige Zeit später gemacht habe, liege daran, daß er vergeblich auf ein Wort der Entschuldigung oder Klarstellung seitens des Angeklagten gewartet habe. Diese Chance habe er ihm geben wollen. Da aber in zwei Wochen nichts geschehen sei, habe er sich als verpflichtet angesehen, die defätistischen Äußerungen des Angeklagten zu melden, zumal seine Dienstunwilligkeit weiter angehalten habe. Der Angeklagte hätte Gelegenheit gehabt, sich nach dem Vorfall im Kasino zu freiwilligen Einsätzen zu melden, um den schlechten Eindruck wieder gut zu machen. Schließlich habe er auch im Hinblick auf die Disziplin in seiner Staffel dafür sorgen müssen, daß ein offenkundiger Drückeberger entfernt werde.

Der Vorsitzende las Major Stahl dann nochmals die schriftliche Meldung mit der Frage vor, ob er ihren Wortlaut, was die Wiedergabe der Äußerungen des Angeklagten angehe, eidlich bekräftigen könne. Das bejahte der Zeuge ohne Hemmung.

Der Anklagevertreter hatte keine Fragen, ich natürlich eine ganze Reihe. Die erste lautete: »Herr Zeuge, wieviel haben Sie an diesem Abend getrunken?« Major Stahl antwortete indigniert: »Das weiß ich nicht mehr genau.« Ich hakte nach: »Wir haben hier mehrere Zeugenaussagen gehört, daß an diesem Abend recht heftig getrunken wurde, Bier, Wein, Schnaps und mehrere Flaschen des von Ihnen spendierten Champagners. Waren Sie am Schluß nicht ziemlich betrunken?«

Bei dieser Frage wies mich der Vorsitzende erneut darauf hin, daß Alkoholeinwirkung bei Straftaten von Offizieren keinen strafausschließenden oder strafmildernden Umstand darstellte, weshalb ich hierzu keine weiteren Fragen stellen dürfe. Ich erwiderte, daß ich ja den Zeugen und nicht den Angeklagten über seinen Alkoholisierungsgrad befrage, und daß es für die Bewertung der Aussage des Zeugen sehr stark darauf ankomme, zu erfahren, ob der Zeuge angetrunken, betrunken oder sogar überhaupt nicht mehr in der Lage gewesen sei, Äußerungen von Dritten noch richtig aufzunehmen. Der Major verblieb dabei, daß er zwar angetrunken, aber nicht so betrunken gewesen sei, die Reden des Angeklagten etwa nicht richtig aufnehmen zu können. Meine weitere Frage ging dahin, ob er sich klar darüber sei, daß er den Hergang jenes KasinoAbends nicht vollständig dargestellt habe; er dürfe Wichtiges nicht verschweigen. Darauf sagte der Zeuge den klassischen Satz, den jeder Zeuge mit schlechtem Gewissen sagt: »Daß ich nicht wüßte!«

Ich half der Erinnerung des Zeugen nach und fragte: »Haben Sie vergessen, Herr Zeuge, daß Sie den Angeklagten in Anwesenheit der Damen gehänselt haben, er sei mit seinen Einsätzen rückständig; hoffentlich mache er in den ersten Tagen nach dem Ende seines Urlaubs endlich einen Abschuß?« Der Major erklärte, sich daran nicht erinnern zu können. Ich bohrte weiter: »Hat denn der Angeklagte von sich aus aus heiterem Himmel erklärt, er glaube nicht an den Endsieg? Wer hat denn dieses ominöse Wort überhaupt ins Gespräch gebracht?« Die Antwort kam ungerührt: »Das weiß ich nicht mehr, jedenfalls hat Hauptmann Seifert – der Major vermied es, ihn auch nur einmal anzusehen, er blickte nur starr geradeaus zum Richter – erklärt, daß er nach der Zerstörung Hamburgs nicht mehr an den Endsieg glauben könne.« Ich insistierte: »Das ist also vom Angeklagten aus heiterem Himmel so ganz plötzlich und unaufgefordert erklärt worden? Herr Zeuge, ich frage Sie, und ich appelliere an Ihre eidliche Verantwortung: War es nicht so, daß Sie den Angeklagten auf-

gefordert haben, sich Mut anzutrinken, damit er innerhalb von achtundvierzig Stunden endlich einen
Abschuß erziele, daß der Angeklagte Sie daraufhin be-
fragte, ob man beim Sekt-Trinken im Dienst sei oder
feiere, und daß Sie dann erklärt haben, ›Wir sind immer
im Dienst, solange wir für den Endsieg kämpfen!‹ Waren Sie es nicht, der das Wort vom Endsieg im Zusammenhang mit Ihren vorausgegangenen Kränkungen zuerst ins Spiel gebracht hat?« Der Zeuge wurde unsicher.
Er überlegte. Aber nur kurz, dann kam es schnell: »Mag
ja alles so gewesen sein, ich weiß das gar nicht mehr so
genau. Aber ich weiß sehr wohl, daß der Angeklagte am
Endsieg gezweifelt hat, und seine Frau übrigens auch!«
Ich ließ ihn noch nicht los: »Ist Ihnen noch im Gedächtnis, Herr Major (ich sagte jetzt absichtlich nicht mehr
»Herr Zeuge«), daß Sie unmittelbar nach Ihrer Aufforderung an Ihre Staffelkameraden, sofort den gemeinsamen Tisch zu verlassen, nicht mehr in der Lage waren,
geradeaus zu gehen und von zwei Ihrer jüngeren Kameraden gestützt werden mußten?« Der Major sagte im
schnoddrigen Kasinoton: »Ist mir nicht in Erinnerung.«
Ich versuchte es ein letztes Mal: »Herr Major, Sie haben
in zwei Punkten auf ausdrückliches Befragen zugeben
müssen, daß Ihre Erinnerung an die Vorgänge dieses
Abends höchst unvollkommen war beziehungsweise ist.
Sie haben zweimal auf Vorhaltungen gesagt, ›Ich weiß
das nicht mehr so genau‹ und ›Ist mir nicht in Erinnerung.‹ Könnte es nicht sein, daß Sie den Angeklagten irgendwie mißverstanden haben oder daß Sie sich bei
Abfassung Ihrer Meldung, die ja erst sechzehn Tage
nach dem Vorfall niedergeschrieben wurde, geirrt haben könnten?« Ich breitete diese Brücke in der schwachen Hoffnung aus, daß ihm ein letzter Funke von Flie-
gerkameradschaft vielleicht eingeben könnte, einen
Irrtum doch für möglich zu halten. Alles war umsonst.
Zackig erklärte er unbewegt und betont schneidig: »Ein
Irrtum ist ausgeschlossen. Für mich ist der Angeklagte
ein Drückeberger, wenn nicht gar ein Kommunist!«
    Der Anklagevertreter nickte befriedigt mit
dem Kopf. Der Zeuge stand, als er aufgefordert wurde,

sich zu setzen, zunächst stramm, hob mit Hackenklappen die Hand zum Hitlergruß an das Kriegsgericht, machte dann auf dem Absatz kehrt und ging mit straffem Schritt zur Zeugenbank, um Platz zu nehmen. Da saßen schon mehrere Zeugen, die zusammenrückten. Die Ehefrau des Angeklagten stand ostentativ von der Zeugenbank auf und stellte sich an die Tür. Mit diesem Mann wollte sie nicht auf einer Bank sitzen. Ein diensttuender Luftwaffensoldat brachte ihr einen Stuhl. Das Gericht unterbrach die Sitzung mit der Bemerkung, es wolle die Frage der Beeidigung der Zeugen beraten.

Die Beratung war sehr kurz. Als das Gericht wieder erschien – ich hatte gerade auf dem Flur eine Zigarette mit dem Angeklagten rauchen können –, verkündete es seinen Beschluß, den Zeugen Major Stahl zu vereidigen, die übrigen Zeugen jedoch unvereidigt zu lassen. Der Major wurde hervorgerufen und vom Vorsitzenden nochmals belehrt, und nachdem der Richter gesagt hatte: »Sie wissen also, worauf es ankommt?« und der Zeuge dies bejaht hatte, sagte der Richter: »Ich spreche Ihnen die Eidesformel vor, Sie erklären danach ›Ich schwöre es‹, wobei Sie die rechte Hand heben. Wenn Sie die religiöse Formel benutzen wollen, können Sie noch hinzufügen: ›So wahr mir Gott helfe!‹« Der Zeuge nahm wieder Haltung an, erhob den rechten Arm exakt rechtwinklig mit nach oben gerichteter Handfläche, ohne Schwurfinger, die Finger geschlossen. Der Vorsitzende sprach, nachdem sich alle Anwesenden erhoben hatten: »Sie schwören bei Gott dem Allmächtigen und Allwissenden, daß Sie die reine Wahrheit gesagt, nichts verschwiegen und auch nichts hinzugesetzt haben.« Der Zeuge sagte laut und deutlich: »Ich schwöre es.« Kaum hatte der Zeuge das gesagt, ertönte es schrill von der Saaltür her, fast geschrien: »Sie Lügner!« Diesem Ruf folgte Weinen und Schluchzen der Ehefrau Seifert. Der Angeklagte sprang auf und wollte zu seiner Frau. Er wurde von den Begleitsoldaten festgehalten. Der Vorsitzende rief: »Die Zeugin Seifert wird wegen ordnungswidrigen Verhaltens vor Gericht mit einer Ordnungsstrafe von 100,–

RM belegt und von der Verhandlung ausgeschlossen. Verlassen Sie sofort den Saal!« Die Zeugin rief: »Ich gehe ja schon – von mir aus auch 200,– Mark!«

Der Zeuge Major Stahl stand immer noch vor dem Richtertisch. Der Vorsitzende sagte: »Herr Major, Sie können natürlich Strafantrag wegen Beleidigung stellen. Das ist ja unerhört von dieser Frau.« Der Major sagte: »Danke«, und: »Kann ich entlassen werden? Ich habe dringend dienstlich zu tun.« Der Vorsitzende sprach mit den Beisitzern, dem Anklagevertreter und mir, ob alle einverstanden seien. Keiner hatte etwas dagegen. Der Zeuge konnte gehen. Abermals zackiges »Heil Hitler«, Hackenklappen, Kehrtwendung, ab.

Nach dieser ungewöhnlichen Unterbrechung – es war jetzt hohe Mittagszeit, die Sonne schien prall durch die weit geöffneten Fenster, in der Ferne hörte man ab und zu Eßgeschirr klappern, sonst überall Stille – kamen die Plädoyers. Kriegsgerichtsrat Langner machte es kurz. Für ihn war der Fall sonnenklar. Der Belastungszeuge hatte geschworen. Danach war der Angeklagte ein kriegsmüder Offizier, der offen am Endsieg zweifelte. Solche Offiziere wie der Angeklagte seien wie Pestbeulen, sie verdürben den Abwehrwillen der an allen Fronten tapfer kämpfenden Soldaten im Endkampf. Man könne sie nicht hart genug anfassen. Die vom Angeklagten betriebene Wehrkraftzersetzung erfordere eine harte Bestrafung. Nur die lange einwandfreie Führung des Angeklagten vom Ersten Weltkrieg an bis zur Tatzeit könne als strafmildernder Umstand bewertet werden. Der Anklagevertreter forderte fünf Jahre Zuchthaus und fünf Jahre Ehrverlust nebst Rangverlust mit sofortiger Versetzung als Soldat in ein Strafbataillon zwecks Frontbewährung.

Während des Plädoyers hatte Langner stehend mit einem Bleistift zwischen beiden Händen jongliert. Als er sich nach Stellung seines Strafantrages setzte, warf er den Bleistift vor sich hin auf die Tischplatte, lehnte sich zurück und verschränkte die Arme. Er sah so aus, als ob er jetzt gern bald zu Tisch gehen würde, einer lästigen Pflicht ledig geworden.

Nun war ich an der Reihe. Nach dem Eid des Majors hatte ich es mit der Beweiswürdigung wahrlich schwer. Psychologisch sei, so begann ich, der Zusammenstoß zwischen Alt und Jung meiner Auffassung nach unvermeidlich; es sei ein Fehler gewesen, den Angeklagten mit dreiundvierzig Jahren noch in eine Jagdstaffel unter zwanzigjährige Kameraden zu versetzen. Das sei nur aus kriegsbedingten Notwendigkeiten geschehen, dürfe aber nicht dazu verführen, die Befehlsgewalt des Staffelführers zu überhöhen. Auch dürfe das Gericht nicht unberücksichtigt lassen, daß der Angeklagte provoziert worden war und nur in der Erregung möglicherweise falsche Worte gebraucht habe. Der ganze Vorfall sei doch nach den Zeugenbekundungen eine echt »besoffene Geschichte« gewesen, in der man unter Kameraden nicht alles Gesprochene auf die Goldwaage zu legen pflege. Es sei mehr als erstaunlich und für die Verteidigung trotz der Beeidigung des Zeugen nicht glaubwürdig und erwiesen, daß der offenkundig voreingenommene Major noch sechzehn Tage später den Wortwechsel so exakt hatte rekonstruieren können, während er sich an andere Vorkommnisse nicht hätte erinnern können. Der nicht vorbestrafte Angeklagte, der sich bisher dienstlich einwandfrei und ohne Tadel geführt habe, bestreite die ihm zur Last gelegte Äußerung mit Entschiedenheit. Das Beweisergebnis sei widerspruchsvoll. Die Mehrheit der Zeugen habe sich an vieles wegen des reichlich genossenen Alkohols nicht mehr oder nicht mehr genau erinnern können. Auch für Major Stahl gelte das, dessen Erinnerung höchst einseitig funktioniert habe. Bei soviel Zweifeln aber müsse die verbliebene Unklarheit dem Angeklagten zugute kommen. Ich sprach ziemlich lange und ging alle Zeugenaussagen nochmals bewertend durch. Dann führte ich alles Positive aus dem Werdegang und dem Lebensweg des Angeklagten auf; er verdiene keinesfalls eine hohe Strafe. Wenn das Gericht den Anklagevorwurf nach dem so viele Zweifel hinterlassenden Beweisergebnis überhaupt als bewiesen ansehe und meine

Zweifel an der Aussage des Majors, die ich trotz seines Eides nicht für einwandfrei glaubhaft ansähe, nicht teilen sollte, könne nicht an eine Sühne im Ausmaß des Strafantrages gedacht werden. Urteile, deren Strafmaß ein ausgewogenes Verhältnis zur Schwere der Tat vermissen ließen, bewirkten nicht Abschreckung, sondern schafften nur Märtyrer.

Ich beantragte Freispruch für den Angeklagten mangels ausreichenden Beweises. Der Richter fragte, ob ich keinen Hilfsantrag stellen wollte für den Fall der Verurteilung. Ich erwiderte, daß ich das nicht tun wolle, sondern die Entscheidung dem Gericht überließe, wenn es nicht zum Freispruch komme. Der Angeklagte sagte im Schlußwort: »Alles, was der Major hier gegen mich vorgebracht hat, stimmt nicht. Ich bin kein Drückeberger und kein Defätist, schon gar kein Kommunist. Major Stahl hat mich provoziert, und ich habe mich dagegen gewehrt. Das ist alles. Wenn ich dabei was Falsches gesagt habe, tut es mir leid. Schicken Sie mich an die Front, was immer Sie wollen, aber nicht als Zuchthäusler. Das habe ich nicht verdient.«

Das Gericht zog sich zur Beratung zurück. Sehr schnell kehrte es wieder zurück und verkündete das Urteil, das genau dem Strafantrag entsprach: fünf Jahre Zuchthaus, fünf Jahre Ehrverlust, Degradation und Strafbataillon! Die Begründung war kurz und bündig: Das Gericht sah als erwiesen an, daß der Angeklagte am fraglichen Abend im größeren Kreise – gleichgültig, ob infolge Alkoholgenusses oder auf Grund einer Provokation – Zweifel am Endsieg geäußert habe. Wer so etwas als Offizier tue, zersetze die Wehrkraft des deutschen Volkes in höchst gefährlicher Weise und sei ein Defätist, vor dem die Wehrmacht geschützt werden müsse. Als Sühne sei nur eine empfindliche Freiheitsstrafe in Frage gekommen, die wegen der Ehrlosigkeit des Täters nur eine Zuchthausstrafe habe sein können. Sie ziehe auch Ehrverlust nach sich. Da die Strafvollstreckung erst nach Kriegsende beginne, sei der Verurteilte als Soldat zur Frontbewährung einem Strafbataillon zu überstellen. Wenn der Verurteilte nicht eine einwandfreie Dienstzeit von mehr als zwanzig Jahren vorzuweisen gehabt hätte, wäre die Zuchthausstrafe noch weit höher ausgefallen. Mit diesem Trost und der Rechtsbelehrung, daß es kein Rechtsmittel gegen das Urteil gäbe und es mit der Bestätigung durch den Gerichtsherrn vollstreckbar würde, wurde die Verhandlung geschlossen.

Die auf dem Gang wartende Ehefrau sah mir die Hiobsbotschaft schon von weitem an, als ich mich ihr näherte. »Wieviel?« fragte sie tonlos und verweint. »Gemäß Antrag«, mußte ich sagen. »Kann ich meinen Mann noch einmal sprechen?« Ich sagte: »Ich hoffe es« und ging schnell in das Beratungszimmer, wo ich den Vorsitzenden noch antraf und mein Anliegen vorbrachte. Unwillig unterschrieb er einen Sprechzettel. »Verdient hat sie das nicht«, sagte er, »das ist ja eine ganz dreiste Person!« – »Aber vielleicht der Verurteilte, ehe er an die Front kommt«, antwortete ich. »Ja, ja«, sagte Brenkenstein, und als ich mich zurückzog, sagte er zu seinem Protokollführer: »Also bis 15.00 Uhr haben wir eine Stunde Pause, dann kommt die nächste Sache dran. Wieviel Zeugen? Na, bis 18.00 Uhr müssen wir durch sein, bestellen Sie die Maschine für 18.30 Uhr – wir müssen heute abend zurück nach Berlin.«

So angenehm hat es ein fliegendes Feldgericht; ich dachte an den überfüllten Zug und die Begleitung der verzweifelten Frau Seifert, mit der ich nach Berlin zurückkreisen würde. Ihrem Mann konnte ich wenig Mut machen. Er bat mich, seiner Frau beizustehen, er würde schon sehen, daß er durchkomme. Wie viele in seiner Lage hielt ihn die Hoffnung auf einen baldigen Zusammenbruch aufrecht.

Aber die Eheleute Seifert haben sich niemals wiedergesehen. Im Winter 1944/45 erhielt sie noch einen Feldpostbrief von ihm, da war er beim Strafbataillon »999« an der Ostfront. Diese Strafeinheiten – sie waren längst zu Divisionsstärke angewachsen – hatten ganz wenig Überlebende. Sie wurden bei Himmelfahrtkommandos – wie es in der Landsersprache hieß – »verheizt«. Ob gefallen oder gefangen, ob erfro-

ren oder verhungert, ob erschossen oder zu Tode ge-
prügelt, Frau Seifert hat trotz aller jahrelangen Nachforschungen nach dem Kriege nie wieder etwas von
ihrem Mann gehört.

Beinahe wäre sie selbst auch noch in das Räderwerk der
Vernichtungsjustiz geraten. Ich hatte sie darauf hinge-
weisen, daß die Strafakten ihres Mannes vom Kriegsgericht an die Gestapo weitergeleitet würden und ein
Verfahren gegen sie selbst nicht auszuschließen sei. So
geschah es auch. Trotz des Bombenhagels und der zunehmenden Zerstörung so vieler Gebäude und Ein-
richtungen lief die Bürokratie weiter. Ende Oktober
1944 erhielt Frau Seifert eine Vorladung zur Kripo am
Alexanderplatz. Ich beschaffte ihr von meinem Mandanten Dr. Carlo Peltz (dessen Fall ich schon beschrie-
ben habe) ein ärztliches Attest, daß sie bettlägerig er-
krankt sei. Da mit Kontrollen zu rechnen war, mußte
sich Frau Seifert auch in ihrer Wohnung ins Bett legen.
Sie nahm Tabletten ein, die ich mir von Dr. Peltz be-
schafft hatte: Sie verursachten ein künstliches Fieber,
was übrigens über längere Zeit kein angenehmer Zustand ist. Tatsächlich kam nach einer Woche ein Amtsarzt zur Kontrolle. Frau Seifert hatte 38,4 Grad Fieber,
was der Amtsarzt protokollierte. Nach vier Wochen riet
ich ihr, Berlin zu verlassen und nach Hamburg zu Verwandten zu fahren, um erst einmal aus dem Gesichts-
feld der Polizei und Justiz zu verschwinden. Dabei
machte sie jedoch einen Fehler. Bei der Lebensmittel-
kartenstelle gab sie beim Eintausch ihrer Lebensmittel-
karten in Reisemarken die Hamburger Adresse ihres
zukünftigen Aufenthaltes an. So wurde sie zwei Tage
vor Weihnachten in Hamburg verhaftet und nach Berlin
in das Frauengefängnis in der Barnimstraße hinter dem
Alexanderplatz überführt. Wenig später erhielt ich den
Anruf der Gefängnisdirektion, daß sie mich als Verteidiger zu sprechen wünsche. Ich besorgte mir Vollmacht
und Sprecherlaubnis, das Ermittlungsverfahren lief
beim Oberreichsanwalt des Volksgerichtshofes. Abermals brachte ich ihr Fiebertabletten mit, die sie gut ver-

steckte. Sie erreichte damit ihre Aufnahme in das Gefängnislazarett, wo sie ständigen Fiebers wegen bis Anfang März bleiben konnte. Dann klagte sie über entsetzliche Leibschmerzen am rechten Unterbauch; bei der ärztlichen Untersuchung stöhnte sie schwer, sobald die Hände der Ärztin in ihre rechte Leistengegend drückten. Ich hatte mir von Dr. Peltz die Phänomene einer Blinddarmentzündung genau beschreiben lassen und Frau Seifert bei meinen Besuchen im Gefängnislazarett exakt instruiert. Es ging jetzt ja nur noch um Zeitgewinn. Es klappte tatsächlich. Ende März wurde Frau Seifert erfolgreich am Blinddarm operiert. Meine Tabletten verhalfen ihr zu postoperativem Fieber und so hat sie das Kriegsende in der Zelle, ohne daß es je zu einer Verhandlung vor dem Volksgerichtshof gekommen wäre, überstanden.

Die Tages- und Nachtangriffe auf Berlin gerade in den letzten Monaten und die Eroberung Berlins in der zweiten Hälfte des April 1945 durch die Rote Armee war für alle Häftlinge, die in ihren Zellen eingeschlossen blieben, das Schlimmste, was sie durchgemacht haben. Frau Seifert überlebte das alles, immer in der Hoffnung und in dem Glauben, daß ihr Mann wieder heil aus dem Kriege nach Hause kommen würde. Wie Hunderttausende von Frauen wartete sie vergebens, Jahre um Jahre.

Etwa zwanzig Jahre nach diesen Vorgängen kam meine Sekretärin in mein Dienstzimmer im Rathaus einer niedersächsischen Kreisstadt, in der ich schon seit 1948 als Chef der Stadtverwaltung amtierte. Sie sagte, im Vorzimmer sei ein höherer Luftwaffenoffizier, der mich zu sprechen wünsche. Es handle sich um die Bereitstellung des größten städtischen Platzes für eine Werbeveranstaltung der Bundesluftwaffe. Dabei legte sie die Visitenkarte des Besuchers auf meinen Schreibtisch. Noch bevor ich sie nahm und las, sagte ich automatisch: »Bitte, kann hereinkommen.« Da erst stutzte ich, las den Namen nochmals, »Karl Stahl« stand da, und darunter »Oberst der Luftwaffe«. Blitzartig sah ich die Eidesszene vor dem Feldgericht im Fliegerhorst Gardelegen vor mir, da stand der Major von damals schon in voller Größe im Türrahmen.

Rothaarig wie damals, aber schütterer die Haare, mit langer schmaler Ordensschnalle, Mütze unter dem gewinkelten Arm links, die Handschuhe in der linken Hand, Hacken zusammen, aber dick geworden, der schlanke Herr Major von damals, ganz in vorschriftsmäßiger Positur. Jetzt sticht er gleich den rechten Arm nach oben und sagt »Heil Hitler«, dachte ich mir. Aber er tat das nicht, sondern streckte mir ahnungslos die Hand entgegen. Ich übersah die Hand wie zufällig und sagte nur: »Bitte, nehmen Sie Platz.« Den breiten Schreibtisch zwischen uns, hörte ich mir seinen wohl schon oft aufgesagten Vers an. Dann nickte ich: »Jawohl, den Platz können Sie gern haben, das tun wir bei allen Werbeveranstaltungen der Bundeswehr.« Ich fühlte mich plötzlich bedrückt, so von der Vergangenheit eingeholt. Ich hoffte, der Mann würde jetzt gehen. Aber er lud mich noch zur Eröffnung der dreitägigen Veranstaltung ein, bat mich, dabei einige Worte zu sprechen, wegen der Presse und der erhöhten Werbewirkung. »Machen wir natürlich alles locker und zwanglos, Stehkonvent, Gläschen Sekt, kurze Vorstellung meiner Begleitoffiziere, anschließend Rundgang mit Waffenbesichtigung – einen Starfighter haben wir auch da – dann ein Rundflug mit Hubschrauber für Sie, das ist alles drin!«

Ich schwieg eine Weile vor mich hin. »Nun, Sie werden doch hoffentlich Zeit haben, unserer Einladung zu folgen?« fragte er. Ich antwortete knapp: »Wissen Sie, meine Kriegserlebnisse ermutigen mich nicht sehr zu Ansprachen bei Werbeveranstaltungen der Bundeswehr. ich werde wohl nicht dabei sein, wünsche Ihnen aber guten Erfolg!« Er schaute mich fragend an, schluckte nur kurz und, da ich mich bei der Absage erhoben hatte, stand auch er auf und sagte: »Dann danke ich sehr für Ihr Entgegenkommen. Es hat mich gefreut, Ihre Bekanntschaft gemacht zu haben.«

Ausgerechnet bei dieser Höflichkeitsformel

verlor ich meine Beherrschung. »Ach, meine Bekanntschaft haben Sie schon vor zwanzig Jahren gemacht, da waren Sie Staffelführer.« Der Oberst stutzte und musterte mich: »Ach, wir kennen uns? Waren Sie Kriegskamerad? Man ist so vielen Männern begegnet, entschuldigen Sie. Im Moment weiß ich nicht.« »Ja, das glaube ich schon, unsere Begegnung war auch nur flüchtig – es ging um einen Ihrer Abschüsse«, erwiderte ich. Blitzschnell kam jetzt die Frage: »So, bei welchem? Wo war das? Wissen Sie, ich habe vierundzwanzig Abschüsse gehabt.«

    »Der wievielte es war, weiß ich nicht«, gab ich zurück. »Dieser ereignete sich im Fliegerhorst Gardelegen an einem heißen Augusttage 1944.« – »In Gardelegen?« sagte der Oberst, »daß muß ein Irrtum sein, da war ich nur einmal in meinem Leben bei einer Gerichtsverhandlung!« »Ja«, sagte ich langsam und sehr betont, »da haben Sie Ihren Staffelkameraden Hauptmann Seifert vor dem Feldgericht abgeschossen. Ich war sein Verteidiger!«

    Der Oberst wurde leichenblaß, griff zur Stuhllehne, er suchte tatsächlich Halt. Dann schaute er mich lauernd an und fragte unsicher: »Ach, der Seifert, wissen Sie, was aus ihm geworden ist? Hat er den Krieg überlebt?« Ziemlich laut sagte ich: »Das frage ich Sie. Sie haben ihm ja zum Todeskommando beim Strafbataillon verholfen. Seine Frau und ich haben nie wieder etwas von ihm gehört.« Jetzt gewann er seine Fassung zurück, die Erleichterung war unverkennbar. Sein Gesicht bekam plötzlich denselben Gesichtsausdruck wie vor zwanzig Jahren; dann stieß er unbeherrscht hervor: »Der Mann war ein Kommunist, schon vor 1933 war der bei den Sozis. Überhaupt kein Kämpfer war das, ein Drückeberger und Miesmacher war er. Der hätte mir noch den ganzen Haufen verdorben.«

    »Ich weiß, ich weiß, das haben Sie ja schon damals beschworen – Sie hatten auch auf den Endsieg geschworen, nicht wahr? Wer das Kommende klarer sah wie Ihr älterer Kamerad, der mußte dran glauben. So war es doch wohl?« Jetzt war ich es, der ziemlich erregt war. Der Oberst war schon an der Tür. Er wandte sich nicht noch einmal um.

Ein Gerechter ging seines Weges, unwandelbar, selbstgerecht und borniert.

Wettlauf
mit dem Tode

An einem trüben März-Morgen des Jahres 1945 reiste ich von Berlin über Halle und Leipzig nach Torgau. Dort hatte ich zwei Mandanten zu besuchen, die als Untersuchungsgefangene des Reichskriegsgerichts in den Kasematten-Zellen des alten Forts Zinna einsaßen. In eine der Festungskasernen war Ende 1944 das Reichskriegsgericht von Berlin übergesiedelt, nachdem sein Gebäude am Charlottenburger Lietzensee schon mehrmals von Bomben schwer getroffen worden war.

Der eine meiner Mandanten war Dr. Peter Schremm, Oberstabsarzt d. R., im Zivilberuf als Neurologe und Psychiater Leiter einer Landesheilanstalt in der Altmark. Ich hatte ihn im Februar 1945 vor dem Zentralgericht des Heeres verteidigt. Der Anklagevertreter hatte auf persönliche Anweisung Himmlers die Todesstrafe gefordert. Das Gericht hatte aber nach langer Beratung zwölf Jahre Zuchthaus als Strafe verhängt. Das Urteil bedurfte der Bestätigung Himmlers, der nach dem 20. Juli Oberbefehlshaber des Ersatzheeres geworden war. Bis zum Eingang seiner Stellungnahme war Dr. Schremm vom Berliner Wehrmachtsgefängnis in das Gefängnis im Torgauer Fort Zinna überstellt worden. Es stand zu erwarten, daß Himmler auch dieses Urteil aufheben würde, wie er schon das vorhergehende vom November 1944, das mit einer Verurteilung zu zehn Jahren Zuchthaus endete, kassiert hatte.

Der andere Mandant war Dr. Werner Keller, der in Untersuchungshaft wegen Defätismus, Hochverrats und Judenbegünstigung einsaß. Er hatte als Oberleutnant der Luftwaffe, zum Rüstungsministerium Speer in Berlin als PK-Berichterstatter abkommandiert, in seiner Berliner Wohnung in der Helmstedter Straße, die er als Untermieter eines Arztehepaares bewohnte, zusammen mit zwei anderen Offizieren einen Privatsender eingerichtet. Nach dem 20. Juli 1944 gab er Funkaufrufe an die US-Army durch, in denen er darauf hinwies, daß der deutsche Widerstand gegen das Nazi-Regime noch weiter bestehe und es nun gelte, sofort Waffenstillstand zu schließen und zusammen mit den Westmächten gegen die Rote Armee zu kämpfen, um den Einbruch des Bolschewismus nach Mitteleuropa zu verhindern. Keller, der als PK-Berichterstatter der Luftwaffe Bombenflüge über England mitgemacht hatte, war beim Anblick des brennenden Coventry zum entschiedenen und aktiven Gegner des Regimes geworden. Dürftig zerrissene Manuskriptschnipsel seiner Aufrufe hatte eine Aufwartefrau im Papierkorb gefunden und sie über die Vermieterin, deren Ehemann behandelnder Arzt des Reichsleiters Dr. Ley war (was Dr. Keller nicht wußte), der zuständigen NSDAP-Kreisleitung übermittelt. Diese reichte sie sofort weiter an die Gestapo, die von dem Nebenzimmer aus unbemerkt Löcher in die Wohnungswände bohrte. Nach längerem ergebnislosen Warten konnte sie vom Nebenzimmer aus seelenruhig Bänder mit Konspirationsgesprächen der Widerständler aufnehmen, die meist an einem dienstfreien Wochenende der Beteiligten stattfanden. Endlich griff sie in einer Nacht zu. Der Funkfachmann namens Reichardt, ein Techniker in der Firma Siemens, wurde noch während der Festnahme bei einem Fluchtversuch auf der Flurtreppe erschossen, Dr. Keller und Kapitänleutnant G., ein U-Boot-Kommandant, der mit Hilfe des schwedischen Pfarrers in Berlin mehrfach mit Erfolg Juden nach Schweden geschmuggelt hatte, wurden im Untersuchungsgefängnis des Polizeipräsidiums in Eisen gelegt. Frau Keller und der Schwiegervater Kellers, ein Berliner Patentanwalt, suchten längere Zeit vergeblich in Berlin nach einem Verteidiger, obwohl er mit vielen älteren Anwälten befreundet war. Es war Frühjahr 1945. Die Übernahme der Verteidigung dieses Falles war ebenso riskant wie aussichtslos; der Inhalt der Tonbänder machte ja jegliches Leugnen zwecklos. Kein Anwalt wollte sich Ende des Krieges auf dergleichen Fälle einlassen.

Ich übernahm den Fall, vorwiegend deshalb, weil Frau Keller und meine Frau sich aus der Jugendzeit gut kannten und ich ihr das Gefühl vermitteln wollte, daß sich ein Anwalt wenigstens in menschlicher Hinsicht um ihren Mann kümmern würde. Auch bewog mich die geringe Hoffnung, daß der Krieg vermutlich bald zu Ende sein werde und Keller eine Überlebenschance hätte, wenn es mir nur gelänge, das Verfahren möglichst weit hinauszuzögern. Das bewerkstelligte ich damals schon mit Erfolg in anderen prekären Strafprozessen politischer Art. Der Sachbearbeiter bei der Gestapo war ein Jurist, den ich aus gemeinsamer Studienzeit in Göttingen flüchtig kannte. Wir hatten einst beim Repetitor Dr. Deneke zusammengesessen – ein jugendliches Erlebnis, das viele deutsche Juristen nach Jahren irgendwo irgendwann wieder zusammenführte und eine Stimmung der Gemeinsamkeit hervorrief. Er sagte mir, daß der Fall klar liege und Dr. Keller ein Todeskandidat sei, bei dem es nichts mehr zu verteidigen gäbe. Sprecherlaubnis dürfe er mir nicht erteilen. Übrigens sei Keller rabiat und unberechenbar. Nach seiner Verhaftung in der Potsdamer Straße sollte er an den Händen gefesselt – die Fußfesseln hatte man ihm wegen der Treppen abgenommen – mit der U-Bahn vom Bahnhof Bülowstraße abtransportiert werden. Trotz der Behinderung sei es ihm gelungen, sich von den begleitenden Beamten loszureißen und auf einen abfahrenden Zug zu springen. Einer der Beamten habe jedoch durch die Tür, die Keller wegen seiner Handfesseln nicht geschlossen hatte, gegriffen und die Notbremse erreichen können. Der Zug kam noch im Bahnhof zum Stehen. Keller habe mit seinen gefesselten Händen den Beamten zu Boden geschlagen und einen erneuten Fluchtversuch gemacht, bis ihn Passantinnen zwischen den Geleisen gestellt hätten. Es habe nur ein Haar gefehlt, und er sei auf dem Bahnhof Bülowstraße standrechtlich erschossen worden.

Der Gestapo-Beamte spielte mir dann eine Platte vor und zeigte mir die Photokopie eines der von

Keller verfaßten und gesendeten Aufrufe, die aus vielen Papierschnitzeln in einem Puzzlespiel säuberlich zusammengeklebt und ergänzt worden waren. Da war nun wirklich nichts mehr zu verteidigen, die vorsätzliche Vorbereitung zum Hochverrat und auch zum Landesverrat war eindeutig dokumentiert. Nach geltendem Kriegsstrafrecht waren das todeswürdige Verbrechen. Auf meine Frage, welches Gericht das Verfahren durchführen werde, erhielt ich die Antwort, daß der abgeschlossene Ermittlungsbericht dem Gestapo-Chef Dr. Kaltenbrunner vorliege, der in Kürze entscheiden werde, ob der Fall polizeiintern, was praktisch auf eine Erschießung im Keller der Prinz-Albrecht-Straße hinauslief, oder durch Abgabe an das Reichskriegsgericht, das zuständig für Hochverratsfälle in der Wehrmacht war, erledigt würde.

Im Geplauder über vergangene Studentenzeiten flocht ich beiläufig ein, wie wir Juristen doch wohl darin einig seien, daß niemand seinem ordentlichen Richter entzogen werden dürfe – auch die schmachvollen Täter des 20. Juli seien ja von einem Gericht verurteilt und nicht von der Gestapo ohne weiteres exekutiert worden. Mein alter Kommilitone wies auf die außergewöhnliche Kriegslage hin, wo der Feind im Westen und im Osten bedrohlich näherrücke. Außerdem sei das Reichskriegsgericht aus Berlin verlagert worden, und für solche Burschen wie Keller und Konsorten könne man sich nicht noch zeitraubende Verfahren leisten.

Ich sagte ohne große Umschweife, daß ich darüber anderer Auffassung sei; da er persönlich seine Arbeit als Ermittler erfolgreich abgeschlossen habe, könne er als Volljurist an rechtswidrigen und überflüssigen Exekutionen wohl kaum interessiert sein, was er merkwürdigerweise bestätigte, wobei er hinzufügte, daß ihm seine Arbeit bei der Gestapo ohnehin »ziemlich zum Hals heraushänge«. Es war eben Ende 1944, und angesichts der Kriegslage kamen auch den strammsten Nazis schon menschliche Anwandlungen. So schied ich nicht ganz hoffnungslos aus dem Hause Kurfürstendamm 100, wo der berüchtigte Zweig der Abt. IV A des Reichssicherheitshauptamtes mit SS-Gruppenführer Müller als Chef damals residierte. Wir verabredeten, daß ich nach zwei bis drei Wochen erneut persönlich Rücksprache halten könne; telefonische Bescheide waren verboten.

Als ich im Februar 1945 wieder erschien, war das Gebäude völlig zerbombt. In der Gestapo-Zentrale Prinz-Albrecht-Straße erfuhr ich, daß die Sache inzwischen an das Reichskriegsgericht abgegeben und Dr. Keller auf dem Wasserwege in das Untersuchungsgefängnis nach Torgau überführt worden sei. Ich hatte schon davon gehört, daß Untersuchungs-Häftlinge jetzt vielfach auf Spreekähnen, die früher dem Obsttransport gedient hatten, aus den überfüllten Berliner Haftanstalten in Provinzgefängnisse verlegt wurden. Der Eisenbahnverkehr stand vor dem Zusammenbruch, die noch verkehrenden Züge waren militärischen Zwecken vorbehalten. So konnte ich Frau Keller, die mit ihren Kindern im anhaltischen Geburtsort ihres Mannes an der Elbe lebte, wenigstens sagen, daß wir ein Stück Zeit gewonnen hätten. Das Gefängnis Torgau bat ich schriftlich, mir den Zugang des Untersuchungs-Häftlings Dr. Keller anzuzeigen. Diesen Bescheid erhielt ich Anfang März 1945 – der Gefangenentransport auf den Kanälen und auf der Elbe hatte über zwei Wochen gedauert. Jetzt standen die Alliierten schon im Ruhrgebiet, der Russe lag vor der Oder.

Kurze Zeit später war ich nach einer abenteuerlichen Fahrt zum ersten Mal bei Dr. Keller in Torgau. Er war abgemagert zum Skelett, sah gelb und hohläugig aus, litt an Magenbeschwerden und Koliken und stand offenkundig unter einer starken Haftpsychose. Auf der wochenlangen Fahrt im Laderaum des Spreekahns waren von rund hundert der angeketteten Häftlinge mehr als zwanzig gestorben.

Dankbar nahm Dr. Keller einige Zeilen seiner Frau und kleine Liebesgaben entgegen, die ich mitbrachte, obwohl das jedem Verteidiger verboten war.

Über seinen Fall gab es wenig zu besprechen. Er entwickelte hastig und nervös diverse Fluchtpläne, da er mit zwei anderen Gefangenen in seiner Zelle herausgefunden habe, daß es einen Weg gäbe, herauszukommen. Keller war nur noch von dem einen Gedanken besessen, auszubrechen. Ich hatte Mühe, ihm diese völlig aussichtslosen Versuche auszureden, und beschwor ihn, die Nerven zu behalten und abzuwarten; die Aussicht sei nicht schlecht, daß die Amerikaner oder die Russen in Torgau sein würden, bevor sein Verfahren zur Verhandlung käme. Daß sich wenig später in Torgau beide Armeen treffen würden, konnte noch niemand ahnen. Keller wiederum hielt den bevorstehenden Zusammenbruch der deutschen Front für besonders gefährlich; die Bewacher hätten schon erklärt, daß hier alles im letzten Moment liquidiert würde. Ich hielt das in Kenntnis der militärisch geregelten, relativ ordentlichen Verhältnisse in einem Wehrmachtsgefängnis für Angstparolen ohne reale Grundlagen. Immerhin war in dieser Zeit alles möglich; die Führerbefehle wurden immer drakonischer und hektischer.

Plötzlich sprang Keller auf und schrie mich an: »Machen Sie, daß Sie rauskommen, Sie sind ein gemeiner Spitzel. Sie sind ja nur hergekommen, um mich auszuhorchen! Ich sage kein Wort mehr, kein Wort!« Dabei zeigte er auf meinen auf der Zellenbank abgelegten Hut, dessen Innenseite nach oben lag. »Sie haben sich selber verraten, da stehen die Initialen ›H. P.‹, aber Sie heißen ›D. G.‹.« Die Erklärung war einfach. Ich hatte den Hut von einem Freund namens *H*ermann *P*aetzold (damals Direktor der Firma Beton und Monierbau) auf der Durchreise in Magdeburg geschenkt bekommen; mein eigener war während eines Luftangriffs in einem Bunker verlorengegangen, und neue Hüte gab es ja schon längst nicht mehr. Erst die Prüfung meiner Ausweise und meiner Handakten konnten Keller langsam überzeugen, daß er es wirklich mit seinem Anwalt zu tun hatte.

Dann unterrichtete ich ihn über meine Taktik. Wir müßten herausbekommen, wer seine Akte beim Reichskriegsgericht bearbeite, und dann in Erfahrung bringen, ob im Verfahrensablauf zeitlich eine Chance läge. Keller beschwor mich, an die Sache gar nicht zu rühren. Er klammerte sich plötzlich an die Hoffnung, daß die Akten vielleicht gar nicht eingegangen waren; jeden Tag bestehe die Chance ihrer Vernichtung bei einem Bombenangriff. Solche verzweifelten Hoffnungen von Todeskandidaten waren mir nicht neu. Ich mußte Keller sagen, daß ich vom Reichskriegsgericht eine Sprecherlaubnis erhalten hatte, was gar nicht möglich gewesen wäre, wenn die Akten hier nicht beim RKG vorlägen. Wir müßten uns jetzt möglichst schnell Gewißheit verschaffen, wer seinen Fall bearbeite. Nach meinen bisherigen Erfahrungen steckten noch Hoffnungen und Möglichkeiten in der Person des Sachbearbeiters. Ich versprach Keller, ihn vor der Rückreise nach Berlin noch einmal aufzusuchen.

Ich klingelte, und der Posten erschien. Keller wurde wieder an Händen und Füßen in Eisen gelegt, die Fußkette erlaubte nur kurze Schritte, sie rasselte laut durch die leeren Gänge, durch die er abgeführt wurde.

In der Geschäftsstelle erfuhr ich, daß der Sachbearbeiter in der Reichskriegsanwaltschaft ein Oberfeldrichter Dr. F. C. Fleischmann sei. Als ich weiterforschte, ob Fleischmann früher im zivilen Justizdienst, etwa beim Kammergericht, tätig gewesen sei, wurde mir das bestätigt. So ging ich einigermaßen beflügelten Schrittes zu ihm, da ich ihn nicht nur dienstlich, sondern auch privat aus einem Kreise kannte, der nicht zu den Hitleranhängern zählte.

»Heil Hitler, Herr Oberfeldrichter, ich komme in der Sache Dr. Keller. Wir kennen uns vom 8. Senat, und außerdem hatte ich das Vergnügen, Sie bei einem Herrenabend bei Dr. Peters privat kennenzulernen.« »Ja, ich erinnere mich, Herr Güstrow, haben Sie eigentlich etwas von Dr. Peters gehört, was macht er denn jetzt?« Ich berichtete, daß der gemeinsame Bekannte Präsidialrat beim Landgerichtspräsidenten geworden sei, inzwischen aber als Bataillonskommandeur zum Volkssturm eingezogen worden sei, worüber er wenig beglückt sei. Vormittags sei er im Landgericht, nachmittags bilde er Kinder und Greise als Rekruten aus.

Fleischmann war nicht beeindruckt. »Ach, das ist immer noch besser als dieser verfluchte Kram hier.« Ich wagte mich jetzt ein wenig vor und sagte, daß heute ja wohl keiner mehr wisse, wo er sich morgen wiederfinde. Jetzt komme es wohl nur noch aufs Überleben an. »Mein Verehrter«, sagte Fleischmann überraschend offen, »bei mir ist diese Aussicht nicht mehr rosig. Meine Familie ist in Schlesien evakuiert, schon seit vier Wochen haben wir keine Verbindung mehr, und jetzt hat ja wohl die neue große Offensive der Russen gegen Schlesien begonnen.« Ich erzählte, daß meine Familie Gott sei Dank im Harz sei, aber in Ost wie in West hänge wohl alles am dünnen Faden. Jetzt helfe es nur noch, seine Pflicht zu tun, an den Endsieg zu glauben und seinem Schicksal zu vertrauen.

Damit war der entscheidende Punkt gekommen. Er mußte gemerkt haben, daß das Wort »Endsieg« ein Testwort gewesen war. Aber Kammergerichtsräte sind taktisch erfahren und vorsichtig. Ich war gespannt, wie er reagieren würde. Zu meiner Überraschung sagte er wie wegwerfend: »Na, wissen Sie, wie der Endsieg aussehen soll, wissen wohl nur wenige. Ich weiß es jedenfalls nicht.« Pause, die Hände spielen mit einem Lineal. Plötzlich steht er auf, geht zum Fenster und sagt: »Sehen Sie sich das mal an!« Ich schaue neben ihm aus dem Fenster auf den Gefängnishof. Da gehen etwa fünfzig Männer in grauen Uniformmänteln ohne Rangabzeichen langsam und schleppend im Kreise herum, in der Mitte vier Posten mit geladenem Gewehr im Anschlag, an den vier Hofecken weitere Posten. »Alles Offiziere, vom Major bis zum General – sie warten alle auf Aburteilung. Hochverrat, Wehrkraftzersetzung, Feigheit vor dem Feind, Gehorsamsverweigerung, Desertion. In zehn Minuten kommen die nächsten zur Freirunde und in weiteren zehn Minuten wieder welche.« Ich schwieg.

Wir gingen an den Schreibtisch zurück, setzten uns und blickten uns kurz in die Augen. »Ja, ich weiß, Sie kommen wegen Dr. Keller, ich habe die Akte gelesen, Fanatiker, Geltungsbedürfnis, glatter Hochverrat, der Mann hat sich doch sein Urteil schon selbst gesprochen. Was, lieber Herr Güstrow, wollen Sie denn da noch verteidigen?« »Herr Kammergerichtsrat – Verzeihung, Herr Oberfeldrichter (Abwinken seinerseits) –, Verteidiger sind doch auch dazu da, um den Beschuldigten wenigstens den ordnungsgemäßen Ablauf des Verfahrens zu garantieren, selbst wenn sie in der Sache selber vielleicht gar nichts ausrichten können.« Fleischmann blickte auf. »Guter Gott, kommen Sie deshalb von Berlin nach Torgau? Meinen Sie, daß wir hier Verfahrensfehler begehen?« Er wirkte nicht unsympathisch.

Ich versuchte herauszufinden, welche Termine wir zu erwarten hatten. »Wie weit ist das Verfahren, wenn ich fragen darf?« Fleischmann sagte müde: »Ich werde in diesen Tagen Anklage erheben.« »Wann rechnen Sie mit der Hauptverhandlung?« fragte ich. Jetzt kam ein entscheidender Satz: »Bei dem Andrang hier nicht vor vier Wochen.« Nun versuchte ich, das Gespräch in andere Bahnen zu lenken und gleichzeitig herauszufinden, wie er zu den Sondergerichten stand. So fragte ich, scheinbar ganz von dem konkreten Fall Keller absehend: »Warum sind eigentlich die Militärs vom 20. Juli als Hochverräter aus der Wehrmacht wegen Wehrunwürdigkeit ausgestoßen und dann vom zivilen Volksgerichtshof abgeurteilt worden?« Fleischmann sagte, daß sie alle ganz glücklich gewesen seien, damit nichts zu tun bekommen zu haben, und fügte dann hinzu: »Das soll alles der Führer selber entschieden haben. Der alte Rundstedt mußte das mit dem Ehrengericht besorgen.« Jetzt spielte ich sehr hoch. »Wissen Sie, mich wundert es eigentlich, daß in einem so klaren Fall von Hochverrat wie bei Dr. Keller nicht genauso verfahren wird. Nach dem Führerbefehl müßte der Mann doch aus der Wehrmacht ausgestoßen und

Anklage durch den Oberreichsanwalt vor dem Volksgerichtshof erhoben werden.«

Es entstand eine längere Pause. Wieder
spielte er mit seinem Lineal. Dann sagte er mit hochgezogenen Augenbrauen: »Na – wollen Sie denn Ihren
Mandanten lieber geköpft als erschossen sehen?« Es
war schwer, eine plausible Erklärung dafür zu finden,
daß ich den Volksgerichtshof dem Militärgericht vorzuziehen schien. »Keines von beiden, Herr Oberfeldrichter. Aber wäre es Ihnen nicht lieber, wenn Ihnen manche Urteile abgenommen würden? Es kann ja auch
nicht angenehm sein, ständig Todesurteile auszusprechen.«

Jetzt kam es darauf an, ob er mitspielte.
»Ich bin nicht unterrichtet, ob der Führerbefehl zum 20.
Juli spezieller oder genereller Art war«, sagte er. Ich
bohrte weiter. »Das scheint mir aber sehr wichtig. Vielleicht läßt sich das feststellen?« Ein wenig überrascht
über meine Linie, aber doch selber interessiert, sagte er:
»Die Rechtsabteilung des OKW müßte das wissen.« Ich
griff das auf. »Ich bitte sehr, darüber Feststellungen zu
treffen. Soll ich entsprechende Anträge stellen?«

»Von mir aus können Sie das tun. Geben
Sie mir den Schriftsatz, ich werde ihn mit Anfrage nach
Zossen (der damalige Auslagerungssitz des Oberkommandos der Wehrmacht) weiterleiten.« Nun ließ ich die
Katze aus dem Sack. »Kann ich damit rechnen, daß vor
Eingang eines Bescheides aus Zossen Anklage nicht erhoben wird?«

»Gut, ich werde den Bescheid abwarten.«
Müde erhob er sich, unser Gespräch war beendet. Ich
glaubte, bei der Verabschiedung in seinen Augen etwas
gesehen zu haben, was auf Verständnis, vielleicht Einverständnis hoffen ließ.

Am Tage danach schrieb ich in der Geschäftsstelle den Antrag. Dann ging ich zu dem Häftling, Dr. Schremm, der im Lazarettrevier als Arzt eingesetzt war. Ich bat ihn, Keller nach Möglichkeit als
Sanitätsgehilfen anzufordern und sich um dessen Gesundheitszustand zu kümmern. Ich informierte ihn

ziemlich offen über Kellers Haftpsychose und seine Fluchtabsichten. »Um Gottes willen«, sagte Dr. Schremm, »im Revier liegen mehrere angeschossene und von Hunden zerbissene Flüchtlinge, es ist unmöglich hier herauszukommen. Die Leute sind bei Außenarbeiten geflohen und keinen Kilometer weit gekommen. Ich werde mein Möglichstes tun, Dr. Keller ins Revier zu bekommen.«

Dr. Schremm war, was ihn selber anlangte, Fatalist. Über die Rechtskraft seines Urteils hatte Himmler noch nicht befunden; da das im allgemeinen sechs bis acht Wochen dauerte, konnte er noch Glück haben, falls die Russen nicht weiter so langsam vorrückten wie bisher.

Als ich Dr. Keller vor der Rückreise nach Berlin nochmals sprach, machte ich ihm vorsichtig Hoffnung; zunächst würden erst einmal einige Wochen bis zur Beantwortung der Anfrage an das OKW verstreichen. So lange werde es voraussichtlich keinen Verhandlungstermin geben. Voller Unruhe, von Zweifeln und Hoffnungen gleicherweise erfüllt, fuhr ich in tagelanger Reise in das brennende Berlin zurück.

In der Woche vor Ostern 1945 war ich noch einmal in Torgau. Die westlichen Alliierten standen jetzt an der Weser, der Russe aber immer noch vor der Oder. Die Fahrt war eine Strapaze gewesen. Wegen ständiger Jagdbomber-Angriffe mußten wir oft auf offener Strecke halten und hatten endlose Verspätungen. Wieder war ich zwei Tage unterwegs. Schließlich fand ich mit einem Quartierschein der Bahnhofskommandantur noch ein kaltes Zimmer im Hotel »Friedrich der Große«. Wehrmachts- und Polizeikontrollen liefen an jeder zweiten Straßenecke, aber mein Wehruntauglichkeitsschein und der Verteidigerausweis des Reichskriegsgerichts bestanden die umständlichen Kontrollen.

Am nächsten Morgen führte mich mein erster Gang zu Dr. Fleischmann. Er wirkte zerfahren und gedankenabwesend. Aber er sagte mir den einen Satz, den ich hören wollte: »Das OKW hat auf meinen Bericht die Akten telefonisch angefordert.« Mir fiel ein Stein vom Herzen. Als ich fragte, wann er sie übersandt habe, sagte er gereizt: »Das mache ich noch, der Anruf kam ja erst vorgestern. Zur Zeit habe ich wichtigere Dinge.« Ich verabschiedete mich schnell mit der Ankündigung, in etwa zwei Wochen abermals nachzufragen. Fleischmann meinte aber, ich solle mir ruhig Zeit lassen. Es werde bestimmt länger dauern, bis er die Akten aus Zossen zurückerhielte. Die Vorstellung war gespenstisch, daß unmittelbar vor dem offenkundigen Untergang hohe Militärrichter sich Akten über einen Todeskandidaten hin und her schickten.

Im Untersuchungstrakt standen wieder schwerbewaffnete Posten, mit Handgranaten im Gürtel und umgehängten Gewehren. Die Atmosphäre war noch bedrohlicher geworden. Als Dr. Keller in die Besprechungszelle gerufen wurde, erzählte er, daß er tatsächlich ins Lazarettrevier verlegt worden sei. Er sah etwas besser aus, war aber völlig deprimiert. »Die machen uns hier doch fertig, ehe die Alliierten da sind«, begrüßte er mich gleich, »das ist alles zwecklos. Vor zwei Tagen war hier der Teufel los. Ein paar Häftlinge hatten einen Posten angefallen, die sind ohne Verfahren gleich im Hof erschossen worden.« Der Kommandant habe in einem Appell erklärt, daß es genügend Munition für alle gäbe. Meine Nachricht, daß seine Akten nach Zossen geschickt worden seien, so daß eine Anklage vorläufig nicht erhoben werden könne, interessierte ihn nicht sonderlich.

Solche Abgestumpftheit auch angesichts hoffnungsvoller Nachrichten habe ich immer wieder bei Menschen erlebt, die in der fast vollkommenen Isolierung eines Zuchthauses leben, das Urteil oder seine Vollstreckung vor Augen und nur auf Gerüchte angewiesen, deren Realitätsgehalt der Gefangene nicht nachprüfen kann. Unter solchem seelischen Druck vermag der Häftling nicht an die Wirksamkeit der hauchfeinen Fäden zu glauben, die sich wie Schutznetze zwischen Gleichgesinnten oder Gleichempfindenden auch in dieser Endzeit noch spinnen ließen – oft lediglich durch die Ausnutzung von Spielregeln oder Usancen in Verfahrensfragen im Dickicht der Paragraphen. »Machen Sie sich gar nicht so viel Mühe«, sagte Keller müde, »das nutzt doch alles nichts. Es gibt nur eins, das wichtig ist: Wir müssen hier rechtzeitig heraus, ehe die Russen da sind, sonst werden wir hier reihenweise vorher umgelegt.«

Keller gab offensichtlich für sein Leben keinen Pfifferling mehr. Er trug mir für seine Frau und Kinder letzte Grüße auf, erklärte meine Hoffnung auf sein Überleben für Beschwichtigungsversuche und wünschte mir baldige heile Rückkehr nach Berlin. Es gab keine normale Verständigungsmöglichkeit mehr mit ihm, die Depression im Festungsgefängnis und die allgemein verbreitete Todesangst hatten ihn voll in Besitz genommen.

Anschließend sprach ich wieder mit Dr. Schremm, der im Gegensatz zu Keller gefaßt war und beherrscht wie immer. »Sie haben mir mit Dr. Keller eine schöne Last aufgebürdet«, sagte er gleich zu Beginn. »Keller ist ununterbrochen mit Fluchtplänen befaßt und bringt mir durch sein Mitteilungsbedürfnis das ganze Revier durcheinander. Vernünftigen Vorstellungen ist er gar nicht mehr zugänglich.«

Die Situation im Torgauer Gefängnis war hochexplosiv geworden und ein weiterer Aufruhr unbesonnener Häftlinge jeden Tag wieder möglich. Psychologisch war es weitaus wahrscheinlicher, daß beim Herannahen der Alliierten die Bewacher rechtzeitig das Weite suchen als ihre Gefangenen liquidieren würden. Nach einer Ermordung der Häftlinge noch unbehelligt davonzukommen, damit hat wohl keiner von den Wärtern gerechnet. Schremm sagte, er schätze den Kommandanten nur als Maulhelden ein, und die Posten zeigten schon deutlich Fraternisierungsbestrebungen mit den Gefangenen. Es komme nur darauf an, ruhig zu bleiben und nicht unbesonnen die Posten anzugreifen, die sich natürlich jeder Bedrohung erwehren müßten. Ich bat Dr. Schremm nochmals, Dr. Keller vor Unbesonnenheiten zu bewahren. Er versprach mir, sein Bestes zu tun.

Von Torgau fuhr ich am Abend noch bis Halle an der Saale, weiter ging kein Zug mehr. In Halle tappte ich im Dunkeln zum direkt am Hauptbahnhof gelegenen Hotel »Zur goldenen Kugel«, fiel müde und hungrig ins Bett und fuhr ganz früh über Aschersleben in den Harz zu den Meinen. In der folgenden Nacht ging ein Luftangriff auf Halle nieder, bei dem von der »Goldenen Kugel« kein Stein auf dem anderen blieb, die Mehrzahl der Gäste und des Personals starben in den Trümmern.

In meinem Elternhaus traf ich die verzweifelte Schwester meiner Frau. Ihr Mann, der Berliner Rechtsanwalt Gernot Gerstenberg, war Ende März in einem Nachtgefecht bei Müncheberg in der Mark schwer verwundet worden und ausgeblutet wenige Stunden später im Lazarett gestorben. Er hatte noch im Januar 1945 als Obergefreiter in einer Potsdamer Schreibstube gesessen, war im Februar zur Truppe nach Strausberg in der Mark versetzt worden und hatte sich mit den Worten bei mir im Büro verabschiedet: »Ich weiß ganz sicher, daß ich nicht zurückkomme. Ich gehöre zum letzten Beitrag dieser grandiosen Konkursmasse.« Über meinen Widerspruch lächelte er müde und gab mir sein Testament mit der Bitte, mich seiner Frau und seiner beiden kleinen Söhne anzunehmen, die nach Bad Freienwalde evakuiert waren.

Ich blieb vier Tage über Ostern im Harz, fuhr am 5. April nach Berlin zurück, um dort alle Zelte abzubrechen, worüber ich als einzige meine besonders vertrauenswürdige Sekretärin informierte. Am 10. April hörte ich vom Vorrücken der Amerikaner am westlichen Harzrand und verließ Berlin am Abend des 12. auf einem vom Bahnhof Zoo noch nach Jüterbog fahrenden kombinierten Güter- und Personenzug. Ich kam überhaupt nur heraus – es war der letzte vom Bahnhof Zoo abgehende Zug –, weil ich eine Bescheinigung des Reichskriegsgerichts über die »kriegswichtige Notwendigkeit« meiner Reisen nach Torgau beim Bahnhofskommandanten vorweisen konnte. Nach abenteuerlicher Reise mit vielen Zwangspausen und Tiefflieger-Angriffen kam ich zwei Tage später zuhause an. Dort erfuhr ich von der Begegnung der sowjetischen und amerikanischen Truppen an der Torgauer Elbe am 10. April. Ich hoffte Dr. Keller und Dr. Schremm gerettet.

Gewißheit erhielt ich erst Monate später, als der Postverkehr im Sommer 1945 wieder aufgenommen wurde. Beide Mandanten schrieben mir, Dr. Keller aus Hamburg, Dr. Schremm aus seiner Landesheilanstalt, wo er wieder als Direktor tätig war. Sie waren von den Amerikanern aus der Haft befreit worden, die schnell festgestellt hatten, daß im Fort Zinna fast nur politische Häftlinge der Wehrmacht einsaßen. Dr. Keller war bis zum letzten Tag derselbe geblieben. Während der allgemeinen Auflösung war es ihm gelungen, einem Transport zu entspringen und den Amerikanern noch ein Stück Weges entgegenzulaufen.

Die Haft in Torgau hatte für Dr. Keller eine einzige Tröstung gehabt. Als Lektüre waren ihm in der Zelle, in der er mit anderen Häftlingen lag, nur Hitlers »Mein Kampf« oder die Bibel als Lektüre gestattet. Er las die Bibel in diesen Monaten täglich und fand dabei zumindest vorübergehend Ruhe.

Zehn Jahre später, im Herbst 1955, erschien sein Buch »Und die Bibel hat doch recht...«. Es wurde einer der größten Erfolge der Nachkriegszeit und brachte es auf eine Auflage von neun Millionen und wurde in vierundzwanzig Sprachen übersetzt.

In das mir übersandte Exemplar hatte er folgende Widmung geschrieben: »D. G., dem *einzigen* Anwalt in Berlin, der es wagte, meinen hoffnungslosen Fall gegen Freisler, Volksgerichtshof und Gestapo zu übernehmen, in herzlicher Dankbarkeit und mit allen guten Wünschen! Werner Keller.«

Nachwort

Bei der Niederschrift dieser authentischen Prozeßberichte im Jahre 1980 standen dem Verfasser keinerlei Aktenunterlagen oder sonstigen Dokumente mehr zur Verfügung. Sein erstes Berliner Anwaltsbüro in Wilmersdorf wurde Ende November 1943 durch Löschwasser verwüstet, das zweite in der Kaiserallee bei den Straßenkämpfen Ende April 1945 durch den Volltreffer aus einer Stalinorgel in einen Trümmerhaufen verwandelt. Es blieb keine einzige Akte übrig.

Für die meisten Namen der vom Verfasser vertretenen Klienten wurden Pseudonyme verwendet (außer Dockhorn, Wasner und Keller), auch für die Mehrzahl der genannten Richter, Staatsanwälte und Zeugen, soweit sie nicht wie Freisler, Roeder, Schmauser oder Rosencrantz Persönlichkeiten der Zeitgeschichte sind. Diese aus menschlicher Rücksichtnahme gebotene Unkenntlichmachung der Handelnden und Leidenden mindert jedoch nicht den Wahrheitsgehalt der geschilderten Handlungsabläufe, die sich im Gedächtnis des Verfassers mit peinigender Genauigkeit verankert haben. Irrtümer könnten sich allenfalls auf Grund des Zeitabstandes von vier Jahrzehnten in unwesentlichen Einzelheiten eingeschlichen haben; für etwaige Fehler dieser Art bittet er um Nachsicht.

Dietrich Güstrow

Zweite Auflage

© 1981 by Wolf Jobst Siedler
Verlag GmbH, Berlin
Alle Rechte, auch das der fotomechanischen
Wiedergabe, vorbehalten
Satz: IBV Lichtsatz KG, Berlin
Druck und Buchbinder: May & Co, Darmstadt
Printed in Germany 1983
ISBN 3 88680 009 1

Armin Mueller-Stahl
Verordneter Sonntag

Dies ist ein noch in Ost-Berlin
geschriebener Bericht des Schauspielers
und Nationalpreisträgers der DDR.

In der Literatur der aus dem Osten
Deutschlands Gekommenen nimmt
dieses Buch eine Sonderstellung ein. In
den Gang der Handlung, die von
Erlebnissen in beiden Teilen
Deutschlands erzählt, sind Tagebücher
eines in den Westen gegangenen
Freundes eingeschoben, die den
inneren Ablösungsprozeß eines
prominenten Künstlers von seinem
Staat festhalten. So bricht die
Wirklichkeit in eine Erzählung ein,
deren autobiographischer Charakter
nur leicht verschlüsselt ist.

im
Siedler Verlag

Peter Bender
Das Ende
des ideologischen Zeitalters
Die Europäisierung Europas

Afghanistan und Polen: der
Kommunismus zwischen äußerer
Macht und innerem Verfall.

Nicht mehr Glaubenskampf und -eifer
trennen Ost und West, sondern ganz
normale Interessenkonflikte. Nicht
mehr eine Aushöhlung des Westens ist
das Problem der europäischen Entspannung, sondern der innere Verfall
des Ostens. Nicht mehr Ideologie
bestimmt den Osten, sondern der
Drang zur Moderne.

Eine neue politische Struktur zeich-
net sich ab: Gefahr kommt aus der
zunehmenden Rivalität der Welt-
mächte Amerika und Rußland, um
so mehr wächst die Gemeinsamkeit
zwischen den Europäern beider Seiten. Die Alte Welt wird sich ihrer
selbst wieder bewußt.

im
Siedler Verlag

Christian Graf von Krockow
Warnung vor Preußen

Preußen, obgleich aus der staatlichen
Wirklichkeit verschwunden, scheidet
noch immer die Geister.

Den einen ist der Untergang Preußens
die Grundlage der politischen Stabilität
von Bonn, den anderen kommt die
Sinnleere der Bundesrepublik aus dem
Verlust preußischer Tugenden.
Amerika hatte als staatsgründende Idee
die Suche nach dem Glück, Frankreich
die nach der Gleichheit und
Brüderlichkeit, England die nach der
Freiheit. Preußen stellte solchen
Idealen nichts als die Tugend von
Pflicht und Dienst gegenüber, der sich
vom Untertan bis zum König alle
gleichermaßen unterwarfen. Graf
Krockow warnt vor der Verklärung
eines glanzvollen Staates ohne Idee.

im
Siedler Verlag

Richard Hall
Die Liebenden auf dem Nil

Eine der exzentrischsten und roman-
tischsten Liebesgeschichten des
Viktorianischen Zeitalters.

Der englische Großwildjäger
Samuel Baker kauft 1859 auf
einem türkischen Sklavenmarkt
eine blonde siebzehnjährige Sieben-
bürgendeutsche, Florence Sass, die
erst seine Geliebte, dann die Liebe
seines Lebens wird. Da er mit einer
Sklavin nicht zu seiner Familie
nach London zurückkommen kann,
bricht das ungleiche Paar – das bald
der Gesprächsstoff des ganzen Mittleren Ostens ist – zu einer abenteuerlichen Expedition ins Innere Afrikas
auf, von wo die Liebenden nach
Jahren als gefeierte Entdecker der
geheimnisumwitterten Quellen des
Nils zurückkehren.

im
Siedler Verlag